国家社会科学基金资助项目成果

未定罪腐败资产追缴理念与制度研究

卫磊　著

上海人民出版社

目录

前言

自人类社会形成以来，腐败问题似乎就与人类社会相伴相随，在历史上留下了漫长的印记。从现代社会的发展历程来看，腐败已成为现代社会的痼疾，给人类社会的公平与发展造成了巨大危害。以关注人类生存问题而闻名世界的罗马俱乐部，在一份评价和总结20世纪的权威报告中，把腐败和环境污染并列为即将到来的21世纪的重大难题之首。[1]从我国历史上来看，历代封建政体衰败更替的直接原因中都有腐败丛生引发的民怨沸腾，腐败决定其难以跳出“其兴也勃焉、其亡也忽焉”的历史周期律，专制政体也决定了腐败必然发生，不可能真正做到铲除腐败。中国共产党领导中国人民彻底推翻了三座大山，铲除了滋生腐败的历史根源，从而为彻底消除腐败确立了前所未有的前提与基础。改革开放以来，由于历史和社会转型因素，一段时间内的腐败问题较为突出，这严重损害了党治国理政的政治威信和政治基础，给我国经济和社会发展带来了

1. 季正炬编著：《跨越腐败的陷阱》，中国经济出版社1999年版，第6页。

重大危害。

党和国家历来高度重视对腐败问题的治理和对腐败犯罪的惩治，党的十八大以来，反腐败斗争压倒性胜利已经形成，并得到进一步的巩固发展。党的十九大报告指出："不管腐败分子逃到哪里，都要缉拿归案、绳之以法。"在党的全会报告中着重阐明追逃追赃在反腐败工作中的重大意义和党对追逃追赃的坚定决心，这是在党的历史上前所未有的，充分表明党中央把反腐败斗争摆到前所未有的新高度。党的十九大后，党和国家进一步要求深入推进反腐败国际追逃追赃，进一步赢得战略主动，占据道义制高点。从我国当前所处的发展历程来看，我国正处于比历史上任何时期都更接近中华民族伟大复兴的阶段，因此更需要扫除腐败问题对中华民族伟大复兴的干扰。

在应对腐败问题的对策措施中，法律治理历来是其中最直接最稳定的措施和手段。很长时间以来，治理腐败问题主要依靠党纪和刑法，而刑法治理腐败主要依靠传统的犯罪认定与刑罚处罚。我国历来的刑法也非常重视对腐败犯罪的认定与处罚，从第一部刑法开始到近年来多次的刑法修正案，都把强化对腐败问题的犯罪圈认定与完善刑罚结构，作为立法的关注重点。《中华人民共和国刑法修正案（九）》（以下简称《刑法修正案（九）》）在《中华人民共和国刑法》（以下简称《刑法》）第383条第4款中，为贪污罪受贿罪专门规定了迄今为止独一无二的"终身监禁"方式，进一步加强了对腐败犯罪的刑罚处罚力度。但与立法不断投入资源强化定罪处罚的态势不相称的是两种不理想的现象：一是腐败犯罪问题总体上仍然较为严峻，尤其是某些腐败犯罪的数额不断突破纪录，动辄以"亿"

为单位，似乎出现了对腐败问题的定罪重罚模式的边际递减效应，也就是对腐败问题的定罪处罚资源投入增多的同时，对腐败问题的遏制效果却在减弱。二是某些腐败分子通过逃匿、自杀、洗钱等方式，逃避定罪处罚，出现了腐败分子“以死避罪”或者难以对腐败分子定罪处罚的不利情形。上述情形对刑事法理论研究提出了重大课题：如何完善对腐败问题的处置和惩罚模式？是否要考虑对腐败问题尤其是对腐败资产采取不经定罪的处理模式？不需要定罪也可以进行必要处罚的处理模式，对传统以定罪为核心的刑事法律理论与体系而言，显然是某种重大变革，理论上需要先予以充分的研究准备。在此过程中，我国立法却已经先行一步，2018年我国通过修改《中华人民共和国刑事诉讼法》(以下简称《刑事诉讼法》)对腐败犯罪的追究模式作出重大修改，增加了“犯罪嫌疑人、被告人逃匿、死亡案件违法所得的没收程序”，初步建立了不经定罪处理违法所得的模式，迈出了立法先导的重要一步。

以立法为先导，引领理论发展或者学理变革，这在法学发展史上并不罕见。但是，通过修改程序法来对实体法理论的发展产生重大影响，却是较为少见的现象。严格来看，这种情形对于刑事程序法与刑事实体法来说，都不是理想状态。对刑事程序法而言，在刑事实体法没有作出先行修改、刑事实体法理论没有做好充分准备以前，先行修改刑事诉讼法立法，将造成“犯罪嫌疑人、被告人逃匿、死亡案件违法所得的没收程序”等相关制度的理解与实施上的困难；对刑事实体法而言，在刑事程序法已经做出重大修改的情况下，刑事实体法已难以无动于衷，刑事实体法的理论研究也必须要做出回应，否则难免受到跟不上刑事程序法的质疑，但无论如何，这种回应都是被动的、不自然的。在“犯罪嫌疑人、被告人逃匿、死亡案件违法所得的没收程序”被纳入《刑事诉讼法》后，其适用情况也验证了这一点，该特别程序所体现出来的制度理念，即使在世界范围内而言也较为先进，但是其规范结构与证明规则却是比较模糊。为此，最高人民法院与最高人民检察院在几年后制定了《关于适用犯罪嫌疑人、被告人逃匿、死亡案件违法所得没收程序若干问题的规定》，对该特别程序中的违法所得没收适用范围、适用条件、证明规则等进行了较为全面的解释，然而该规定仍然沿用刑法的传统，即定罪主导下的没收模式来处理没收未定罪违法所得，这反而令该特别程序的适用出现了新的矛盾。

从世界范围内来看，英美法系以及大陆法系的多数国家都已经在刑事实体法与程序法中确定了各自的未定罪处理模式，并在各自国家的法律体系中建立了定罪处理模式与未定罪处理模式总体上协调并存的格局。这种未定罪处理模式针对普遍的罪行，而不是针对特定的罪行。从我国加入的国际公约来看，以《联合国反腐败公约》等为代表的若干国际公约，都规定了有关未定罪处理措施的内容，我国在随后的公约履约审议自查中也表明要制定未定罪处理制度。因而，从上述情形看，不论是为了更有效地治理腐败，还是为了将刑法与刑事诉讼法的适用更合理地联系在一起，抑或是为了履行我国加入的若干国际公约的义务，都迫切需要对未定罪思路下的腐败资产处理问题进行深入研究。

为此，本书尝试从两个方面展开对此问题的研究。一是促进刑法实体法与刑事程序法在处理未定罪腐败资产问题方面的融会贯通。目前从立法上看，《刑事诉讼法》在未定罪处理腐败资产的制度建设上已处于先发位置，刑法实体法应当适时跟进。当然，即使《刑事诉讼法》没有增加特别程序，刑法理论研究也可能在追缴未定罪腐败资产方面取得显著进步。刑法理论在研究上达成共识并为立法提供智力支撑，只是时间问题，只是《刑事诉讼法》的修改为后者提供了推进发展的更多契机。可是，对于刑法研究而言，其所面临的理论困难可能更多，而且均涉及刑法的根本问题，例如长期以来形成的以定罪为核心的刑事责任体系，以定罪没收为核心的涉案财物处理体系，以及没收财产刑的体系地位等。二是尝试促进国内法规范与国际刑事司法在处理未定罪腐败资产问题上的融会贯通。我国已经加入的以《联合国反腐败公约》等为代表的若干国际公约，其中都规定了要求缔约国建立未定罪资产处理制度的内容。我国通过修改《刑事诉讼法》，部分履行了公约要求。由于处理未定罪腐败资产时，其中最为棘手的部分位于境外，因而迫切需要开展国际刑事司法合作，为此我国制定了《国际刑事司法协助法》，这为实施“犯罪嫌疑人、被告人逃匿、死亡案件违法所得的没收程序”，尤其是开展境外腐败资产的未定罪追缴奠定了法律框架基础。但是，就开展未定罪腐败资产追缴而言，国内法与国际刑事司法的衔接仍存在较多问题，尤其是改革我国现行刑法中对没收财产刑、以定罪为前提的违法所得追缴制度等内容，以及化解与境外其他法域的法律冲突，都需要通过完善国内法与国际刑事司法合作的衔接予以解决。

本书是笔者主持的国家社会科学基金资助项目成果，诚挚感谢五位匿名评审专家，感谢专家们的仔细评阅以及提出的精准、专业的意见。本书对照专家们提出的评审意见，对逻辑结构、部分观点分析以及语句表达等作了认真修改。囿于笔者学识有限，本书难免会有不妥之处，祈望读者方家多予指正。

第一章

腐败资产追缴的法律挑战

腐败是典型的贪利型违法犯罪现象。涉及腐败违法犯罪的行为人无论基于何种主观认识、实施何种具体行为，其行为的发生、发展、终结大都表现为腐败资产的流转、凝聚与相对固定，腐败资产就是腐败问题的命门。只要能实现对腐败资产的精准定位、摸底、追踪、追缴，就能在根本上截断腐败问题产生的物质根源，就能从根本上遏制住腐败分子的行为动力。中国特色社会主义进入新时代后，党和国家提出了“减少腐败存量，遏制腐败增量”的重大反腐败目标，这凸显了反腐败思路从惩治腐败分子为主到惩治腐败分子与控制腐败量变并重的重大转变，凸显了反腐败举措从着重追究腐败行为的人的法律责任，发展到追究腐败行为的人的法律责任与追究腐败资产的物的法律责任并重的重大转变。进入现代以后，受腐败资产多元化、灰色化，腐败行为层级化、共犯化、群体化等影响，腐败行为人与腐败资产基本上不再合一，人赃分离的现象日趋突出，这对惩治腐败行为人、追缴腐败资产提出了重大挑战。腐败资产日益脱离腐败分子的个人因素，更加叠加出现共犯化、第三人化等新特点，对追缴腐败资产造成了新的困难。

第一节　腐败与反腐败的新态势

在理论研究中，还没有人给腐败下过简单明了而又普遍适用的定义。有学者对腐败的概念做了不完全的归纳，计有六个方面二十余种表述。[1]但在法律领域内，学者对腐败的定义却存在一定的共识，即腐败经常与受贿或者贿赂联系在一起。根据《布莱克法律词典》的解释，“腐败是指故意行使与公职义务或其他权利不相符的某些利益的行为，或者公职人员或受托人违背其职责或其他权利，非法地或不当地利用其职位或身份为自己或他人谋取利益的行为”。《联合国反腐败公约》对腐败的定义可以说是迄今为止最为全面的，该公约所确认的腐败除传统意义上的贪污贿赂行为外，还包括其他较新的腐败类型，诸如影响力交易、滥用职权和洗钱等腐败行为，《联合国反腐败公约》还“承认各国可将或已将除本章（即《联合国反腐败公约》第三章）所列为腐败行为的犯罪以外的其他行为规定为

1. 肖汉宇、公婷:《腐败研究中的若干理论问题——基于 2009 ～ 2013 年 526 篇 SSCI 文献的综述》,《经济社会体制比较》2016 年第 2 期，第 16 页。

刑事犯罪”。[1]

腐败现象随经济社会的发展而不断变化，但万变不离其宗，腐败违法犯罪行为总是一个由量变到质变的过程，总是表现为从腐败资产的量变到腐败行为质变为罪的过程。在理论研究与反腐败工作中如何具体阐释腐败的量变到质变的规律，从而为反腐败工作提供方向指导，是反腐败斗争中的重大课题。党的十八大以来，党和国家提出了“减少腐败存量、遏制腐败增量”的重大反腐败目标，深刻阐明了腐败由量变到质变的变化规律，深刻阐释了反腐败斗争进入新时代的发展规律，标志着我国反腐败战略的重大发展，也为开展未定罪腐败资产追缴的理论研究与实践探索指明了道路。

一、腐败存量得到有效减少、腐败增量得到有效遏制

（一）腐败存量与腐败增量的概念界定

2015 年 1 月，习近平总书记在党的十八届中央纪委五次全会上发表重要讲话，他指出：“减少腐败存量、遏制腐败增量、重构政治生态的工作艰巨繁重。”2015 年 2 月 12 日，中共中央政治局召开会议，会议指出：“用最坚决的态度减少腐败存量，用最果断的措施遏制腐败增量。”这两次重要会议的重要宣示，标志着党和国家正式提出了“减少腐败存量、遏制腐败增量”的重大反腐败目标，标志着党和国家反腐败战略的

1. 外交部条法司编译：《〈联合国反腐败公约〉及相关法律文件》，法律出版社 2004 年版，第 53 页。

重大发展。

要深入贯彻“减少腐败存量、遏制腐败增量”的重大反腐败目标，必须要对腐败存量与腐败增量的概念作出清晰的界定，进而为具体展开“减少腐败存量、遏制腐败增量”的路径与策略，尤其为未定罪腐败资产追缴的理念分析与制度实施打下坚实的理论基础。

关于腐败存量与腐败增量的概念，理论研究上主要存在以下看法。观点一认为：腐败存量相当于腐败黑数，也就是没有得到及时查处的腐败违法犯罪。[1] 观点二认为：腐败存量，是指已经发生，但是尚未得到及时查处的腐败现象总量，其既包括已被发现的腐败现象，也包括尚未被揭露出来的隐蔽的腐败现象。腐败增量是指不断滋生的新增腐败现象的数量。[2] 观点三认为：腐败存量是指在一个具体的时间节点内已经出现，但是还没有被发现或者正在查处过程中的腐败现象。腐败增量，则是新增腐败现象数量与已经受到惩处的腐败现象数量的相差值。[3] 观点四认为：所谓腐败存量，是指一个国家或地区，在一个时点上的腐败人数的总和；所谓腐败增量，是指一个国家或地区，在一个时间段内腐败总人数的变化量。[4] 观点五认为：

1. 潘春玲、过勇：《党的十八大后直面挑战：减少腐败存量》，《河南社会科学》2017年第5期，第25页。
2. 肖焱：《对“减少腐败存量，遏制腐败增量”的理性思考》，《南京政治学院学报》2015年第3期，第129页。
3. 郭兴全：《标本协治：协同论视角下中国反腐败新战略》，《甘肃社会科学》2015年第1期，第189页。
4. 任建明：《腐败增量与存量：概念界定、影响因素及政策建议》，《江苏行政学院学报》2019年第4期，第79页。

所谓腐败存量是指党的十八大之前发生的腐败现象，而腐败增量是指党的十八大之后新发生的腐败现象。[1]从具体分析来看，上述对腐败存量与腐败增量的概念的认识，都在一定程度上指出了腐败存量与腐败增量的属性或特点，但都不能从根本上科学认识腐败存量与腐败增量，都有着或大或小的不足。

为科学界定腐败存量与腐败增量的概念，需要考虑以下几个方面的问题。其一，应当考虑腐败存量与腐败增量具有时限性，应当在一定时间内对其进行定性与定量界定。腐败现象在事实层面通常存在一个发生与发展的过程，这就在客观上要求对腐败存量与腐败增量予以界定时要确定一个时限，否则将难以在事实层面合理界定腐败的边界。针对腐败问题的纪律审查与监察调查，虽然有关党内法规与《中华人民共和国监察法》（以下简称《监察法》）未作出明确规定，但理论界一般认为对此应当存在处理时效。[2]针对腐败问题的法律追究，我国《民法典》与《刑法》分别对民事诉讼时效与刑事追诉时效制度作出明确规定，在法律上明确了对腐败存量与腐败增量予以界定时需要确定一个时限。从逻辑上看，如果不考虑腐败存量与腐败增量具有的时限性的特点，那么没有得到及时处理的腐败增量总会变成腐败存量，这样两者之间的界限也就难以存在了。其二，应当同时考虑腐败存量与腐败增量的定性与定量两个方面。对腐败存量与腐败增量的定量界定，依附于对腐败存

1. 黄红平、吴世丽：《用最果断措施遏制腐败增量》，《检察日报》2015 年 8 月 11 日，第 7 版。
2. 钱小平：《监察追诉时效问题的再思考——兼与刘练军教授商榷》，《法学论坛》2019 年第 5 期，第 153 页。

量与腐败增量的定性界定；对腐败存量与腐败增量的概念的定性界定，将对腐败存量与腐败增量的定量界定起决定作用。其三，应当考虑腐败存量与腐败增量的相对稳定性。对其的界定，应当具有相对稳定性，应当排除对其定性与定量界定造成困扰的因素。例如，已经受到查办的腐败存量或腐败增量不应当从腐败存量与腐败增量中减去。其理由是：在坚持以零容忍态度惩治腐败、持续保持惩治腐败高压态势的格局下，对腐败存量或腐败增量总是在坚持不懈地查办。当发现某个腐败存量或腐败增量时，实际上意味着必然要对其进行查办；而如果没有发现某个腐败存量或腐败增量时，从现实意义上看，该现象也就不能称之为腐败存量或腐败增量。只要对腐败存量或腐败增量确定一定的时限内容与前述的定性、定量内容，就可以确定一定时空条件下的腐败存量或腐败增量，而无需再考虑其他因素。

综上所述，从全面从严治党的政治站位出发，从国家反腐败斗争的政治大局出发，结合腐败存量与腐败增量的政策分析与法律分析，对腐败存量与腐败增量可作出如下界定：腐败存量指的是党的十八大前实施腐败行为而形成的腐败资产，腐败增量指的是党的十八大后仍实施腐败行为而形成的腐败资产。对此，可做如下分析：

首先，从党和国家的反腐败事业发展阶段来看，区分腐败存量与腐败增量的时限可以确定为党的十八大，可以将党的十八大之前出现的腐败问题视为“腐败存量”，将党的十八大之后出现的腐败问题视为“腐败增量”。党的十八大以来，党和国家开辟了反腐败事业前所未有的崭新格局。[1] 以党的十八大作为界定腐败存量与腐败增量的时限，具有重大的历史意义。在党的十八大之前，更为全面、更为深入的反腐败制度建设尚在酝酿讨论中，更为能动、更为细化的反腐败斗争实践尚在探索磨合中，客观上存在的许多原因导致腐败现象没有得到及时查办，因而在此之前形成的腐败存量具有一定的客观现实性。在党的十八大之后，反腐败的制度建设达到前所未有的高度，成为反腐败斗争治本之策的重中之重，反腐败斗争实践取得前所未有的重大成果，尤其是党的十九大之后，反腐败斗争取得压倒性胜利，并进一步得到巩固与发展。在党的十八大以后仍不收手、不收敛、不知止的腐败分子，实行的是顶风式腐败、对抗型腐败，表现出极其恶劣的主观恶性与客观危害，造成的是性质恶劣的腐败增量，将党的十八大之后出现的腐败问题视为腐败增量，是相对比较适宜的。

其次，将腐败资产作为腐败存量或腐败增量的基本内涵，有利于对腐败存量或腐败增量进行定性分析。从用词上看，腐败存量或腐败增量似乎只表明了量的内容，似乎只与量具有直接关系。但就腐败滋生的规律与反腐败斗争的发展而言，腐败存量或腐败增量属于质与量相统一的概念，需要先确定定性内容，随后对定量内容的确定也就水到渠成。目前多数研究没有直接涉及腐败存量或腐败增量的定性内容，少数研究虽然涉

1. 温红彦:《坚决打赢反腐败这场正义之战——党的十八大以来反腐败斗争成就述评》,《人民日报》2017 年 9 月 18 日，第 1 版。

及腐败存量或腐败增量的定性问题，但没有准确把握腐败存量或腐败增量的科学定性。腐败存量或腐败增量的科学定性，应当反映腐败存量或腐败增量的本质危害，应当反映腐败存量或腐败增量的差异。由此可知，符合这两个要素要求的定性内容应当是腐败资产。腐败存量与腐败增量之间也存在辩证统一关系，而以腐败资产作为定性内容有利于反映这一关系。腐败存量与腐败增量之间的辩证统一关系主要表现为：腐败存量可以成为腐败增量的重要内容，腐败增量可以基于腐败存量而产生；腐败存量与腐败增量也可能出现在同一个腐败过程中，由同一个或同一批腐败分子所控制。因此，只有运用腐败资产的定性认识，将上述腐败事实整合在同一个腐败资产的形成与处置过程中，才能对腐败行为予以妥当的惩治，否则就难以正确处理上述问题。

最后，将腐败资产确定为定性内容，有利于研究和解决腐败存量或腐败增量的定量问题。对腐败存量或腐败增量问题进行研究与解决，其内在包含对腐败存量或腐败增量进行定量分析的需要。笼统或者抽象地对腐败存量或腐败增量进行界定，虽然也能在理念上或宏观上促进对腐败存量或腐败增量的认识，但却难以为腐败存量或腐败增量的定量分析提供指导。腐败资产概念内在地包含定性与定量双重属性，尤其在腐败存量或腐败增量的定量方面具有天然优势。针对腐败存量或腐败增量的权钱交易、权利交易、权权交易三种腐败形式，运用腐败资产概念能够对腐败存量或腐败增量的定量问题作出妥当的阐释。

综上所述，从腐败资产角度对腐败存量或腐败增量作出界定，既符合治理腐败问题的本质需要，又符合治理腐败问题的技术需要，还能够为开展未定罪腐败资产的法律性质研究与追缴制度研究提供坚实的理论基础和实践框架。

（二）腐败存量得到有效减少与腐败增量得到有效遏制

党的十八大以来，针对腐败存量与腐败增量的斗争取得了前所未有的历史性胜利，实现了腐败存量有效减少与腐败增量得到有效遏制的双效胜利，为实现最大程度去除腐败存量、最大程度遏制腐败增量奠定了坚实基础。

首先，党的十八大以来，我国反腐败斗争取得了压倒性胜利，实现了反腐败斗争历程中的历史性转折，确立了有效减少腐败存量与有效遏制腐败增量的历史性基础。2018 年 12 月中旬，中共中央政治局召开会议，就我国反腐败斗争形势作出全新的重大判断，指出反腐败斗争取得压倒性胜利。这是我国开展反腐败斗争历程的历史性转折点，标志着我国反腐败斗争步入了全新的历史阶段。随后，在 2019 年 1 月中旬召开的党的十九届中央纪委三次全会上，习近平总书记再次郑重向全党和全国人民重申这一重大判断。这一重大判断既是对党和国家长期以来反腐败斗争形势分析的发展，也为反腐败斗争中处理腐败存量与腐败增量指明了重大方向。

其次，腐败存量得到有效减少，既是基于党和国家重大判断推导而出的内在结论，更是基于事例事实与数据分析而得出的现实状态。党的十八大以来，我国逐步扭转了“腐败现象易发多发”的严峻局面，最终“反腐败斗争取得压倒性胜利”，其中针对腐败存量的反腐败斗争起到了重大托底作用。有效减少腐败存量，既关乎党执政兴国的政治根基、人民群众对党的信心，也是保证反腐败斗争取得压倒性胜利的重要内容。经济快速发展时期的相当一部分腐败问题没有得到及时处理，而转变为腐败存量隐藏起来。在党和国家加强反腐败斗争力度之后，该腐败存量也就难以继续存在下去，必然成为反腐败斗争针对的重要内容。

最后，腐败增量得到有效遏制，也是基于党和国家重大判断推导而出的内在结论，以及基于事例事实与数据分析得出的现实状态。在反腐败斗争中，作为斗争对象的腐败现象具有一体性，腐败存量没有被及时查办时，腐败分子通常会继续参与腐败，并制造新的腐败增量，因而腐败分子实施的腐败行为既可能有腐败存量，也可能有腐败增量。同时，在统计腐败问题有关数据时，通常也没有将腐败存量与腐败增量区分开来，这就需要在数据整合或技术策略上通过合适的路径来反映和分析有效遏制腐败增量的量化证明。

腐败的发生是一个循序渐进的过程，腐败分子利用公权力进行的权钱交易、权利交易等腐败行为，往往经历数量由小到大、程度由轻到重的过程，通常表现为由违纪演变为违法直至走上犯罪道路的三个阶段。就腐败问题发生的阶段而言，处理腐败增量的最好办法应当是防患于未然，在腐败问题尚处于萌芽状态时就予以制止，在应对腐败违纪违法犯罪现象的思路中，应当坚持预防与惩治并重的原则。如果在有腐败迹象的违纪党政领导干部滑向更严重的违法状态之前，能够及时发现并予以适当处理，则必定能对当事的党政领导干部和其他有关人员起到切身的教育警示作用，从而也就必定会对腐败增量起到非常有效的遏制作用。

二、查处腐败存量工作将更加艰巨、更加复杂

（一）查处腐败存量工作将更加艰巨

在反腐败斗争取得压倒性胜利以前的一段时间里，由于一些党组织管党治党不严，失之于宽松，也没有形成对全部国家公职人员监督全覆盖的态势，没有及时有效地遏制和治理容易滋生腐败的违纪违法现象，长期下来积累了大量腐败问题。虽然党的十八大以来，反腐败工作人员经过艰苦努力，已经有效减少了很多腐败存量，但从规模上看，当前我国的腐败存量仍然很大。目前，理论研究上经常使用“腐败黑数”这一概念来表述腐败存量，许多研究都对目前我国的腐败存量进行了测算。有的观点认为，中国的腐败黑数占腐败资产的 80% 以上；[1] 有的观点认为，中国的腐败黑数高达 90% 以上，甚至达到 99%。[2] 总体上看，虽然不同研究者运用不同的计算模式对腐败黑数进行了测算，并且得出的结果也有较大不同，但基本上都具有一个共识，即当前我国的腐败存量仍然规模很大。党和国家对当前我国现有的腐败存量问题也有着准确的判断，反复强调当前的反腐败斗争形势依然严峻复杂，腐败现象易发多发，一些腐败分子在党的十八大以后依然不收手、不收敛的问题仍然存在，并指出减少腐败存量的工作仍然艰巨、繁重。

在反腐败斗争形势依然严峻复杂的大背景下，腐败存量问题将更加突出，其表现主要有以下几个方面：

---

1. 倪星、王立京：《中国腐败现状的测量与腐败后果的估算》，《江汉论坛》2003 年第 1 期，第 21 页。
2. 胡鞍钢主编：《中国：挑战腐败》，浙江人民出版社 2001 年版，第 60—62 页。

其一，在持续强大的反腐败力度之下，腐败增量的发生将更加困难，对腐败增量的查办也将更为有效，相对而言，腐败存量在量上将表现得相对较多。反腐败斗争取得压倒性胜利之后，在对腐败零容忍的决心不动摇、反腐败力度不削减的态势下，对腐败增量的查办与对腐败存量的查办具有同等力度，其对有效遏制腐败增量与有效减少腐败存量在原理上应当具有同等效果。但腐败存量与腐败增量在主观性与客观性之间存在着属性差别，反腐败法规制度建设在遏制腐败存量与减少腐败增量方面的效果存在一定差别等因素的影响，将出现遏制腐败增量的量化表现比减少腐败存量的量化表现更为明显的态势。随着反腐败斗争的持续深入，两者之间的差异将可能越来越突出，将可能导致查处腐败存量成为最为艰巨的反腐败工作。

其二，腐败存量将潜藏得更加隐蔽。腐败存量问题一旦形成，如果没有及时对其进行查办，其必然将千方百计地潜藏起来，以逃脱法纪的制裁。腐败存量的潜藏方式又与其在其所处时期的资产形式和价值载体密切相关，不同时期的腐败存量在资产形式和价值载体方面发生了很大变化。总体上看，其隐蔽性主要体现在人产分离、人产异名、黑产洗白、第三人持有资产等方面，同时新型金融工具和高科技手段的助推，更增强了腐败存量的隐蔽性。潜藏的腐败存量难以被及时发现和查办，并且有可能出现资产增值，这就导致腐败存量一旦被发现，将引起社会公众在心理上认为腐败分子不但逍遥法外，还享受了更长时间的更多利益，由此将可能更加引起社会公众的关注，使得在社会心理层面，腐败存量相较于腐败增量更为突出。

其三，随着时间的流逝，查办腐败存量将遇到越来越多的法律追诉困难。查办腐败存量将面临更多的时间压力，这一方面体现在时间流逝造成查办腐败存量的证据事实模糊，另一方面则体现在时间流逝造成查办腐败存量可能超过追诉时效期限。针对前者，主要通过完善反腐败制度、提升反腐败体系合力来解决；解决后者造成的问题则相对更为复杂。当发现的腐败存量涉嫌存在刑法追究的情节或达到刑法的数额要求时，如果该腐败存量发生在20世纪八九十年代或者21世纪初，则必须要考虑刑法规定的追诉时效。对此，有的观点主张“对腐败犯罪实行永久追诉”，[1]或者“对职务犯罪应实行永久追诉”。[2]上述观点具有一定合理性，也与《联合国反腐败公约》第29条的规定有着一定契合性。然而总的看来，我国刑法对追诉时效的规定具有普遍适用效力，在刑法中针对不同的犯罪设置不同的追诉时效，还需要更多的论证与准备。针对腐败犯罪的特殊性和惩治的必要，在坚持对腐败犯罪人员适用刑法有关追诉时效规定的同时，可以考虑对腐败资产建立永久追诉制度或更长期追诉制度，以适应对未定罪腐败资产进行独立没收的理念及其未来发展。

（二）腐败存量问题将更为复杂

只要保持对腐败现象的高压态势、坚持对腐败问题的零容忍立场，腐败存量问题必将能够得到彻底解决。同时也要注意

---

1. 齐学玲、姜传伟：《严惩腐败不妨实行永久追诉》，《人民检察》2008年第18期，第60页。
2. 邱良、王威：《对职务犯罪应实行“永久追诉”》，《人民检察》2006年第10期，第62页。

到处理腐败存量问题的复杂性，可能导致对部分腐败存量问题的处理不及时，也就可能导致承载腐败存量的腐败资产，无论是定罪处理部分还是未定罪处理部分都可能出现更加复杂的情形。由此，需要深入分析腐败存量问题的历史因素、境内外法律制度与政策衔接的差异，为及时彻底解决腐败存量问题筑牢研究基础。

其一，腐败问题本身具有历史因素，由此腐败存量也可能具有历史因素，这可能导致对部分腐败存量处理不及时。对于腐败问题的成因，历来众说纷纭，有学者从政治学角度出发，认为腐败的实质是掌权者滥用未得到有效制约的权力、以权谋私，有学者从社会学角度出发，认为腐败的起因是弱小的市民社会与强大的政治国家之间的不均衡状态，有学者从经济学角度出发，认为腐败的起因是腐败的收益超过了成本。总的看来，这些观点在各自领域都具有较强的解释力，也在腐败成因上存在共识，即认为腐败问题具有历史成因上的共性。腐败问题的成因可以分为主观因素与客观因素，就其主观因素而言，当然包括腐败分子的逐利贪利、欲壑难填等主观内容，应当予以最严正的谴责与惩处。就其客观因素而言，也有许多情形能够说明腐败不能完全归责于腐败分子本人的主观因素。如果以真正意义上的不以人的意志为转移的客观性来衡量，上述部分观点中涉及的内容只在形式上具有客观意义，例如从政治学角度分析，有观点认为腐败实质是掌权者滥用未得到有效制约的权力、以权谋私，似乎腐败是由于客观上权力制约的制度有漏洞而造成的，但实际上无论是任何时代、任何社会都不可能存在没有漏洞的制度。只有在某种制度之下，大部分公职人员身不由己地被卷入腐败，才能认为该种制度是具有客观因素的腐败起因，例如中国明清时期的“耗羡”制度。[1] 我国在改革开放之初，也曾经出现过类似现象，当时的“价格双轨制”被普遍认为是可能造成较多腐败问题的客观因素。类似于“价格双轨制”的体制性、机制性问题，在我国从计划经济体制向社会主义市场经济体制转型过程中还有不少，我国改革开放的一个重要内容就是破除市场与政府管理之间的体制性、机制性问题，尚未被破除的体制性、机制性问题，客观上造成了一定的腐败存量。随着我国改革开放的深入推进，这些体制性、机制性问题逐步得到解决，但伴随着这些体制性、机制性问题而形成的部分腐败存量却遗留了下来，需要进行进一步的处理。

其二，境内外法律制度与政策衔接的差异，导致对部分腐败存量的处理存在较多困难。在反腐败斗争取得压倒性胜利以前，防止腐败分子外逃、腐败资产外流的体制机制尚不健全，相当数量的腐败存量外流到境外，形成了部分需要境内外协同处理的特别的腐败存量问题。处理该部分腐败存量问题的特别之处主要在于：在处理腐败问题的法律制度与政策的衔接

1. “耗羡”，俗称“火耗银”，指的是散碎银子在熔铸成银锭或者元宝的时候，必然存在的一定损耗。明清时期的官吏收入微薄，统治者默许官吏阶层从火耗银中提取补贴，并逐步形成固定制度，虚报火耗银开始成为半公开的腐败现象。到清康熙后期，官吏公开或半公开地虚报火耗银比例，已达到令人发指的程度，常常一两银锭竟然能虚报达到一半。清雍正初期开始实行“火耗归公”“养廉银”制度，部分扭转了半公开的虚报火耗银的腐败现象。到了清乾隆中期，“火耗归公”“养廉银”制度耗资巨大、入不敷出，已难以维持。清廷不得不改变统治策略，制定颁布了《耗羡章程》，重新确认了官吏自行收取火耗银的权利，再次进入了大部分官吏不得不陷身腐败的怪圈。

方面，境内外的不同国家或地区存在较大差异。在处理腐败存量问题上，这一差异主要表现为：依照境内法律的规定，针对属于腐败存量的腐败犯罪，境外有关国家或地区认为已经超过追诉时效的，不予配合追诉；依照境内法律规定，针对属于腐败存量的腐败犯罪，境外有关国家或地区认为不属于犯罪的，不予配合处理；依照境内法律规定，针对属于腐败存量的腐败犯罪，境外有关国家或地区认为不属于腐败犯罪，不能适用腐败犯罪追究条件或程序的，不予配合处理；等等。上述境内外法律制度与政策衔接的差异，对部分外流到境外的腐败存量处理造成较多困难，也给我国反腐败工作大局带来较大困扰。为解决这一问题，可以从以下两个方面予以考虑：一是完善境内有关涉及处理腐败存量的法律制度与政策。近几年来，我国制定了《监察法》《国际刑事司法协助法》《刑法修正案（七）》《刑法修正案（八）》《刑法修正案（九）》《刑法修正案（十一）》，修改了《刑事诉讼法》，完善了国际追逃追赃机制，制定了一系列境内外协同合作的政策规定，在完善境内有关涉及处理腐败存量的法律制度与政策方面取得了长足进步。当然，目前对境内涉及处理腐败存量的法律制度与政策的完善思路仍然建立在传统的定罪模式之上，对未定罪模式思路引导下的腐败存量处理尚需要进一步研究与论证。二是与境外的有关国家、地区或国际组织加强沟通与交流，就涉及处理腐败存量的法律制度与政策的对接适用展开深入合作。腐败是人类社会的公害，是现代文明的共同敌人，就涉及处理腐败存量的问题，开展境内外的法律制度与政策的对接适用具有坚实的道义基础，因而在开展沟通交流的正当性方面通常不存在困难。在处理外流到境外的腐败存量问题时，造成境内外的法律制度与政策的对接适用的困难的，通常是功利主义的需要。对我国而言，从我国境内流出的腐败存量，是国家资产和人民利益的净损失，但对境外有关国家或地区而言，则是有形资产或其他形式资产财富的净收益。基于功利主义的成本与收益的考量，境外有关国家或地区对处理流出的腐败存量，往往持并不积极配合的立场，有时甚至增加不合理的法律或政策要求。对此，应当在坚持平等互助原则的基础上，协同理解“双重违法”规则，通过协商适用资产分享制度，以功利主义思维来解决功利主义的境内外协同处理外流的腐败存量问题。

第二节　去除腐败存量与追缴未定罪腐败资产

腐败存量以腐败资产的形式保存并延续，其危害与影响相较于腐败行为，实则有过之而无不及。对腐败的人通常可以通过定罪处罚予以及时惩治，但由于种种原因，腐败资产却常常得不到及时追缴，以至于许多的腐败存量在腐败分子得到惩罚之后，仍未得到追缴。要彻底贯彻对腐败问题零容忍的立场，排除对腐败存量予以赦免的不当看法，坚决去除腐败存量，而追缴未定罪腐败资产就是去除腐败存量的有效路径。有必要从法理上深入分析去除腐败存量与追缴未定罪腐败资产的重要法治意义，通过刑法实体法与刑事诉讼法的刑事一体化来构建去除腐败存量与追缴未定罪腐败资产的制度体系。

一、深入研究追缴未定罪腐败资产的重要意义

（一）追缴未定罪腐败资产是推进刑事法一体化的重要联结点

我国《刑事诉讼法》第1条明确规定，《刑事诉讼法》的立法目的是“为了保证刑法的正确实施”，这表明《刑事诉讼法》是配套刑法实施的程序法，刑法是需要《刑事诉讼法》予以保障的法律体系，同时表明刑事一体化是刑事法律体系运行的重要原则，也是推进刑事司法领域改革和发展的重要指导原则。[1]在法理上，理论研究也历来重视两个法律之间的关系，“有罪是一回事，被追诉和被惩罚则是另一回事。一个人被认定对一项特别的罪行承担责任，取决于程序性规则。这些规则决定着国家如何通过证明犯罪的发生、认定行为人有罪和惩罚那些应当对这个犯罪负责的人，来执行刑法”。[2]刑事一体化的内在要求是刑事实体法与刑事程序法在重大原则、重要制度等方面保持一致，将近几年来刑法的历次修正与《刑事诉讼法》的两次修改进行比较，可以发现：《刑事诉讼法》的两次修改在重大原则、重要制度方面屡有突破，尤其是在腐败犯罪问题上、在犯罪人责任追究原则的传统基础上，开创性地认可了对物的责任追究原则，即违法所得单独没收程序的法理基础原则，凸显了刑事责任追究原则的重大变革；在确保一般情形下的犯罪人得到公正审判的传统制度的基础上，开创性地设置了确保特殊情形下的犯罪人得到及时有效审判的新制度，即缺

---

1. 储槐植、闫雨：《刑事一体化践行》，《中国法学》2013年第2期，第139页。
2. ［美］乔治·P. 弗莱彻：《刑法的基本概念》，王世洲等译，中国政法大学出版社2004年版，第6页。

席审判制度，凸显了刑事审判制度的公正与效率的新的辩证统一。而刑法至今已作了11次修正，颁布了一个单行刑法，就惩治腐败而言，主要集中在对刑法分则涉及的腐败犯罪罪名的增加或要件完善、提高腐败犯罪的法定刑、增加特定情形下的终身监禁等内容，而刑法涉及腐败问题的有关总则的规定则没有被修正，尤其是刑法有关没收、追缴腐败资产的总则规定未被修正。这导致我国刑法与《刑事诉讼法》之间出现了倒挂现象，《刑事诉讼法》的理念变革与制度完善大步向前，而刑法的修正则仍依循罪名增订与法定刑加减的传统模式，在理念修正与制度完善方面则进步有限，这既不利于刑事一体化的发展，也将不利于刑法自身的发展。

具体来看，从2012年开始，我国对《刑事诉讼法》多次作出重大修改，对有关未定罪腐败资产的问题作出突破性规定，其中主要有：2012年修改新增“犯罪嫌疑人、被告人逃匿、死亡案件违法所得的没收程序”（以下简称“违法所得单独没收程序”），以及2018年修改新增“缺席审判制度”。其一，关于“违法所得单独没收程序”。2013年1月1日，第二次修改的《刑事诉讼法》开始生效实施，本次修改的重要内容之一是新增第五编“特别程序”，其中新增的违法所得单独没收程序更是其中的突出亮点，增加该违法所得单独没收程序的目的是“严厉惩治腐败犯罪、恐怖活动犯罪，并与我国已加入的《联合国反腐败公约》及有关反恐怖问题的决议的要求相衔接”。[1] 该程序的设置部分突破了传统刑事诉讼中，以追究

1. 王兆国：《关于〈中华人民共和国刑事诉讼法修正案（草案）〉的说明》，网址：http：//www.gov.cn/2012lh/content_2086875.htm，访问时间：2019年4月3日。

犯罪嫌疑人、被告人为对象的人的刑事责任为基础的责任追究模式，创设了不以定罪为前提的特别没收制度，开创了以物为对象的刑事责任追究模式。虽然学界与实务界对该程序的适用范围、认定条件、证明责任分配与标准、相关文书制作与送达等诸多问题仍有许多争议，但总体上该程序的设置是刑事诉讼的重大进步。[1] 该程序的设置，实际上也是未定罪腐败资产追缴制度的重大发展，是构建未定罪腐败资产追缴制度的程序法基础，也为推动构建未定罪腐败资产追缴制度的实体法基础提供了重要启发和契机。其二，关于"缺席审判程序"。2018 年 10 月 26 日，第三次修改的《刑事诉讼法》开始实施，本次修改的重要内容之一是第五编"特别程序"中新增的第三章"缺席审判程序"属于本次修改的三大亮点之一，增加该程序的目的是"为加强境外追逃工作力度和手段，需要建立刑事缺席审判制度"，是由于"党中央高度重视反腐败和国际追逃追赃工作及相关法律制度建设。党的十八大以来，国际追逃追赃工作取得重大进展，得到人民群众的广泛拥护"。[2] 刑事缺席审判制度的增设，是刑事诉讼原则的重大变革，也是刑事程序制度的重大变革。该程序的设置部分突破了传统刑事诉讼中，以犯罪嫌疑人、被告人到案并予以定罪为基础的在席审判制度，开创了不要求犯罪嫌疑人、被告人到案，也可以定罪的缺席审判制

---

1. 黄风:《建立境外追逃追赃长效机制的几个法律问题》,《法学》2015 年第 3 期，第 6 页。
2. 沈春耀:《关于〈中华人民共和国刑事诉讼法（修正草案）〉的说明》，网址：http：//www.npc.gov.cn/npc/c12435/201810/6cda6a2ab98a41268452a87a89e0a0c6.shtml，访问时间：2019 年 4 月 3 日。

度，是兼顾诉讼公正与诉讼效率的重要变革。

《刑事诉讼法》是为了保证刑法的正确实施而制定的程序法，与刑法在法理上存在一定的逻辑顺序：即刑法制定在先，《刑事诉讼法》再跟进予以保障。然而，如上所述，近几年来《刑事诉讼法》多次作出的重大修改，已不仅仅局限于程序细化等技术问题，而是逐步深入，涉及刑事诉讼的理念变革与制度完善。与之相对比，刑法却没有及时跟进并做出应有的完善，尤其在追缴未定罪腐败资产领域，《刑事诉讼法》与刑法的一体化更为滞后。这主要表现在：一是在立法理念上，刑法仍然固守以实体定罪为基础的传统归责规范体系，固守针对行为人的定罪量刑的传统刑事责任追究体系。在不以定罪为基础的、针对“物”的刑事责任追究体系方面尚未有理念的突破，在坚持传统定罪量刑的刑法模式方面也尚未有制度的突破。二是在立法技术方面，现有刑法在与犯罪有关的没收及与定罪有关的追缴等立法语言上模糊不清、较为混乱，现有《刑法》第 64 条的规定、关于没收财产刑的规定、关于追诉时效的规定等，都难以与现行《刑事诉讼法》匹配，难以为开展特别没收和缺席审判提供实体法支撑。例如，《刑法》第 64 条规定的“没收”一词，指向的是“违禁品和供犯罪所用的本人财物”；而《刑法》在第 191 条“洗钱罪”的规定中，却同时规定“(有下列行为之一的)没收实施以上犯罪的所得及其产生的收益”。而在《刑法》第 64 条规定中，针对犯罪分子违法所得的一切财物，所用的立法语言则是“应当予以追缴或者责令退赔”。同时，《刑法》第 395 条在涉及巨额财产来源不明罪的内容中，也规定：“财产的差额部分予以追缴。”这三处规定的立法语言的冲突，反映了立法对腐败资产处理理念不明、方法不清等问题。

（二）追缴未定罪腐败资产是推进国际刑事司法合作的高阶形式

国际刑事司法合作存在初阶、中阶与高阶形式，其划分标准在于合作方之间合作法律标准的差异度，差异度与国际刑事司法合作的难度成正比，差异度越高，国际刑事司法合作的难度也就越高，合作方之间能够达成的国际刑事司法合作也就越趋向高阶。就国际刑事司法合作的理论和现状而言，各国、各地区或国际组织之间的刑事司法合作法律标准的差异度，从低到高进行排列，依次是法律文书与涉案证据材料、涉案人员、涉案资产。一是有关法律文书与涉案证据材料的认证、调取、传递等，属于国际刑事司法合作的初阶形式。这部分内容属于各国、各地区或国际组织之间容易达成协议或公约的基本内容，即使是没有达成相关协议或公约的事项，通过个案协商也容易解决问题。二是有关涉案人员的刑事判决或裁定的承认与执行、引渡、移管等，属于国际刑事司法合作的中阶形式。各国、各地区或国际组织之间，对有关涉案人员的刑事判决或裁定的承认与执行、引渡、移管等刑事司法合作的法律标准差异度很高，不太容易达成协议或公约，没有达成相关协议或公约的事项，通过个案协商也不容易达成问题的解决方案。例如，我国刑法对贪污罪、受贿罪等腐败罪名的刑罚中规定有死刑，而当今世界多数国家或地区已经废除死刑，双方之间的法律标准差异度太高，因而我国请求外国承认与执行有关严重腐败问题的刑事判决或裁定，也就难以实现。截至2019年5月，我国与55个国家签订了引渡条约，[1]但主要集中在亚洲地区和欠发达地区，这些地区的国家与我国发生涉及腐败问题的国际刑事司法合作的案例并不多。与我国发生涉及腐败问题的国际刑事司法合作联系较多的国家，主要集中在北美、欧洲等发达地区，遗憾的是，这些地区里的国家却多数没有与我国签订引渡条约，我国与这些国家也基本上没有共同加入有引渡内容的国际公约。三是有关涉案资产的扣押、冻结、追缴与返还，属于国际刑事司法合作的高阶形式。不同国家或地区关于涉案资产的扣押、冻结、追缴与返还的合作法律标准差异度，在所有国际刑事司法合作事项中，处于最高位阶。造成这种情形的原因是多方面的，可能有文化差异、制度差异和功利差异等诸多方面的因素。例如，文化差异可能体现在有的国家重视对人的刑事责任追究，而有的国家同等重视对物的刑事责任追究；制度差异可能体现在有的国家坚持以定罪为中心的涉案资产追缴制度，而有的国家则同等重视不以定罪为中心的涉案资产追缴制度；功利差异可能体现在有的国家承认追缴涉案资产需要成本，因而可以采取资产分享等方式弥补功利需要，有的国家则坚持国家利益原则，不接受资产分享等方式。

传统国际刑事司法合作的初阶形式，具体包括刑事法律文书送达、代为刑事调查取证、对一般涉案物品的鉴定、搜查与勘验，实际上是一国刑事诉讼经由他国实施的辅助程序延伸，

1. 王新民等：《廉洁：“一带一路”行稳致远的坚强保障》，《中国纪检监察报》2019年5月2日，第4版。

一般不直接涉及对需追诉的犯罪嫌疑人或被告人罪行的实际指控以及对有关定罪后法律后果的认定与执行。随着全球一体化的发展，国际刑事司法合作传统的初阶形式因日益不能满足现实需要而逐步发展到中阶、高阶形式，开始逐步发展到对犯罪嫌疑人或被告人人身与已定罪资产的直接处置上，包括引渡、刑事诉讼移管、相互承认和执行刑事诉讼判决裁定、涉案资产的扣押、冻结、追缴与返还。追缴未定罪腐败资产属于国际刑事司法合作的高阶形式，对国际刑事司法合作具有更多实质意义，也是检验不同国家之间刑事司法合作紧密度的重要途径。目前，我国的追赃与追逃并重已经取得明显成效，但相对而言境外追赃仍然明显滞后于境外追逃，在不放松境外追逃的同时需要更加着力于境外追赃工作，更加能够体现实质上惩治和预防腐败犯罪的国家立场。

首先，追缴未定罪腐败资产能够推进国际刑事法律合作中的提出合作请求方的立法向高阶形式发展。在国际刑事司法合作中，提出合作请求的国家或地区往往居于被动的位置，尤其是向涉案资产流入国提出的扣押、冻结、追缴与返还涉案资产的请求，涉及不同国家对涉案资产的切身利益需求，涉案资产流入国通常发自内心地不愿意将涉案资产进行扣押、冻结、追缴与返还，因而提出合作请求的国家或地区和涉案资产流入国的利益博弈非常激烈。但同时，涉案资产流入国也非常清楚，提出涉案资产合作请求的国家或地区占据道义制高点，尤其是当涉案资产流入国不接受腐败涉案资产合作请求时，非常容易被国际社会贴上“腐败保护伞”的标签，在道义上将会陷入失道寡助的境地，因而涉案资产流入国与提出合作请求的国家或地区之间的道义博弈也非常激烈。为了在道义上占据主动，同时也争取现实利益，涉案资产流入国往往以提出合作请求的国家或地区对涉案资产没有法律上的正当性依据作为理由，来拒绝具体的涉案资产合作请求，进而暗示或明示提出合作请求的国家或地区就有关涉案资产问题进行新的立法，以实现双方合作在法律标准问题上的一致。以我国为例，我国在追缴腐败资产时，通常是提出合作请求方，多年来我国向欧美发达国家提出扣押、冻结、追缴与返还涉案的腐败资产请求时，基本上都会遭到拒绝，其拒绝的具体理由五花八门，但总体上可以归结为我国对扣押、冻结、追缴与返还涉案资产缺乏国际刑事司法合作的法律规定，也缺乏与涉案资产流入国国内立法相一致的法律规定。对此，我国在2018年制定了《国际刑事司法协助法》，对包括涉及扣押、冻结、追缴与返还涉案资产在内的问题进行了较高水平的立法，完善了腐败资产追缴的国际刑事司法协助制度，消除了涉案资产流入国主要的拒绝风险。同时，我国开始制定以《监察法》为代表的新的反腐败国内法，修订以《刑事诉讼法》为主要对象的反腐败国内法，逐步与主要涉案资产流入国的法律取得部分一致。但是，刑法作为规制腐败问题最为重要的实体法律，仍没有针对追缴未定罪腐败资产方面的国际刑事司法合作进行必要的修订，在未来一段时间内，需要重点推进追缴未定罪腐败资产的制度设计与刑法的修改思路。

其次，追缴未定罪腐败资产能够推进国际刑事法律合作中的受理合作请求方的立法向高阶形式发展。在国际刑事司法合作中，受理合作请求的国家或地区往往居于主动的位置，对于合作请求方提出的扣押、冻结、追缴与返还涉案资产的请求，可以依照本国或本地区的法律，结合请求事项的具体情况，自由地作出拒绝或者接受请求的决定。但是，这并不意味着受理合作请求的国家或地区的自由度可以不受任何限制。受理合作请求方如果属于发达国家或地区，其国内立法一般对涉案资产如何处理有较为全面的规定，如果提出合作请求方同样属于发达国家或地区，受理合作请求方与提出合作请求方的法律标准仍有可能不一致，也需要对双方的法律标准进行协商评估，进而对受理合作请求方的立法进行修改完善；如果提出合作请求方属于欠发达国家或地区，其法律与受理合作请求方的法律存在较大差异，受理合作请求方也要考虑可否按照共同加入的国际公约或者双边、多边协定来处理请求事项。受理合作请求方如果属于欠发达国家或地区，其国内立法对涉案资产如何处理缺乏明确规定，与提出合作请求方的法律标准差异过大，也需要对本国国内法进行必要的修改或制定新法。

最后，追缴未定罪腐败资产能够推进国际刑事司法合作中的提出合作请求方与受理合作请求方之间的司法协作向高阶形式发展。在世界范围内来看，无论是追缴已被确定有罪的犯罪分子的所得及其收益，还是追缴未定罪的涉案资产，各国家、各地区的立法都存在较大差异。如果合作请求方与受理合作请求方通过修改立法的方式来达成合作一致，在时间上耗时太久，在适用效果上也难以保障。就世界范围内的追缴腐败资产的实践来看，通过司法协作、个案合作等方式推进追缴未定罪腐败资产，取得了良好成效。围绕追缴未定罪腐败资产，推进提出合作请求方与受理合作请求方之间的国际刑事司法合作，具有以下几个方面的突出优势：一是追缴未定罪腐败资产的国际刑事司法合作，能够涵盖初阶形式的国际刑事司法合作事项，起到以点带线的合作效果。追缴未定罪腐败资产的国际刑事司法合作，表面上针对资产类问题的处理，实际上涵盖了其他初阶形式的国际刑事司法合作事项。就提出追缴未定罪腐败资产的合作请求方而言，其需要提供证明腐败资产未定罪但需要予以追缴的有关法律文书、涉案证据材料；就受理追缴未定罪腐败资产的合作请求方而言，其必须要对提出合作请求方的有关法律文书、涉案证据材料进行认证，在合作过程中还要对上述材料进行调取、传递等。二是追缴未定罪腐败资产的国际刑事司法合作，能够涵盖中阶形式的国际刑事司法合作事项，起到以点带面的合作效果。在处理腐败问题的国际刑事司法合作中，对腐败分子的责任追究属于优先事项，提起合作请求方与受理合作请求方需要对腐败分子的刑事责任进行协商，这属于中阶形式的国际刑事司法合作事项。只有当确定腐败分子的刑事责任遇到障碍时，才需要考虑围绕腐败资产进行国际刑事司法合作。如果确定腐败分子的刑事责任遇到障碍，通常意味着对该腐败分子的定罪难以进行，也就相当于无法通过定罪途径对腐败分子拥有的可疑所得及收益等涉案资产予以扣押、冻结、追缴与返还，也就意味着只能通过未定罪腐败资产的国际刑事司法合作予以解决。由此，处理未定罪腐败资产的高阶形式的国际刑事司法合作，与有关腐败分子的刑事判决或裁定的承认与执行、引渡、移管等的中阶形式的国际刑事司法合作事项，属于一体两面的问题。三是追缴未定罪腐败资产的国际刑事司法合作，能够加强双方追缴已定罪腐败资产的国际刑事司法合作。从字面逻辑上看，已定罪腐败资产的反面是未定罪腐败资产，但是未定罪腐败资产的反面却不一定是已定罪腐败资产。从概念的定义方式而言，用表示肯定、确定的范畴予以定义，一般不会产生歧义，但是如果用表示否定、不确定的范畴予以定义，则可能会产生歧义。如已定罪腐败资产通常指的是经裁判机关予以审判后，确定有罪并需要承担相应刑事责任的犯罪人的犯罪所得及其收益以及其他依法应当追缴的资产，该定义一般不会造成歧义。但如果对未定罪腐败资产予以定义，将会遇到内涵与外延的双重困难，其根源在于否定性概念的内涵与外延难以穷尽。因而，当有关国家或地区开展未定罪腐败资产的国际刑事司法合作时，实际上已经内在隐含着就已定罪腐败资产处理的问题处理达成合作一致的意思。

（三）追缴未定罪腐败资产是我国参与创建新型反腐败国际规则的重要途径

腐败违法犯罪问题与普通违法犯罪有着很多不同点，其中最为突出的不同点是腐败违法犯罪严重损害国家正义、破坏国家正常治理秩序，而普通违法犯罪则直接侵害公民个体或者团体权益，因而对腐败行为的违法犯罪所得、收益以及其他涉案财物进行追缴，对实现国际规则治理意义更为重大。较长时期以来，许多西方国家“不断在联合国、二十国集团、亚太经合组织等场合提出所谓反腐败问题”。[1] 近几年来，我国在国际上一举转战略被动为战略主动，加强反腐败国际多边双边合作、

1. 习近平：《在第十八届中央纪律检查委员会第六次全体会议上的讲话》，网址：http：//www.xinhuanet.com/politics/2016-05/03/c_128951516.htm，访问时间：2017 年 7 月 3 日。

主动提出一系列反腐败国际合作倡议，推动全球反腐败治理体系变革取得了一系列成果，成为倡导构建国际反腐败新秩序的重要推动者。[1]

在世界范围内来看，对未定罪腐败资产或者称之为不经定罪的腐败资产如何处理，仍是一个相当新颖的命题。首先，各国、各地区对未定罪腐败资产如何处理的规定存在较大差异，我国可以通过自身的立法发展，为参与创建新型反腐败的国际规则作出贡献。在世界范围内来看，多数国家或地区没有在立法中明确规定或者承认对未定罪资产予以处理，也没有通过不经定罪的方式对涉案资产进行处理。在立法中明确规定或者承认对未定罪资产予以处理，或者通过不经定罪的方式对涉案资产进行处理的国家或地区并不多，主要是发达国家或地区，有美国、英国及英联邦国家或地区、德国、意大利等。我国近几年来也开始修改《刑事诉讼法》、制定《国际刑事司法协助法》，在程序法中部分承认对未定罪资产予以处理，或者通过不经定罪的方式对涉案资产进行处理。在立法中已经明确规定或者承认对未定罪资产予以处理的国家或地区，其相关立法的差异也较大。例如，美国建立了以“民事没收型”理念与制度为特点的未定罪资产处理模式、英国建立了以“民刑复合型”理念为特点的未定罪资产处理模式、德国建立了以三元（刑罚、保安处分、单独措施）并存型理念与制度为特点的未定罪资产处理模式等。未来我国需要在借鉴其他国家立法的基础

1. 中央纪委网站：《走进中央追逃办》，网址：http：//www.ccdi.gov.cn/yw/201704/t20170425_98002.html，访问时间：2017 年 7 月 3 日。

上，通过建立中国特色的未定罪资产追缴制度，为参与创建新型反腐败国际规则作出贡献。其次，有关国际公约对未定罪腐败资产如何处理的规定存在较大差异，我国可以通过缔约谈判与履约审查，为参与创建新型反腐败国际规则作出贡献。相较各国各地区的国内立法而言，涉及未定罪腐败资产处理问题的国际公约的协商与制定过程，更加凸显各国、各地区的差异，使彼此间的矛盾表现得更加明显。例如，在2003年《联合国反腐败公约》的制定过程中，各国曾就"未定罪资产追回中的资产分享"问题产生了激烈争论。一些国家主张在《联合国反腐败公约》关于资产处置条款中引入"分享"制度，而大部分第三世界国家则坚决反对，有的国家代表甚至斥责分享制度是一种"掠夺"，他们质问道：在有财产受害国的情况下，要求对犯罪所得搞分享，其"良心何在"？中国代表团当时的立场是：对于来源于贪污等腐败罪行的资产，无论采用何种方式追缴，均应全部返还给财产受害人，不适用分享制度。经过长时间的磋商，最后通过的《联合国反腐败公约》第57条第3款明确规定：对于贪污公共资金等犯罪行为，被请求国应当将"没收的财产返还请求缔约国"。2018年我国制定的《国际刑事司法协助法》所持的立场与上述立场有所不同，部分认可了国际刑事司法合作中的分享制度。最后，各国各地区对未定罪腐败资产处理的具体实践尚在不断磨合中，我国可以通过国际刑事司法合作，为新型反腐败国际规则的运行作出贡献。"徒法不足以自行"，如若要在追缴未定罪腐败资产的问题上取得突破性进展，固然需要先在立法方面有一个大的变革。然而，立法上的变革仅是追缴未定罪腐败资产取得突破性进展的开端，更为重要的是，需要让制度在实际运行中取得切实有效的实践效果，否则变革后的立法反而有沦为“象征性立法”之虞。[1] 例如，《刑事诉讼法》在新增违法所得单独没收程序之后，理论界与实务界都寄予厚望，期待其能够对腐败资产追缴，尤其是未定罪腐败资产追缴起到有力的推动作用。从2013年1月修改后的《刑事诉讼法》生效实施至今，我国仅对不到70件的案件适用了违法所得单独没收程序。[2] 单从适用数量上看，相较同期全国惩办腐败案件数量而言，这一数字显然不是很突出。同时，上述案件绝大多数都涉及犯罪嫌疑人在境内的逃匿、死亡，仅有1件涉及职务犯罪嫌疑人在境外逃匿、死亡。[3] 考虑到2012年修改《刑事诉讼法》新增违法所得单独没收程序的重要初衷，是打击在境外逃匿、死亡的腐败犯罪嫌疑人，上述立法的实践运行效果显然有所不足。对此，司法实践中有观点认为，这是因为“违法所得与犯罪所得、违法所得数额采用‘毛利’还是‘纯利’计算、追缴违法所得范围等在司法实践中分歧大、适用不一，给办案造成很大困惑”；[4] 也有人认为，这是因为“适用《监察法》启动违法所得没收程序，和检察机关适用《刑事诉讼法》违法所得单独没收程序的衔接，缺乏经验可循”，以及“专业人才缺乏、职能部门有畏难情

1. 王禄生：《论刑事诉讼的象征性立法及其后果》，《清华法学》2018年第6期，第124页。
2. 参见《2018年最高人民检察院工作报告》《2019年最高人民检察院工作报告》。
3. 即李华波案。
4. 成懿萍：《“违法所得”司法适用中的疑难问题》，《中国检察官》2019年第12期，第38页。

绪”。[1] 总体而言，司法工作对立法上的新增制度的适用仍不能充分理解与把握，需要克服畏难情绪，尽全力开展国际刑事司法合作，为新型反腐败国际规则的运行作出贡献。

二、追缴未定罪腐败资产与腐败存量赦免论

（一）处理腐败存量的若干争议

处理腐败存量中的突出问题表现为如何追缴腐败资产，包括两种方式：一是以定罪方式来追缴腐败资产；二是以未定罪方式来追缴腐败资产。前者在理论和法律制度上争议不大，而后者则在理论和法律制度上都存在较大争议，这也是迫切需要解决的问题。当然，这不意味着处理腐败增量时不存在如何追缴腐败资产的问题，只是两者相比较，如何处理腐败增量的问题，不仅仅在理论上和法律制度上的争议较少，而且在社会公众的认知和社会舆论场中也没有太多争议。相比较如何处理腐败增量，如何处理腐败存量的一大特点是：其不仅仅是理论和法律制度关心的问题，也成为社会公众和社会舆论场关心的问题，成为超出法律范围的社会各界人士争议的问题。这一现象突出表现为在社会舆论中存在着的腐败存量赦免论。有观点认为：“以 2012 年 11 月（党的十八大）为界，在此之后没有腐败的官员既往不咎，在此之后继续腐败的官员新账旧账一起算。”[2] 也有观点认为：“第一是特赦，在规定的时间内，划定一

1. 赵晨光：《论我国腐败犯罪境外追赃机制存在的问题及其完善》，《法学杂志》2019 年第 3 期，第 109 页。
2. 张维迎：《在 2012 观察家年会上的发言》，网址：http：//finance.ifeng.com/news/special/guanchajia2012/20121219/7454363.shtml，访问时间：2018 年 3 月 6 日。

个区域进行特赦。第二个方法，是……有条件的部分赦免。腐败分子将收受的贿赂清退了，并且经查实案发后退回的赃款与实际情况完全吻合即可得到赦免。”[1]

肯定腐败存量赦免论的理由主要有下列两种：其一，腐败存量过于庞大、无法处理。该观点认为：“根据中等腐败国家的腐败金额通常占 GDP 的 3%，推算出 2009 年中国的腐败金额约为 1 万亿元……据此推算出腐败受到惩罚的概率只有 1%。一年 1 万亿元，十年有 10 万亿元左右。按照司法系统刑事案件处理能力，每年 40 万个案件，即使司法系统全面启动，处理这些案件也需要 40 年。这还不包括每年新增的数字，总而言之，腐败的存量大得难以处理，难以消化。”[2] 其二，以赦免腐败存量换取支持。该观点认为：“这样（赦免腐败存量）可以减轻这些已经有腐败行为的人对反腐败的抵抗，以及换取他们对政治体制改革的支持，同时维持他们现实的一些政治经济利益。（如果不）这样做肯定会为反腐败工作带来更严重的抵抗……在改革开放之初，（20 世纪）80 年代我们的平均腐败案件潜伏期是 1 年多，近十年来，平均腐败案件的潜伏期变成了 9 年多，增长了七八倍。因此可以推算，腐败呆账会越来越多，存量会越来越大，抵抗也会越来越顽强，最后可能出现鱼死网破，甚至鱼未死网已经破了的情况。”[3]

1. 李永忠：《制度建设是反腐败治本之策》，网址：http：//www.china.com.cn/opinion/celun/node_7172926.htm，访问时间：2018 年 3 月 7 日。
2. 王丽娜、徐霄桐：《腐败存量的赦免可能》，《财经》2013 年第 1 期，第 67 页。
3. 李永忠：《制度建设是反腐败治本之策》，网址：http：//www.china.com.cn/opinion/celun/node_7172926.htm，访问时间：2018 年 3 月 7 日。

（二）腐败存量赦免论的三大缺陷

腐败存量赦免论对于追缴未定罪腐败资产具有较大的阻滞，其表面上具有一定的合理性，但实质上存在三个严重缺陷。

其一，腐败存量赦免论存在道义缺陷。在中国历史上，赦免的运用非常频繁，并且通常是及于天下的大赦。但是，在中国的历朝历代，赦免都有一个共同的特点：不赦免贪官。例如，唐初贞观年间，国家经济繁荣、四海升平、万国来朝。贞观四年（公元630年），唐太宗李世民被唐代少数民族首领推举为“天可汗”，大悦，颁旨大赦天下，但是在《大赦诏》中明确指出“官人枉法受财，不在赦例”，也就是对贪赃枉法的腐败犯罪人不予赦免。其他唐王朝的统治者也是类似做法，唐高祖李渊《平辅公祏大赦诏》指出“官人枉法受财……不在赦例”，武则天《改元光宅赦文》指出“官人枉法受财……及常赦所不免者，并不在赦内”，唐肃宗李亨《去上元年号大赦文》指出“官典犯赃，法实难容，刑故无小，并不在免限”等。唐之后的其他朝代，对官吏贪赃枉法的立场也与唐朝保持高度一致。宋太祖赵匡胤在位期间的两次大赦天下，都在赦免诏书里规定：“官吏受赃者不赦。”古代统治者清醒地认识到：“彼官犯赃枉法，今因大赦而原之，使贪吏无所惩畏，黔首衔冤无告，岂可不慎。”可见，古代封建王朝统治者都非常清醒地认识到：腐败行为不可赦免，否则将不为民众所容。作为现代社会的公民，更加不能对此容忍。

其二，腐败存量赦免论存在法律缺陷。我国《宪法》第67条、第80条中，规定了“特赦”。我国《刑法》第65条、第66条中，规定了“赦免”。根据宪法的规定，我国刑法中的赦免应当理解为特赦，而不是大赦。特赦指的是对特定部分的犯罪的人予以减刑或提前释放，但不免除其犯罪前科。大赦指的对全部犯罪的人予以减刑或提前释放，同时免除其犯罪前科。赦免，是国家对犯罪的人予以减刑或者提前释放的恩惠制度。[1]中华人民共和国成立后，只实施过特赦，而没有实施过大赦。中华人民共和国成立后至改革开放前，实行过七次特赦，其主要针对战争罪犯和伪政权罪犯。近几年来，我国在2015年为纪念中国人民抗日战争暨世界反法西斯战争胜利70周年，特赦2015年1月1日前正在服刑、释放后不具有现实社会危险性的、参加过抗日战争等四类罪犯共31527人。在中华人民共和国成立70周年之际，我国特赦了九类服刑罪犯共23593人。可见，我国目前的法律体系中只存在特赦，不存在普遍的大赦，而且只存在针对已经犯罪的人的刑罚赦免。而腐败存量并不涉及已经犯罪的人，只是一种社会现象，所以根本不存在适用赦免的法律前提。

其三，腐败存量赦免论存在实践缺陷。就现实功能而言，即使对腐败存量涉及的腐败犯罪分子予以赦免，腐败存量赦免论既不具备一般预防功能，也不具备特别预防功能。从司法实践看，我国在20世纪90年代以来曾经多次发布有关通告，对投案的腐败分子施行一定类似赦免的宽大待遇，但是效果不彰。腐败犯罪与其他犯罪最大的差异之一即是腐败是权力寻租型的犯罪，是利益驱动型的犯罪，对腐败存量予以赦免，只能

1. 何显兵：《我国赦免制度的规范与完善——基于中国传统和域外经验的比较考察》，《社会科学》2019年第12期，第92页。

助长腐败分子的气焰，对腐败存量只能采取依法治理、彻底追缴其资产的治本之策。

三、开展未定罪腐败资产追缴是去除腐败存量的有效途径

（一）从减少腐败存量到去除腐败存量

对待腐败增量与腐败存量的立场存在着一定差别，腐败增量可以遏制，却难以完全去除，腐败存量则无法遏制，却可以完全去除。腐败增量反映出未来腐败违法犯罪的演变态势，而腐败存量则反映出过去腐败违法犯罪的状态。

我国对待腐败增量的立场，与中华人民共和国成立初期对待犯罪的刑事政策有着较大的相似之处。中华人民共和国成立初期，我国在刑事政策思想方面，按照一边倒的思想，全面学习苏联。苏联学者认为："在任何一个社会主义国家里，犯罪现象的不断减少和最终彻底消除乃是社会主义国家发展的规律。""由于社会主义的建成，犯罪的主要社会根源在我国已经消除。根除一切犯罪现象的实际任务已经提上了日程。"[1] 早期我国部分学者认同苏联的观点，对犯罪持消灭论说，把刑事政策的宗旨和目的归结为"净化社会、消灭犯罪"，[2] 或"预防犯罪，减少犯罪，消灭犯罪"。[3] 但正如法国学者迪尔凯姆曾经指出的："当犯罪率下降到明显低于一般水平时，那不但不是一

1. ［苏］巴格里-沙赫马托夫：《刑事责任与刑罚》，韦政强、关文学、王爱儒译，法律出版社 1984 年版，第 1—2 页。
2. 谢勇主编：《犯罪学原理》，中南工业大学出版社 1998 年版，第 21 页。
3. 马克昌主编：《中国刑事政策学》，武汉大学出版社 1992 年版，第 66 页。

件值得庆贺的事，而且可以肯定，与这种表面的进步同时出现并密切相关的是某种社会紊乱。”[1] 经过 20 世纪 80 年代以来的多次“严打”斗争，我国的社会治安不佳与犯罪高发的状况在一定时期得到了扭转，但往往在“严打”之后，又出现了更明显的反弹。从 21 世纪初开始，我国的刑事政策从“重打轻防”转向“打防结合，预防为主”，并逐渐转向“宽严相济”，开始步入新的历史轨道。与此相类似，腐败增量可以遏制，却难以完全去除。

腐败存量则无法遏制，却可以完全去除。首先，腐败存量是过去的腐败违法犯罪所遗留的问题，对已成为过去的事物进行遏制，显然不合情理。其次，腐败存量表现为特定时间节点以前的腐败资产，在一般情况下，资产无法灭失，只可能折旧、转化或替代，打个不恰当的比方，正所谓“跑得了和尚、跑不了庙”，腐败分子可以跑到境外、可以逃匿，但是其通过腐败所得的资金、房产等资产却总不能都随身携带，这为完全去除腐败存量提供了现实的合理性。最后，腐败存量表现为特定时间节点以前的腐败资产，通过未定罪追缴方式对其进行完全去除，比通过定罪追缴方式具有法律上的优越性。世界各国普遍在刑法中规定了追诉时效，该制度在很大程度上限制了对腐败犯罪人的追责，也限制了对腐败资产的追责。因此，许多国家在刑法中做出特别规定，延长对腐败资产的追诉时效，或者规定对未定罪追缴腐败资产不受追诉时效限制。例如：《德

1. [法] E. 迪尔凯姆：《社会学方法的准则》，狄玉明译，商务印书馆 1995 年版，第 89—90 页。

国刑法典》第76条b（没收犯罪所得和犯罪所得价值的追诉时效）规定："1. 第73条a和第76条a规定的扩大的和单独的没收犯罪所得和犯罪所得价值的追诉时效为30年。追诉时效自正犯或共犯或第73条b规定的他人获得利益的违法行为终了时开始计算。相应适用第78条b的规定。2. 在本法第78条和《国际刑法》第5条情况下，第73条a和第76条a规定的扩大的和单独的没收犯罪所得或犯罪所得价值不受追诉时效的限制。"[1]《德国刑法典》第73条a和第76条a规定的扩大的和单独的没收实质上属于未定罪没收。这就为完全去除腐败存量提供了法律制度上的合理性。

（二）开展未定罪腐败资产追缴是去除腐败存量的实践要害

我国的腐败存量的查处难度很大程度上表现为腐败资产向境外逃匿、隐匿问题，表现为从境外追缴与返还腐败资产问题，即一般所称的境外追赃。追逃不易，追赃又难于追逃。追赃一直是反腐败工作中的难点，也是反腐败国际司法协作的难点。而在追赃工作中，追回尚未被定罪的腐败资产或者难以被定罪的腐败资产，更是难中之难。"在境外追逃方面，我们已经摸索出一些有效的措施和经验，已经有了不少成功的引渡和遣返案例，但是，在境外追赃方面，我们只是在极少数案件上取得了成功或者进展，与被非法转移到境外的巨额资产相比，所追回的资产也许连'冰山之一角'都谈不上。"[2]

1. 参见徐久生译：《德国刑法典》，北京大学出版社2019年版，第63页。
2. 黄风：《资产追回问题比较研究》，北京师范大学出版社2010年版，第1页。

在一般情况下，难以追缴外逃腐败资产的原因主要有三个方面：一是当今世界的全球化一体化趋势，给腐败资产外逃、隐匿创造了极大便利。腐败分子普遍通过各种渠道洗钱，使得腐败资产披上合法化外衣，令执法机关难以查找定位。二是腐败资产外逃后，涉及各国民商法与国际法的特别保护问题。腐败资产通常隐匿在发达国家，因发达国家对私有产权保护的水平与标准更为严格，腐败资产可以此为依托，对抗追缴行为。三是现实利益的博弈。各国普遍欢迎资金的流入与投资的增加，而不关心资金与投资的来源是否合法。配合追缴腐败资产的国家要投入现实的资源来完成追缴工作，需要在费用方面得到补偿或提出分享追缴资产请求，这就对追缴外逃腐败资产提出了非常严峻的现实挑战。

在追缴外逃腐败资产的体系中，通过传统的定罪方式追缴外逃腐败资产的困难又将增加如下两个方面：其一，腐败分子普遍采取洗钱的方式将腐败资产外逃转出境外，到达境外后又普遍采取洗钱的方式隐匿资产，通常难以获取充分有效的证据来证明腐败资产与腐败分子具有犯罪的联系，在对腐败分子予以定罪或者认定腐败资产源于犯罪等方面存在很大困难。其二，采取定罪方式追缴腐败资产时，一般以腐败资产流入国管辖为原则，而腐败资产流入国基本上都是发达国家，其据以腐败分子定罪的刑法体系与我国有着很大差异，其对腐败资产的刑法处置往往达不到罪刑均衡。因而，采取传统定罪方式追缴外逃腐败资产并不是理想的选择。

以非定罪方式追缴腐败资产，尤其是追缴外逃到境外的腐败资产，则困难相对少得多。首先，以非定罪方式追缴腐败资产来去除腐败存量，尤其是追缴外逃到境外的腐败资产，避免了我国与其他国家围绕腐败问题的定罪事宜发生的法律冲突与证据链纠缠，有利于将有限的执法资源投入到更有效率的流程中。其次，腐败资产流入所在的大部分发达国家都在刑事领域制定有较为完善的不经定罪的资产处置法律体系，其在开展未定罪腐败资产追缴以去除腐败存量的跨境协助中，以不经定罪的方式处置腐败资产，不存在任何法律障碍。随着我国《国际刑事司法协助法》的生效，原先困扰我国的资产追缴与返还中给予协助国的费用补偿与资产分享问题，也基本得到解决，我国开展未定罪腐败资产追缴以去除腐败存量的境外追赃法律渠道已经畅通。最后，对于尚未肯定不经定罪的刑事领域资产处置法律体系的少数国家中的未定罪腐败资产，我国可以通过与这些国家共同参加的《联合国反腐败公约》等国际公约予以追缴。

第三节　未定罪腐败资产的法律性质与特点

腐败是一种社会历史现象，腐败资产也带有所处时代或社会的深刻印记。在漫长的社会历史中，腐败资产同时也是腐败犯罪资产的同义词，腐败就是犯罪，腐败所获得的不法所得就是腐败犯罪资产，类似观念被奉为圭臬，成为处理腐败问题时难以动摇的基础观念。但在进入现代社会后，上述观念已经难以适应社会经济与法律制度的新变化，尤其是腐败资产开始出现形式上的多元化、腐败状况上的灰色化与集聚上的群体化等新特点，对以定罪为基础的传统腐败问题处理模式和腐败资产追缴模式带来了前所未有的挑战，客观上造成了部分腐败现象得不到及时有效地处理的局面，既损害了公平正义，又损害了人民群众的切身利益。我们迫切需要采取新的思维方法，尝试探索一种建立在未定罪理念基础上的腐败问题处理模式和腐败资产追缴模式，尝试探索未定罪腐败资产的性质与特点。在新的社会历史环境下，为更加全面有效地遏制腐败现象，更加全面有效地追缴腐败资产，应寻找更为有效、更为新颖的思维模式与制度路径。

一、腐败资产的新特点

（一）腐败资产形式的多元化

腐败资产形式的多元化指的是腐败资产价值载体或存在方式的多元化，对此可以从两个方面来认识：其一，在现代社会中发生了新变化，腐败资产以腐败分子利用职务便利非法收受、非法占有的现金、存款、房产、奢侈品、艺术品等为有形高价值载体；其二，腐败资产表现为股票（本金或孳息）、股权（干股）、合作经营利益等无形财产性利益。上述腐败资产从形式上看，与数百年前似乎并无区别，但实际上随着现代社会的发展，在助长腐败滋生的融合度方面已有了明显的差异。

第一，腐败资产以现金、存款、房产、奢侈品、艺术品等为有形高价值载体。

（1）现金。现金是腐败资产最为古老的形式，对腐败分子而言，现金形式具有收取便捷、匿名、挥霍方便等优点，因而即使在现代社会中，其仍然是腐败分子较为常见的资产形式。

但随着时代的发展，现金已不能满足腐败分子的欲壑，对现代的腐败分子而言，无法满足腐败分子谋取巨额腐败利益的需要。从法理上看，现金作为资产的法律性质较为明确。民法学界对现金多采纳“占有即所有”的规则，认为现金以有形的纸张、塑料、金属等物质为载体，具有独立性和可支配性，是一种物权的客体，持有人对其拥有动产所有权，民法上一系列关于动产的规则，均适用于现金。[1] 如果发生了兑换、混合、存款、第三人善意取得的情形，应当按照特定的方式予以返还。但是，现实情况中常常出现腐败分子将现金转移到境外的情形。

（2）存款。存款是现代社会腐败资产最为常见的资产形式，对腐败分子而言，存款具有存放无形、使用方式多样、部分匿名、不受物理空间限制、与各种金融工具有效对接等优点，总体上不失为现代社会中腐败分子首选的腐败资产形式。但随着各国法律制度改革，尤其是在世界各国各地区普遍推进金融账户实名制、银行账户信息共享与传递制度，加强反洗钱监控制度的力度等情形下，存款的“魅力”有所衰减。例如，2014 年经过长期磋商与压力对冲，瑞士银行被迫开放其银行账户信息。这标志着在世界上因客户信息高度保密享誉长达 300 余年历史的瑞士银行，也开始正视长期以来被称为“洗钱天堂”的非议，并作出重大妥协。这同时也意味着，长期以来被腐败分子视为“腐败避风港”的某些保守银行体系或离岸金融中心，将不再是腐败分子可以无所顾忌地使用的“黑钱”保

1.［德］汉斯·布洛克斯、［德］沃尔夫·迪特里希·瓦尔克:《德国民法总论》，张艳译，中国人民大学出版社 2012 年版，第 464 页。

险箱，而将成为反腐败的重要助力。近几年来，党和国家严格实施党政领导干部个人事项报告制度，要求党政领导干部如实申报本人、配偶、子女、子女配偶名下的海外存款，对违反规定、没有如实申报海外存款的，依照规定严肃处理。如果发现党政领导干部本人或家庭的海外存款明显超过正常收入，应当要求本人在15个工作日内说明来源，必要时组织（人事）部门会同有关部门对其财产来源的合法性进行验证。对拒不说明、无法说明财产合法来源或者经查证说明不属实的，由执纪执法机关按照有关规定处理。对于数额较大、隐瞒不报的，依照《刑法》第395条第2款的规定，以“隐瞒境外存款罪”追究刑事责任。因而，存款是未定罪腐败资产的重要形式，它为认定未定罪腐败资产法律性质提供了重要依据。

（3）房产。房产是现代社会中价值最为集中的资产形式，对腐败分子而言，房产形式具有价值集中、联网信息不足、持续保值增值等优点，因而成为我国腐败分子较为青睐的资产形式，以至于某些坐拥大量涉嫌腐败房产的腐败分子被人民群众痛斥为“房叔”“房嫂”。近几年来，党和国家严格实施党政领导干部个人事项报告制度，要求党政领导干部如实申报本人、配偶、子女、子女配偶名下的房产，违反规定、未报告房产1套以上的党政领导干部，根据《领导干部个人有关事项报告查核结果处理办法》，将被认定为属于违规行为，受到严肃处理。隐瞒房产不报，情节较重的，依照《中国共产党纪律处分条例》等追究纪律责任。如果发现党政领导干部本人或家庭的房产资产明显超过正常收入的，应当要求本人在15个工作日内说明来源，必要时组织（人事）部门会同有关部门对其财产来源的合法性进行验证。拒不说明、无法说明财产合法来源或者经查证说明不属实的，由执纪执法机关按照有关规定处理。情节严重涉嫌犯罪的，移送监察司法机关处理。

（4）奢侈品。自古以来，奢侈品就成为腐败分子最为引人注目的资产形式。到了现代社会，奢侈品有了新的资产形式，例如名表、跑车、名烟名酒等。近几年来，许多大案要案的腐败分子往往由于日常生活过于奢侈，佩戴与其职业收入不相匹配的名表，抽吸与其职业收入不相匹配的名烟等，而被人民群众发现，从而得到应有的处理。近几年来，人民群众通过对"表叔"等现象进行监督，通过关注国家工作人员日常生活中消费奢侈品的现象，进而对可能的腐败现象进行深挖猛追，已成为网络反腐和当代反腐的特点之一。

（5）艺术品。近年来，以艺术品为载体进行"雅贿""雅贪"成为腐败中的突出现象。在反腐斗争不断加强的态势下，贿赂品由房产、奢侈品等传统贿赂品，开始转向了更为隐蔽、灰色的书画等艺术品。艺术品作为新型腐败资产，具有较强的隐蔽性和较大的认定难度。①相较于现金、房产、奢侈品而言，书画等艺术品体积小、价值高、易携带、显低调，更适合腐败利益的输送。②书画等艺术品能够通过公开的艺术品商店、拍卖行、艺术品收藏机构等，进行公开的拍卖、买卖、代售等，能够更为方便地变现，也可以通过不公开的地下钱庄、地下黑市进行"洗白"。③书画等艺术品的真伪鉴定、价值评估，具有极强的专业性，也往往引来很大的分歧，这在客观上造成涉嫌腐败的书画等艺术品难以被认定为确定的犯罪资产。作为资产的艺术品价值的评估具有超出寻常的复杂性，因此艺术品进入未定罪腐败资产领域后，将带来更多的复杂问题。

第二，股票（本金或孳息）、股权（干股）、合作经营利益等无形财产性利益。

（1）关于收受股票是否构成腐败资产的问题。根据2003年的《全国法院审理经济犯罪案件工作座谈会纪要》（以下简称《经济犯罪纪要》），在认定涉及股票的腐败犯罪时，需要综合考虑股本金与孳息的区别，如果腐败资产是涉案股票已经上市后按照市场价格购买的，因该行为不属于腐败犯罪，涉案股票也就不能成为腐败资产。

（2）关于股票孳息是否构成腐败资产的问题。根据《经济犯罪纪要》和有关司法案例，应当根据股票是否记名，有没有登记转让、有没有收回本金、有没有收益等具体情况，按照以下办法来确定股票孳息与腐败资产的关系：①如果国家工作人员未实际出资，由请托人出资以该国家工作人员的名义购买记名股票等证券，则为请托人为购买该记名股票等证券的出资额属于受贿金额，从而构成腐败资产。该国家工作人员所持有的股票等证券的收益，应按受贿孳息处理，构成腐败资产。②如果国家工作人员未实际出资，由请托人出资为其购买无记名股票等证券，等待股票等证券获利后，请托人收回购买股票等证券的出资额，应当以该国家工作人员持有的股票等证券的实际收益计算其受贿金额，该实际收益形成腐败资产。如果请托人没有收回购买股票等证券的出资额，应当以请托人购买股票等证券的出资额，再加上国家工作人员所持有股票的实际收益来计算受贿金额，认定腐败资产。如果案发时，股票等证券还没有转让出售，应当以案发时该股票等证券的市场行情来计算受贿金额，并认定为腐败资产。③国家工作人员并未实际出资，而委托请托人购买股票等证券，请托人也未交付股票等证券，而是将收益直接交付给该国家工作人员的，无论请托人是否真正购买股票等证券，其交付给国家工作人员的资金即为受贿金额，并构成腐败资产。

（3）关于股权（干股）是否构成腐败资产的问题。根据2007年《关于办理受贿案件适用法律若干问题的意见》(以下简称《受贿案件意见》)，如果涉嫌腐败的干股有分红的情况，并且有转让登记，干股转让时的价值属于受贿金额，分红属于受贿孳息；如果没有转让登记，分红属于受贿金额。

（4）关于合作经营利益是否构成腐败资产的问题。根据《受贿案件意见》，如果是国家工作人员有实际出资，按照实际出资比例获得的合作经营利益应当属于正常投资获利，而不能成为受贿形成的腐败资产。在具体的案件中，司法机关的有关判例也予以支持。例如，《刑事审判参考》第724号《朱永林受贿案——如何认定以“合作投资房产”名义收受贿赂》指出：“以合作开办公司或者进行其他合作投资的名义收受财物，是否构成受贿，关键在于国家工作人员本人有无实际出资。”[1]

（二）腐败资产状况的灰色化

腐败资产从其性质上看，属于非法资产，甚至是犯罪所得形成的，因而可称之为黑色资产。但是在收受、持有、转移、

1. 陈克娥：《朱永林受贿案［第724号］——如何认定以“合作投资房产”名义收受贿赂》，载最高人民法院刑事审判第一、二、三、四、五庭：《刑事审判参考》(总第81集)，法律出版社2011年版，第65页。

使用腐败资产的过程中，行为人为了逃避监管、逃避处罚，总是竭尽所能，利用某些法律监管的不足，尤其是利用境内外对存款、房产、股权、合作经营收益等监管的差异，以及境内外对相关资产法律性质认定的差异，力图将腐败资产“洗白”，但实际上又不能真正洗白，腐败资产因此出现了介于合法与非法之间的“灰色化”现象。

腐败资产的“灰色化”现象，给追缴腐败资产带来了较严重的困难。对已经定罪的腐败犯罪人而言，该“灰色化”的资产，完全有理由被认定为违法所得、用于犯罪的资产以及依法应当没收的财产，但却难以得到及时的执行。对尚未定罪或者难以定罪的行为人或者犯罪嫌疑人而言，该“灰色化”的资产难以发挥其对行为人或者嫌疑人的定罪证明作用，反而成为其脱罪的重要证据，也难以成为追缴未定罪腐败资产的可能对象。

（三）腐败资产集聚的群体化

腐败资产集聚的群体化是指拥有一定公共权力的某个群体或者某几个群体中的某些成员甚至全体成员，共同利用本群体的公共权力谋取本群体成员私利的现象，也可以简称为“群体腐败”。在当前我国反腐力度逐年加大，个体腐败者越来越受到来自党纪、国法和政策的压力而纷纷落网之际，群体腐败却日益突出，呈现出与个体腐败并存、并且逐年上升的趋势，部门窝案、串案逐渐增多，所带来的危害和影响也越来越大、越来越恶劣。

腐败资产集聚的群体化，其原因较为复杂，主要有以下几点：

（1）腐败行为本身具有自组织化乃至群体化倾向。对于个体腐败者而言，其难以在公权力与利益的交换中实现最大化。与个体腐败相比，群体腐败更有效率，即个体在群体中的收益更大、成本更小、风险也小得多。

（2）腐败资产集聚的群体化容易形成“反反腐败”的效应。随着我国反腐败斗争的深入，国家、社会和民众对腐败同仇敌忾，因而对于腐败分子而言，其在正义和道德的层面均落入了下风。但是对于群体腐败分子而言，这一情形却可能出现某种抵消效应。在群体腐败中，尤其是在参与腐败的人数越多、群体腐败组织越复杂的类型中，腐败分子应对反腐败的理念和技术越高超。在实际的反腐败工作中，群体腐败分子之间彼此交换各种非传统利益形式，加之社会资本的积聚与运作，客观上放大了腐败分子“反反腐败”的效用，造成了腐败分子群体化的倾向。

（3）腐败资产集聚的群体化容易形成“法不责众”的效应。在许多群体腐败案件中，涉案人员达数百人，并且多数不符合法定从轻条件，却得到从宽处理，此时的“法不责众”显然走入了歧路。从腐败资产集聚的群体化角度来看，在群体腐败涉案人数如此众多的情况下，由涉案人所衍生出去的处理情况可能会牵扯腐败发生地的每个民众，在如此复杂、盘根错节的社会关系网络中开展反腐败，则可能使整个社会关系网络陷入功能衰退，客观上造成“法不责众”的效应。

研究腐败资产集聚的群体化对遏制和减少腐败，尤其是追缴腐败资产问题，有着较多的影响。

（1）腐败资产集聚的群体化造成腐败存量具有连续性的特

征，对追缴腐败资产造成困难。在群体腐败案件中，涉案人员往往围绕掌握主要公权力的成员形成腐败群体，其一旦产生就较为稳定，并不断发生效用。在许多群体腐败案件中，有些已离任的官员因涉嫌腐败而被处理，但是在其任职期间向其提供利益交换的下属、同事或者朋友毫发无伤，在其任职期间所安排的规章制度毫发无伤，在其任职期间通过权力而构建的人际关系网络毫发无伤，这导致继任者往往陷入与其前任相似的社会环境。当然这并不是说，其继任者在这样的环境中必然会涉嫌腐败，但是有很大可能身陷与其前任相似的命运，即可能会“劣币驱逐良币”。

（2）腐败资产集聚的群体化造成腐败存量具有模仿性的特征，对腐败存量形成具有不良影响。人类行为都具有一种可模仿的特性，腐败作为一种人类行为，不可避免地也具有可模仿性。理论上一般公认：对犯罪行为的模仿主要来自社会环境的影响，也不能完全否定其来自人的生物性的影响。群体腐败涉案人员的行为受到所在工作或家庭环境的深刻影响，涉案人员对群体腐败行为具有较强的模仿倾向，在许多具体案例中表现为前后任身陷腐败的方式和具体路径几乎相同，这造成腐败存量具有高度的相似性。

（3）腐败资产集聚的群体化造成腐败存量具有转换性的特征，对追缴腐败资产造成困难。群体腐败中涉案人员的腐败资产与其他社会资本、经济资本、文化资本之间具有较强的转换性，“和物质财富一样，（腐败资产）可以投资于各种市场（学校市场、学术市场、社交市场、劳动力市场，等等）并获取相应的回报。而且这种回报既可以是金钱与社会地位等物质性利润，同时也可以是他人的尊敬或好评等象征性利润”。[1]越来越多的腐败资产开始由较为传统的金钱、货币工具、经济产权开始向非经济的文化资本形式发展，如在许多腐败案件中，有的行贿者了解到腐败官员喜好文物、名贵字画等而用珍贵文物等实施贿赂，有的行贿者向腐败官员提供出版著作的机会，有的行贿者向腐败官员提供充当客座教授、名誉博士、特聘专家等荣誉，还有的行贿者向腐败官员亲属提供出国进修、考察、访问、游学等机会。腐败资产的转换和传统的腐败利益交换有很大的不同，这给腐败犯罪的认定和追缴腐败资产造成很多困难。

二、法律层面的未定罪腐败资产的新特点

（一）作为准不当得利的未定罪腐败资产

未定罪腐败资产，从其性质上而言，应当属于准不当得利。该性质的界定，主要是为了兼顾未定罪腐败资产的客观属性与法律属性，或者说是通过兼顾未定罪腐败资产的事实评价与价值评价而作出的综合判断。价值与事实的分野是哲学乃至众多社会科学的一个基本范畴，价值是人的评价活动、评价行为的产物，是以自己作为实践主体的人，对事物所作的其是否适合自己的评价与论断，或者是从自己的价值立场出发所作出的评判；事实与价值相对应，事实独立于人们的意识、意志，是客观存在的事物、事件或过程。我们在认识未定罪腐败资产

1. 包亚明：《布迪厄访谈录：文化资本与社会炼金术》，上海人民出版社 1997 年版，第 197 页。

的性质的过程中，将会遇到社会科学中经常遇到的困难，即做到价值中立。从事实评价角度而言，腐败的性质与资产的性质都不难界定。但是如果从价值评价角度而言，则腐败与资产的性质都比较难于界定。所谓价值中立抑或价值关联，是人们在研究自然科学与社会科学时所采用的研究方法或者态度，即观察与解释研究对象时观察者本人的情感、价值观念、倾向所处的立场。实际上，在对腐败问题进行研究的过程中，价值中立难以实现。将未定罪腐败资产界定为准不当得利，已经是基于自身的价值标准得到的结果，即未定罪腐败资产包括违法的腐败资产、犯罪的腐败资产以及违纪的腐败资产。

作为准不当得利的未定罪腐败资产，既具有不当得利的性质，又具有不同于一般不当得利的性质。就民法而言，不当得利指的是没有法律根据而取得的不当利益。不当得利在民法上属于产生债权的法定原因之一，民法设立不当得利的法律制度，其法律价值与意义在于将不当得利状态恢复为正当利益状态，通常不涉及对不当得利人的惩罚。

未定罪腐败资产的处置有时是刑法与民法的交叉问题。就腐败资产本身而言，相当多的相关案件在刑法或者民法中都可以找到处理依据，这是因为“刑法所规定的犯罪行为，都可以同时用民法或行政法予以解释或规制……任何犯罪行为往往也同时都是违反民法、行政法的行为”。[1] 虽然未定罪腐败资产的前缀是“未定罪”，实际上其侧重点在于类似于定罪，但是没

1. 刘宪权、陈罗兰：《我国 P2P 网贷平台法律规制中的刑民分界问题》，《法学杂志》2017 年第 6 期，第 30 页。

有经过法定程序的审理，即犯罪人在法定条件上尚不能被认定为有罪，已有证据证明该资产“高度可能属于违法所得”。[1]将未定罪腐败资产的性质界定为准不当得利，既能够保障被害人、特定第三人的合法权益，又能够保障国家维护社会公正，实现一般预防与特别预防的结合。

（二）未定罪腐败资产与定罪的人的相对分离性

未定罪腐败资产的实际占有者，经常不是被定罪的腐败分子本人。例如，未定罪腐败资产为实际占有人与他人共有，未定罪腐败资产上附着有他人的合法权益，应当予以追缴的未定罪腐败资产通过合法或不合法、有偿或无偿的私人交易与公开市场行为被转移占有，未定罪腐败资产已被子女继承，已被他人继受等。在此情形下，司法机关对未定罪腐败资产采取追缴或没收时，将存在损害他人财产权益的现实危险。当未定罪腐败资产转移到境外，需要开展未定罪腐败资产的跨境追缴时，由于未定罪腐败资产的主要流入国以西方发达国家为主，这些国家传统上较为重视私有产权，上述现象就变得更加突出，如果对上述问题处理不当，就会对开展未定罪腐败资产的跨境追缴造成重大障碍。因而，对现当代社会经常出现的未定罪腐败资产与定罪人相对分离的现象予以深入研究，有助于保障他人的合法权益，也有助于顺利开展未定罪腐败资产的跨境追缴。

首先，关于未定罪腐败资产与定罪的腐败分子的关系。刑

---

1. 参见最高人民法院、最高人民检察院《关于适用犯罪嫌疑人、被告人逃匿、死亡案件违法所得没收程序若干问题的规定》第 17 条。

法理论的通说为供犯罪所用之物应当是追缴或没收的资产类型之一，但这一说法仍然过于宽泛。我国刑法对此明确规定“供犯罪所用的本人财物，应当予以没收”，似乎排除了“供犯罪所用的他人财物”被没收的可能性。但是，如果“供犯罪所用的他人财物”属于违禁品，仍然应当予以没收。如果将“供犯罪所用的他人财物”中的犯罪作扩大理解，则其包括腐败分子实施危害行为但却没有被定罪的情形，依照我国《刑事诉讼法》违法所得单独没收程序的规定，“供犯罪所用的他人财物”仍然存在被没收的可能。

刑法理论有时候会将“供犯罪所用的本人财物”视为犯罪工具，此种看法并不妥当，应当说“供犯罪所用的本人财物”包含犯罪工具，但不仅仅是犯罪工具。因为“供犯罪所用的本人财物”还可能包括犯罪的构成条件中不可缺少的本人财物，换言之，该财物是构成犯罪的必要条件，属于内化于犯罪自身的财物。例如，在赌博罪中，实施赌博用的赌具、筹码属于犯罪工具，但是参与赌博的赌本则不能认为是犯罪工具，而是犯罪的构成条件。

定罪的腐败分子与腐败资产中的违法所得之间可能出现两种关系：腐败分子被定罪，同时与其具有直接联系或法定间接联系的违法所得，按照定罪模式予以追缴或没收；腐败分子被定罪，但有关违法所得无法确定是否与其罪行有直接联系或法定间接联系的，可以根据《刑事诉讼法》违法所得单独没收程序的规定予以追缴或没收。还有学者认为应当将属于犯罪人的犯罪预备之物或犯罪所生之物予以追缴或没收，如果立法对此作出提示规定，也未尝不可。如果立法对此没有作出规定，可以将犯罪预备之物解释为“供犯罪所用的本人财物”，将犯罪所生之物解释为属于违法所得。

其次，关于未定罪腐败资产与共犯人的关系。我国刑法规定“供犯罪所用的本人财物，应当予以没收”，该条文会引发对共同犯罪人与未定罪腐败资产之间是何种关系的争议。从字面上理解，似乎只能没收犯罪人本人用于犯罪的财物。但从立法目的而言，没收供犯罪所用的本人财物，既是为了一般预防，也是为了特别预防。共同犯罪是犯罪的人的集合与行为的集合，没收共同犯罪人的供犯罪使用的财物，也完全符合上述立法目的。比较有争议的问题是：如果有的共同犯罪人，因各种原因未能到案，没有一并受到起诉、审判，对其所有的供犯罪使用的财物或者违法所得，可否追缴或没收？有的观点认为，共同正犯之间实际上是在对彼此行为相互利用，以获取犯意的实现。本着“责任共同原则”，对于共犯间供犯罪所用之物都应加以没收。但是，由于帮助犯仅对犯罪构成要件以外的行为加功，并无共同犯罪的意思，所以不应适用“责任共同原则”，因此对帮助犯进行有罪判决时，不需要宣告没收正犯所有的供犯罪所用之物或犯罪所得之物。[1] 但通说认为，对共同犯罪人应当实行连带责任，否则不符合共同犯罪的成立条件，也不符合通常公认的“部分行为、全部责任”原则。

最后，未定罪腐败资产与第三人的关系。此处的第三人，不包括共同犯罪的人，即供犯罪使用的财物或者违法所得虽与

1. 苏俊雄：《论共犯之责任共同原则对没收宣告之适用性问题》，《月旦法学杂志》2000 年 11 月号，第 203 页。

第三人相关，但该第三人与犯罪行为人之间并没有共同犯罪的故意。

从我国刑法“供犯罪所用的本人财物，应当予以没收”的字面上理解，如果第三人不属于共同犯罪人，似乎对其供犯罪所用的财物，也不能没收，因为第三人不属于本人。但多数国家都对第三人涉及犯罪的财物是否予以没收，作出明确规定。例如，《德国刑法典》规定：“判决时属于具有下列情形的人所有或者其享有处分权的，当法律规定适用本条时，也可没收：（1）至少是由于轻率而致该物被作为犯罪的工具，或成为犯罪客体的，或（2）明知该物可能被没收而不当取得的。”第三人因轻率导致自己的财物被利用为犯罪工具的，或者第三人明知该被利用的财物可能被没收而不当取得的，对该财物可以没收。[1]显然，在第三人存在故意或者严重过失的情况下，即当第三人对自己的财物被用于犯罪持不负责任的态度时，当然可以没收。

关于违法所得与第三人的关系，尤其是未定罪腐败资产中的违法所得与第三人的关系，在理论上和实践中突出表现为“善意第三人”问题。与上述分析类似，第三人对于违法所得的认识具有故意或者严重过失，并在该认识支配下取得或占有、使用该违法所得的，应当对其适用刑法中的追缴或者没收条款。判断第三人对于违法所得的认识是否具有故意或者严重过失的，需要结合取得违法所得对价与个案具体情况来进行。许多国家立法规定，如果第三人以明显不符合正常对价的方式取得违法所得或者根本没有对价取得违法所得，对该违法所得

1. 参见徐久生译：《德国刑法典》，北京大学出版社 2019 年版，第 56 页。

可以进行追缴或没收。就未定罪腐败资产与第三人的关系而言，如果第三人以明显不符合正常对价的方式取得该腐败资产或者根本没有支付对价而取得该腐败资产，可以进行追缴或没收。例如，第三人以继承方式取得腐败分子贪污的房产，对该房产的取得没有付出任何对价的，在没有其他特殊事由的情况下，应当视其为故意，对该房产应当予以追缴或没收。

第二章

未定罪腐败资产追缴的法律理念与制度比较研究

他山之石、可以攻玉。在未定罪腐败资产追缴领域，开展不同法系国家或有关地区的比较研究，具有重要的意义。英美法系与大陆法系的很多国家在理论研究和立法体系方面形成了较为完备的理念与制度，这些理念与制度对于完善我国的未定罪腐败资产追缴的理念与制度具有突出的借鉴意义。其中，美国的“民事没收型”理念与制度、英国的“民刑复合型”理念与制度、德国的“三元并存型”理念与制度，值得深入研究与借鉴。当然，除此之外，世界上的其他国家，例如法国、意大利、日本、新加坡等国对开展未定罪追缴腐败资产或其他违法资产，也有各自独特的理念与制度安排。但相对而言，其影响力与可借鉴程度较弱。另外，《联合国反腐败公约》在全球反腐败法治体系中占据核心地位，它是世界上第一个具有广泛约束力的反腐败国际公约。该公约不但在形式上、位阶上开创了前所未有的立法模式，同时在立法内容中创造性地设立了预防机制、刑事定罪与执法机制、国际合作机制、资产追回机制、履约审议监督机制五大制度，尤其是其第一次将资产追回制度写入公约，具有划时代的里程碑意义，也深刻影响了各缔约国的国内立法，为开展未定罪腐败资产追缴的刑事国际协助奠定了坚实的法律基础，同时也为开展未定罪腐败资产追缴的国内立法提供了重要的立法蓝本。

第一节　美国："民事没收型"理念与制度

"美国自身没有古老而独立的法律文明史。美国法是在英国法的根基上成长壮大的，并且对英国法进行了极为成功的移植，这种成功……使英美法的地位与影响升华扩大。美国并没有机械地照搬前宗主国的法律，而是以符合美国国情为原则，遵循自己对法律的理解与追求……对英国法进行了诸多美国化的变革。"[1] 这一变革的重要表现即是：成文法在美国法中的地位要比英国法高得多，制定法逐渐开始在法律渊源中占据重要地位，改革者努力进行法典编纂的目的是产生各自原则相一致的"一个经过重置、改良、重构的立法体系"。[2] 在美国现行

1. 叶秋华：《论美国法对英国法的移植》，《外国法制史研究》2001 年刊，第 103 页。
2. 蔡荣：《中美刑法法典化进程之比较评析》，《刑法论丛》2018 年第 3 期，第 429 页。

刑事制定法体系中，涉及未定罪资产处理制度最为关键的规范渊源有两个：其一是《民事资产没收改革法》，其二是《美国法典》第18编“犯罪与刑事程序”第46章“没收”。前者对后者进行的修改，奠定了美国现行法律中以民事没收为突出特点的美国型未定罪资产追缴制度。《美国法典》是适用前者的重要基础，其虽名为“法典”，实际是美国全部联邦法律的官方汇编，本身并不具有明确的法律效力，其汇编的具体规范需要连接相关的判例法，则具有明确的法律效力。《民事资产没收改革法》同时还对《管制物品法》《1930年关税法》等其他相关法律进行了修改，并同时引用了《联邦刑事诉讼规则》和《联邦民事诉讼规则》中的相关规定，成为当今美国对未定罪资产进行追缴的最为重要的法律。

从总体上看，当今美国对资产追缴分为两大层面、三种模式，分别是涉及定罪资产的刑事没收、涉及未定罪资产的民事没收与行政没收。刑事没收是目前美国执法部门常用以抗制犯罪的方式之一。刑事没收主要以刑事审判后的有罪判决作为依据，没收的范围则包括了行为人因直接或间接犯罪所取得或由该犯罪所产生的财产，以及行为人用以或意图用以从事或促进该犯罪行为的财产。在有证据可信特定财物极可能为犯罪所得，或是供犯罪所用时，可以分别依联邦或州法规，针对该财物提起民事诉讼，予以没收。民事没收是当今美国资产追缴领域最具特点、最为广泛适用的法律制度，代表了美国法律的一大特点，令美国的法律制度在当今世界自成一派。[1] 行政没收是美国政府有关部门在行政执法过程中对依法应当没收的财物进行的没收，主要是联邦调查局（Federal Bureau of Investigation，FBI）、缉毒署（Drug Enforcement Agency，DEA）或司法部烟酒枪械及爆炸物管理局（Bureau of Alcohol，Tobacco，Firearm，and Explosives，ATF）在执法过程中对应没收的财物的没收。

一、理念与制度的基本情况

（一）美国资产追缴的刑事没收与行政没收概况

1. 刑事没收

美国的刑事没收具有刑罚的性质，属于刑事案件刑罚的一部分，其适用的条件一般为：当需要没收的财产已遭使用挥霍或无法取回时，法院应当命令被告支付相当金额的金钱或没收替代财产。因而，刑事没收属于以被告为对象的对人诉讼的一部分，当应没收目标物已经灭失或无法取得时，法院尚可通过

1. “民事没收”，其英文表述是 civil asset forfeiture，学界通常依习惯翻译为民事没收或民事资产没收。然而，从其制度运行的形式规则而言，其只具有民事制度的表面特征，如将国家作为一方当事人、资产或资产有关人员作为另一方当事人，并适用形式平等的诉讼规则。从其制度运行的实质规则上看，却与民事制度大相径庭，反而更多具有刑事诉讼的国家压制性、对抗性。例如，由国家机关作为原告、司法机关具有更多的诉讼主动性、举证责任不对称（对司法机关要求较低）等。使用“民事没收”的概念，容易引起误解与混淆，因而以《联合国反腐败公约》和《被盗财产追回倡议》等为代表的国际公约，建议不使用“民事没收”的概念，而建议使用“非定罪资产没收”的概念。从信、达、雅的角度而言，将 civil asset forfeiture 翻译为“内政没收”似乎更为合适，也符合 civil 一词的语义。但在美国法律体系中，同时还存在“行政没收”，两者也存在易混淆的情况，故仍遵循学界译为“民事没收”的通说，请读者钧鉴。

追缴或追征，发挥对等效力。其通常程序如下：

其一，审前保全措施中的刑事扣押令状（Criminal Seizure Warrants）。

在美国通常的刑事诉讼中，一般首先采取禁制令措施来对涉案财产进行保全，主要包括“暂时禁制令”与“通常禁制令”两种情况。暂时禁制令指的是检察机关单方面向法院申请的禁制令，但因被告未参与此申请程序，无法据以提出答辩或提出证据反驳检察官的申请，可能会妨碍被告的权益，所以此类禁制令仅有 10 天的暂时性效力，而检察机关必须在 10 天内申请法院核发正式的禁制令，且必须由法院举行听证来决定是否核发。通常禁制令指的是根据《美国法典》第 21 卷第 853（e）(1)(B）的规定，检察官可以选择不按照 10 天的暂时禁制令程序，而直接申请 90 天的起诉前禁制令，但必须先通知相对人，并由法院举行听证程序，以调查禁制令的核发必要性。被告可以在听证程序中行使答辩或提出有利证据。然而，无论是暂时禁制令或通常禁制令，都会面临同一个有争议的问题：禁制令的范围得否及于第三人？对此，少数法院持反对意见、多数法院认为应当及于第三人。“原则上被告为整个刑事审判权唯一所及的对象，但法院仍可以基于维护国家利益的必要性而查封第三人之财产。多数法院认为，如果该第三人财产被认定实际上属于被告所有，或所有者属于被告所控制的公司，抑或该物为被告与第三人所共有等情形下，仍然可以对第三人财产核发禁制令。”[1]

1. 杨云骅、简士淳：《刑事独立没收与追征立法之必要》，《月旦法学杂志》2015 年第 6 期，第 98 页。

根据《美国法典》第21卷第853（f）条，法院具有核发刑事扣押令状以扣押财产的权利，而法院决定是否核发时，必须考虑涉案财产是否基于合理根据获得，以认定其将来是否可能被没收，并且单凭一般的禁制令措施并不足以保全涉案财产之价值，只有同时符合这两个条件，法院才可以核发刑事扣押令状。如果按照法院核发的扣押令状扣押财产，国家就可以直接在刑事程序的进行中占有涉案财产，无须再按照禁制令程序，另外进行听证程序。显然，刑事扣押令状程序比通常的禁制令程序更为方便有效，因而检察机关更倾向于运用扣押令状来进行审前保全。

其二，审前保全措施中的保全命令（Restraining Order）。

在检察官起诉前或起诉后至法院审理前，法院还可以按照检察官的申请向被告核发保全命令，以确保将来可能出现的没收物在刑事诉讼程序终结前不致流失。但如被告除了保全命令所记载的目标物，没有其他足以保障生计的经济来源，或有相当理由足以认为法院核发的禁制令存在错误等，被告可在自负举证责任的前提下，请求法院举行听证程序以衡量双方利益，由法院决定是否废弃保全命令。

其三，提出刑事没收请求。

刑事没收的请求并不是针对财产单独提起的刑事没收的诉讼，而是必须经由刑事起诉才能执行的程序，这是刑事没收与民事没收的最大区别之一。依据《联邦刑事诉讼规则》第32.2（a）条的规定，检察官在起诉时就必须要对刑事没收的对象物在起诉书中进行描述，并以此来引导法院在判决后的量刑程序中对刑事没收的必要性的考虑，并且检察官必须在刑事追诉程序中先确定被告财产上还存在多少利益。在刑事没收程序中，起诉书对刑事没收物的相关记载应尽可能具体明确。虽然法院通常会准许检察官以“被告获取的所有收益”等相对不确定概念为主张，但如果涉案财产属于可以识别的具体财产，那就应当对其予以充分具体的描述。当然，由于案情的具体情况，以及诉讼存在客观局限，要求起诉书对将来可能的没收物予以具体明确的记载，并不意味禁止使用开放式用语，例如采用类似“包括但不限于……”的描述，以便将来发现新的财产时，其能够被列入刑事没收财产的清单，这也符合法律规定与常识常情。但如果起诉书没有载明刑事没收的范围，那么执法机关原则上就不得采取刑事没收程序，此时就只有在被告认罪且同意刑事没收，并且放弃通知利益的情形下，才可以采取刑事没收。

其四，量刑程序。

进入刑事没收程序后，执法机关应先证明被告人的犯罪嫌疑已到达“无合理怀疑”的程度之后，才可以继续由同一陪审团或另组陪审团，依据优势证据规则（Preponderance of the Evidence），决定是否将被告的财产没收。必须注意的是，美国刑事诉讼法对于犯罪构成要件的审理程序的规定，与量刑程序中所适用的证据法标准存在较大不同。在刑事没收程序中，除法律另有规定外，检察机关承担对于财物与犯罪行为之间的关联性举证责任，只需要达到优势证据的程度即可，而不需要如同证明犯罪构成要件那样，要达到超越合理怀疑的程度。陪审团针对刑事没收对象形成判决后，检察长负责没收财产，并由国家保管使用或出卖，再以卖出的金钱补偿没收程序产生的费用或者补偿被害人的损失。一般而言，刑事没收的范围取决于被告被认定有罪的范围，然而当没收判决属于被告共谋数罪时，只要被追诉的共谋数罪在相关的法律下都可以被没收，而且可以充分证明被告共谋数罪活动的部分或完整的历程，执法机关就可针对所有关于共谋数罪的财产收益进行没收。另外，如前所述，刑事没收属于对人的诉讼，当应当予以刑事没收的财产已经被挥霍或者无法查找时，法院可以裁决被告支付相当的金钱或替代没收的财产来承担裁决中的刑事责任，由此而言，刑事没收制度相对于民事没收制度而言是更广泛且有力的没收机制。

2. 行政没收

行政没收由联邦执法机关执行，并不需要检察官或法院的介入，所以不具备司法诉讼性。这是行政没收与民事没收、刑事没收的最大差异。由于绝大多数的没收案件不具备诉讼性，所以行政没收占据了联邦政府没收案件的大多数。在行政没收程序中，执法机关扣押财产后，即会通知对于扣押财产有潜在利益的人其有主张权利的机会。同时，执法机关亦会登报公告本次行政没收事宜。如在法定期间内无人主张权利，执法机关即会执行行政没收处分，这个处分与法院的判决具有相同效力。

其一，行政没收的对象与范围。

根据《美国法典》第 18 卷第 985（a）条的解释，除不动产及现金或金融票据及超过 50 万美元价值的动产外，其他财产都可以成为行政没收的对象。这是因为行政没收不具有司法诉讼性，为了避免过度侵害财产权，立法者特别规定对上述价值较高的财产不得依照行政没收进行处分，只能按照司法没收程序进行没收。从行政没收的对象与范围规定来看，这也是行政没收与民事没收、刑事没收的重大区别，在民事没收、刑事没收下可以按照法定程序对不动产及现金或金融票据及超过50万美元价值的动产进行没收。

其二，行政没收的程序。

联邦强制执行机关只要具备认定该物具有应当进行行政没收的目标的“相当理由”（Probable Cause），即可以向财物发现地或没收程序地的联邦地方法院申请法院扣押令状而对其予以扣押。

但是，依照《美国法典》第18卷第881（b）条的规定，强制执行机关在多种情形下，无需取得法院扣押令状也可以扣押财产。在扣押财产后，执法机关会在报纸上刊登公告其将要实行的没收，在期限内如没有人提出异议，执法机关便会作出与法院判决具有同等效力的没收令。为保障财产权利人之正当法律程序权，美国联邦立法机关于2000年制定了《民事资产没收改革法》，规定了行政没收的异议必转原则。该法规定扣押机关在扣押后2个月内必须开始没收程序，并以书面通知对该扣押财产具有利益的人，告知可在通知书上所载期限前（该期限不得少于通知书邮寄日期后35天）提出异议。如遇有权利人提出异议，行政机关必须在3个月内向检察官报告，由检察官决定是否提起司法没收程序（即民事没收或刑事没收），如果行政机关未提出报告或检察官评估后拒绝提起诉讼，则必须要将扣押物返还。

（二）美国民事没收制度的主要内容

1. 美国民事没收制度的渊源

美国法中的民事没收有着极为悠久的历史，至少可以回溯至12世纪开始发端的普通法。有研究经考证得出，针对物提起的没收程序，即民事没收制度最早起源于古希腊的习俗。这种习俗要求在一种罪行发生后对“有罪”的物品进行审判，并将这种物品驱逐出境。后来，这种习俗又被英国的普通法所继承和发展。也有学者认为该制度最早可以在犹太教法里寻找到，当时的犹太教法规定一头杀死人的牛要被没收。这头牛要被石头砸死贡献给上帝。而牛的主人对于牛对人的伤害不负责任，除非他当时认识到牛有肇事的倾向。还有学者认为现代的没收制度，可以追溯到圣经和英国普通法中赎罪奉献物（deodand）的传统，其要求置人于死地的物都要交给上帝。在早期犹太教和基督教的赎罪奉献物实践中，置人于死地的物先受到道德谴责，然后再交给上帝用于赎罪，这种赎罪奉献物的习俗随后就成为英国普通法的一部分。[1] 从英国在北美地区建立殖民地开始，英国普通法就在北美地区发生了效力，特别是1608年卡尔文案判决正式确认了英国普通法在英属殖民地自动生效，在美国独立战争以后，这一原则也没有被排除，而是被继承下来，成为美国法律体系的重要渊源。

美国独立战争之前，英国在美殖民地经常使用对物的民事没收来矫正违反海关法和海事法的行为，在这些对物的没收规定中最著名的就是17世纪和18世纪制定的《英国航海条例》（the English Navigation Acts）。据有的美国学者研究，该法案在英国和其殖民地之间强加了各种贸易保护主义措施。例如，该法案规定，所有英国和殖民地之间的贸易，或者两个殖民地

1. 王俊梅：《美国民事没收制度研究》，中国政法大学出版社2013年版，第7页。

之间的贸易，必须由英国拥有的船舶来进行，所谓英国拥有的船舶即是指船主和3/4的船员都是英国公民或英国殖民地的公民。许多殖民地的商品只能出口到其他殖民地或到英国，而唯一能进口的外国制造的商品只能是那些来自英国船舶的商品。如果违反上述规定，涉及的货物和船舶将被没收。此外，对物没收还可适用于非法捕鱼和其他海事犯罪。北美的13个殖民地独立后成立的美利坚合众国，不仅保留了海事法中的对物没收，还于1789年通过法律赋予联邦政府没收违反海关法规的船舶和货物的权力，又将没收的范围扩大至用于实施了海盗行为、走私行为、贩卖奴隶行为的船只。[1]

从美国独立战争到美国内战前后，联邦法院运用上述成文法和普通法，审理了很多具有典型意义的案件，其中比较有开创性的案件是联邦最高法院1827年审理的美利坚合众国诉帕尔米拉号（United States v. Palmyra）案。该案中的帕尔米拉号是一艘武装船只，其声称自己是一艘西班牙国王授权的私掠船，经授命由波多黎各岛出发。该船袭击了一艘名为“风情号”的美国纵帆船，因而被海军上尉格里高利指挥的名为“虎鲸”的美国军舰俘获，并送往南卡罗来纳州查尔斯顿港口。帕尔米拉号随后因实施海盗行为在海事法庭遭到起诉并被民事没收，该案辩护律师对此反驳说未经刑事定罪的没收是不合法的。然而联邦最高法院否决了这一观点，认为对物的民事没收程序是不受对人的刑事诉讼程序影响的。在针对物的诉讼程序中，是该

1. Leonard Levy：“A License to Steal：The forfeiture of property”，Chapel Hill：The University of North Carolina Press，1996，pp.40—41，载王俊梅：《美国民事没收制度研究》，中国政法大学出版社2013年版，第13页。

船本身被当作违法者，而不是船主或雇主。大法官斯托里认为，这就是在海事法规中已经确立下来的拟制人格的原则。斯托里法官进一步总结道：在针对物起诉的没收程序中，对罪犯的定罪并不是必需的。此案之后，对物之诉程序属民事程序，对物没收与物主行为是否构成犯罪无关这一理念逐渐被判例认可。[1]

从美国内战以后到美国历史上有名的“禁酒令”时期，民事没收程序一直是重要的执法工具之一。在许多法规中，也都有着民事没收的规定。举例来说，美国联邦政府经常借由民事没收程序，在公海上扣押违反海关规定或人口贩卖的船只。由于民事没收不是对人诉讼，所以即使船舶所有人不在船舶上或是不知去向，国家还是可以将该船舶作为违法者、犯罪工具或没收的对象，针对该船舶执行相关法律，发动没收，而无须针对特定人提起诉讼。民事没收在这一类的情形至关重要，因为政府机关通常无从得知船舶所有人为何人或身在何处，但是通过这一制度，执法官员还是可以没收与犯罪相关连的物品，实现法规范的目的。对于前述条文，美国联邦最高法院采取了肯定的立场，并指出：在海盗、海关及海上捕获等类型的案件里，民事没收制度是不可或缺的必要手段及执法工具。[2]

在美国实施“禁酒令”之前的时期，即20世纪初，联邦政府严重依赖对酒类、烟草的赋税以及海关的税收。例如，1902年的联邦财政总收入为6.53亿美元，而其中来自酒类、

1. 何帆：《刑事没收研究——国际法与比较法的视角》，法律出版社2007年版，第33页。
2. 李荣耕：《犯罪所得资产的没收：以美国民事没收制度为借镜》，《辅仁法学》2015年第6期，第15页。

烟草以及海关的收入就高达 4.79 亿美元，几乎占到联邦财政总收入的 75%。[1] 这些税款对联邦政府来说，是关乎生存的重要财源。为了确保这三类税款的及时征收，法律强化了对违反税收法律规定行为的惩罚措施，这些措施除了刑事处罚外，还包括适用民事程序没收违反酒类、烟草、海关等法律相关财产的措施。例如，根据《美国法典》的前身《美国修订规约》的早期有关规定，所有酿酒厂都必须向税务部门进行登记，并保存好相关的账簿，若有违反，其相关财产将面临民事没收。《美国修订规约》除了规定没收酿酒厂和未缴纳税收的酒类饮料等产品，还规定可以没收运载这些故意未缴税商品的交通工具，可以没收用来运载和隐藏烈酒的汽车、用来走私酒类的马匹、马车及相应的马具等。由此，引发了美国历史上另一起有名的案例：史密斯和格兰特公司诉美利坚合众国案。该案中的一方当事人格兰特公司（the Grant Company）是一家汽车经销商，它卖给了汤姆森和拉姆一辆汉德森牌小汽车。由于汤姆森和拉姆未付全款，格兰特公司保留了该小汽车的所有权。但汤姆森伙同其他人在格兰特公司不知道或未授权的情况下，用这辆小汽车运输了未缴纳联邦税款的 58 加仑的酒精饮料，该行为违反了联邦税法，随后该小汽车被陪审团认为是有罪的，并被没收。格兰特公司不服此判决，向联邦最高法院提出了上诉，声称没收小汽车的行为，违反了“不经正当法律程序，不得剥夺公民财产”的宪法条款。联邦最高法院以 8 票对 1 票的高比例维持了原来的判决，麦肯纳大法官在代表多数法官撰

1. United States v. James Daniel Good Real Property，510 U.S. 43，60（1993）.

写法庭意见时，坦率地承认：在财产所有人不知情，也没有参加他人的非法活动的情况下，其财产因为被他人非法使用而被没收的情形，似乎违反了宪法所要求的公正——正当程序的基石，但与其他更有影响力的理由相比，这一理由就显得没有那么有说服力了。这些更有影响力的理由中排在第一的依然是政府税收的需要，它迫使国会把财产所有人也纳入预防违反国会法案行为发生的行列中。这一点，在某种程度上讲有点像过去“赎罪奉献物”，政府通过赋予财产某种人性和可以共谋与对罪行承担责任的力量来获得财产所有人对其财产应有的关注和责任。麦肯纳大法官提到的第二点有影响力的理由是历史的强大力量，即法律拟制，把作为物的财产本身当成是有罪的这一惯例，已深深地植根于美国惩罚与救济的法律理念中而难以被替代。有的学者也指出：依赖于“有罪财产拟制”这一假说而存在的这些有缺陷的规则已经存在有 90 多年了，现在要想推翻它已经太晚。联邦最高法院在该案中，再次认为人格拟制不需要考虑包括正当法律程序在内的宪法条款，只有人才享有宪法权利，而物是不享有的。[1]

从 20 世纪 80 年代至今，美国为了更好地规制毒品犯罪、洗钱犯罪、跨国腐败犯罪，开始更为广泛地适用民事没收制度。在这一个时期，美国国会制定了许多民事没收的相关法律，以没收与毒品犯罪、洗钱犯罪、跨国腐败犯罪行为相关的财物。其中，最具代表性的，莫过于《联邦毒品滥用防治及控

---

1. Leonard Levy：“A License to Steal：The forfeiture of property”，Chapel Hill：The University of North Carolina Press，1996，p.61，载王俊梅：《美国民事没收制度研究》，中国政法大学出版社 2013 年版，第 23 页。

制法》，该法案后来于1978年及1984年两次修正。依修正后的规定，执法机关有权没收所有用以促成毒品犯罪（制造及买卖）的财产。其中，“促成”包括积极地使行为人更容易完成犯罪，或是消极地使犯罪更难以被发现的行为。没收的范围涵盖了所有用以或意图用以交易毒品或原料的金钱、可转让票据、证券及其他所有可回溯至前述财物的收入，以及所有用以或意图用以促成毒品犯罪的金钱、可转让票据、证券及其他财物。就具体个案来说，用以进行毒品交易的房屋或建筑物、用以运送毒品的车辆，或是其他用以从事毒品犯罪的工具，都在应该没收的范围之内。1984年修订中的另一个重点是，执法机关的没收所得可以成为自身预算之一，无须上缴国库。这一修订内容成为绵延至今的美国公众对民事没收不满的焦点问题。

2. 美国民事没收制度的实体法规定

美国法律历来以注重程序著称，其民事没收制度也不例外。但由于民事没收涉及可能被定罪的违法事实，涉及当事人的重大人身与财产利益，因而需要对民事没收制度涉及的实体问题进行分析，主要问题就是民事没收的适用对象为何。美国民事没收制度对于没收对象没有作出一般性的规范，而是仅限于特定犯罪。只在法律已明文许可执行民事没收的情况下，才进行民事没收，以下根据现行美国法上许可进行民事没收的主要规范做一说明。

第一类规范规制涉嫌腐败或洗钱罪行。《美国法典》第18卷第981（a)(1)(A）条规定：违反《联邦洗钱防制法》第1956条、1957条或1960条所列特定不法活动的犯罪所得的金融交易，该财产包括动产或不动产，不论行为既遂或未遂，或可追溯至上述洗钱犯罪所得所购得的财产，应予没收。另第1956（a）条规定，洗钱行为是指特定不法犯罪犯罪所得的隐藏、掩饰及帮助其遂行的金融交易。《美国法典》第18卷第981（a）(1)(B）条规定，违反外国管制药品重罪，同时在美国境内发现该犯罪所得的，联邦政府可以据此提起民事没收程序。其规定如下："美国司法管辖内的财产，包括动产及不动产，构成或源自或可追溯至下述对外国罪行后直接或间接所生的犯罪所得，或任何帮助此类罪行的财产，应予以民事没收。(i）该罪行涉及制作、输入、贩卖或散布管制药品或第1956（c)(7)(B）条描述的各种行为；（ii）外国对该罪行有司法管辖权且可能处以死刑或无期或一年以上有期徒刑；且（iii）该行为在美国境内实施构成犯罪且构成一年以上有期徒刑。"

《美国法典》第18卷第981（a)(1)(C）条规定实施本条所列举的行为，例如，对银行家行贿、伪造文书、偷窃或侵占银行财物、非法进口爆炸物、银行诈骗、计算机诈骗、企业诈骗、儿童色情或第1956（c）条所列的特定不法行为所产生的犯罪所得或可溯及此类犯罪行为购得的财产，或共谋犯上述的罪，不论动产或不动产应予没收。《美国法典》第18卷第981（a)(1)(D)、(F）条规定：任何财产，动产或不动产，构成或源自或可追溯至涉及对联邦政府诈骗、伪证、邮件欺诈、电话诈骗、改变或删除车辆识别资料、进出口失窃车辆、携带凶器抢夺车辆、持有或买卖州际间移动的赃车的罪行，应予没收。

第二类规范规制涉嫌毒品罪行。主要规定在《美国法典》第21卷第881条，该条规定：只要是实施或帮助实施联邦毒品犯罪，且其法定刑为一年以上的联邦毒品犯罪行为的不动产应予没收。《美国法典》第 21 卷第 881（a）(4）条规定：运输工具，如汽车、飞机、船舶等，使用或意图供使用于运输，或以任何方式帮助运输行为或贩卖、收受、持有，或隐藏本条所指的管制药品，除有例外三种情形外，应予没收。相关规定虽大多数适用于毒品交易的情形，但同时也适用于非法散布药房处方药物时的财产没收场合。《美国法典》第 21 卷第 881（a）（6）条是有关毒品犯罪所得没收的规定：毒品交易所得的金钱或可转让票据或证券或其他有价物品、可追溯至以上涉嫌交易犯罪所得所购得的财产、金钱或可转让票据或证券用于或意图用于帮助联邦毒品犯罪行为的，应予没收。该条规定除没收毒品交易所得外，对于意图购买毒品所用的金钱及以毒品犯罪所得所购得的财产也予以没收。在政府没收以毒品犯罪所得所购得的财产时，对该财产主张权利的人负有以优势证据原则证明该财产是以合法资金购得的举证责任。

第三类是涉嫌违反海关法或移民法的罪行。携带超过 10000 美元出入境美国而未向海关申报，除行为人会遭刑事追诉外，该笔金钱也会被民事或刑事没收。《爱国者法案》也规定：未经许可，经营金融兑换及违反金融交易申报的，应予以民事没收。海关法及移民法也规定，移民及归化管理部门可以没收载运不法外国人士的交通工具；违反海关法或税务法的进口货物应予没收；进口至美国的野生动物如果违反外国的法令，执法机关也可予以扣押没收。

3. 美国民事没收制度的程序问题

其一，民事没收制度中的不动产扣押。

首先，关于不动产的扣押保全。不动产的民事没收程序必须通过司法程序来进行，原则上，在给予不动产所有人扣押前的通知及履行听证程序后，政府方可扣押不动产，法律规定政府须通知法院其将在审判前扣押不动产的主张，随后由法院核发申请令状的通知并送达予不动产所有人且张贴于该不动产上，并进行听证程序，该听证会的目的在于决定是否有扣押不动产的相当理由。如果存在相当理由，法院才会核发扣押命令，主张权利的人对法院的该决定没有上诉的权利，但可以通过日后请求赔偿扣押期间不动产所生的租金及利益来请求救济。该条同时有例外规定，即法院认为有没收的相当理由且有紧急情况，以至于无须进行事先通知程序，在未通知由政府单方参与的听证程序的情形下，政府仍可扣押不动产。针对所谓紧急情况，政府必须阐明以其他限制性较小的手段，例如提出诉讼、限制命令或提出保证金等，仍不足以防止出售、毁损或继续不法使用不动产和满足保障政府利益的需求。在此种例外情形中，法院必须在扣押后，立即召开扣押后的听证程序，让所有人有机会辩论扣押的相当理由及紧急情况是否存在。

其次，关于不动产没收程序的开启。开启不动产民事没收程序需要满足三个条件：一是政府提出没收诉讼的请求；二是在该不动产上张贴起诉书；三是将连同起诉书副本的通知送达予不动产所有人。如果不动产所有人逃亡或居住于他国，以至于无法按照法定方法送达通知或充分查证后仍无法确定其所在的，政府可依不动产所在州的法律推定的送达方式进行送达。完成上述条件要求后，尽管所有人仍占有不动产，法院在不需核发查封命令情况下，也可以取得管辖权，且无需进行上述不动产扣押的听证程序即可进行民事没收诉讼。如果所有人仍占有不动产，为了保护政府对于不动产的利益，可以在审前申请限制命令的适用：政府可请求在不动产所有权上注记其处于诉讼状态或请求法院核发检查及清点不动产的命令，或者请求法院采取下列措施以扣押、确保、维持或保存不动产的存在：核发限制或禁止令；要求提供相当的保证金；指定破产管理人；指定保管人、监管人、鉴定人、会计或受托人。法院在对不动产核发审前限制命令前，须开启听证程序，给予可得确认的所有人表示意见的机会，审查政府在没收诉讼中有否胜诉的实质可能性，以及衡量不核发审前限制命是否将造成不动产损坏或丧失管辖或日后无法执行没收，并决定核发该命令所欲达到的保存不动产的目的，是否优先于因此对相对人所造成的经济困顿状态。除法院认为有正当理由予以延长或提起没收诉讼外，该审前限制命令仅有 90 天的效力。另在通知不动产所有人将危及不动产存在的情况下，政府可向法院提出相当理由的证明，请求核发仅有 10 天效力的暂时性限制命令，但法院须在该命令失效前尽快进行听证程序，当然政府也可依先前所述的紧急情况来实行扣押程序，以保障其利益。违反财产没收所核发的命令、损坏或隐匿应予扣押的财产或泄漏限制或扣押命令的信息以阻挠财产没收的，将被处以罚金或 5 年以下有期徒刑。

最后，关于不动产扣押的救济。关于违反有关不动产扣押通知、听证等正当法律程序的救济途径，少数法院认为应驳回政府提出的申请没收诉讼，但多数法院认为应由权利人请求返还非法扣押期间，该不动产产生的租金及所生利益，但不包括无法使用不动产所造成的损害及预期利益申请的损失，违反程序扣押的申请证据应当予以排除，但不影响没收诉讼的进行。若法院审查后认为，扣押不动产欠缺相当理由及欠缺紧急扣押要件，政府除须负担上述损失外，还应立即返还遭扣押的不动产。

其二，民事没收制度中的动产扣押。

相对于民事没收制度中的不动产扣押，民事没收制度中的动产扣押的有关要求相对较少。有别于不动产扣押，基于管辖权的取得、阻断动产继续遭不法使用及遭隐匿，美国联邦最高法院认为权利人在动产扣押前未经通知或未被赋予听证程序，并不违反正当法律程序的保障。大多数的没收程序因执法机关对财产的扣押而发动，在执法机关取得对财产的支配后，政府可以发动行政没收程序，倘权利人提出异议，政府可选择向法院提起民事没收或在刑事没收诉讼请求中予以没收。政府现实或持续性的占有是民事没收程序的开端，扣押财产也是法院对于案件取得管辖权的要件，未合法正确地扣押财产将导致法院对民事没收案件欠缺管辖权。

动产扣押命令可由提起民事没收诉讼的法院或财产所在地的法院来核发。另依同等权利管辖原则，仅有一个司法权可以针对民事没收案件享有管辖权，因此倘该财产已在州法院扣押或控制下，联邦执法机关即不得执行联邦法院所核发的扣押命令。但联邦法院可以核发预备性的扣押命令，在预期州法院放弃支配财产的情况下，联邦执法机关可以接续扣押财产。如果法院驳回扣押命令的申请，政府可提起抗告，但对于法院核发扣押命令，则不得抗告。2000年《民事资产没收改革法》通过后，法院并没有改变民事扣押的标准，而是仍采取相当理由的标准，在综合所有情况及以一般人的观念，认为财产源于或使用或涉及引发民事没收实体法的刑事不法行为，换言之，即有相当理由认为财产与刑事不法行为间存有关连性时，即可对该财产予以民事扣押，适用此相当理由标准比适用之后的民事没收审理程序中的优势证据标准更为简易。

其三，以避免经济困顿为由，请求返还扣押财产或请求缩小扣押范围。

《民事资产没收改革法》针对民事财产没收诉讼终结前，异议者为避免经济困顿，在符合下列四项要件时，可向扣押机关或法院要求立即返还遭扣押的财产：一是对该扣押财产享有占有利益；二是异议者与社区有充分的联系，需确认审判中该财产存在不致隐匿、灭失的条件；三是没收诉讼期间，政府继续占有该财产，将对权利人产生实质的困境，例如影响企业的运作或阻碍个人的工作或导致个人丧失住居；四是政府持续性占有扣押财产所造成的权利人困境的危险性，超过了程序进行中归还财产于权利人，所造成的该财产遭毁弃、损坏、灭失隐藏及移转的风险。异议者须举证证明其符合上述请求返还财产的法定要件，且证明对于该没收的财产已提出异议，并证明对该财产有占有的利益，以及政府持续性占有扣押财产所造成权利人困境的危险性，超过了程序进行中归还财产于权利人，所造成的该财产遭毁弃、损坏、灭失隐藏及移转的风险。但法律同时列出四类政府无须归还的财产：违禁物、货币或其他货币支付工具或电子资金，但上述遭扣押的财产属于合法企业的资产的除外；作为违反法律的证据的财产；在设计上或特征上特别适于非法活动的财产；归还后将有被用于其他刑事犯罪的可能性的财产。

另主张权利人可以在执法机关现实交付财产扣押清单后 30 天内或收到扣押通知 35 天内或公告后 30 天内，向扣押机关请求扣押范围的减小。但须符合以下两个条件：一是对财产存有法律所承认的所有人或担保物权人利益；二是符合不知情所有人抗辩条款所规定的条件。

其四，民事没收制度中的执法机关举证责任。

当民事没收中有人提出异议时，政府需要以优势证据证明该财产的没收依据及该财产与犯罪的关连性，当原告政府一方符合举证证明的要求后，除非异议者能透过不知情所有人抗辩来反对政府的没收主张，否则法院将判决原告政府胜诉，没收财产的所有权将归属于政府所有。异议者可主张民事没收财产案件的审理，须依美国《联邦宪法》第七修正案的规定，也就是说其享有由陪审团审判的权利。但依照《联邦民事诉讼规则》G（9）及38（B）的规定，如果异议者没有及时提出该权利主张的，将被视为放弃其权利。民事财产没收诉讼中政府的举证责任，有别于刑事没收诉讼中，必须由检察官以超越合理怀疑的程度证明行为人犯罪后，方得于刑事判决后的附属程序中主张犯罪财产的没收。当原告政府一方以优势证据，证明财产依法应予没收及被告财产与犯罪行为的关连性后，举证责任即转换到主张权利的异议人，由其以优势证据法则来证明该财产不具有没收性，即由异议者提出其符合不知情所有人抗辩的要件，来反对原告政府一方的民事没收诉讼的主张。

其五，不知情所有人的抗辩。

美国法传统上长期认为，该财产被某人使用于从事犯罪行为，基于政策上的考量，应予以没收禁止其流通。整个20世纪美国国会所制定的没收条文欠缺对于不知情的财产所有人的保护措施。联邦最高法院以往也一再认定这些条文并没有违反宪法所保障的正当法律程序，即认为国会以立法方式规定财产供刑事不法行为使用时，通过民事没收程序加以没收，并不违反完全不知情的财产所有人的权利，符合宪法正当法律程序的规定。但是，《民事资产没收改革法》对此作出重大修改，其修改了《美国法典》第18卷第983（d)(1）条的规定：不知情所有人在财产上的利益，不能以任何民事没收条文予以没收，异议者须以优势证据证明其符合不知情所有人条件。不知情所有人抗辩是一种积极抗辩权，当原告政府证明财产的应没收性时，举证责任转移到异议者，由其证明符合不知情所有人抗辩的所有条件，美国联邦最高法院也支持此种举证责任的转换，认为举证责任的转换并未违反宪法的规定。

同时，《美国法典》第18卷第983（d）条规定：以财产遭用于或便利于犯罪的时点，区分两种主张不知情所有人抗辩的条件，倘异议者取得没收财产的权利、利益在原因犯罪行为前，则须符合《美国法典》第18卷第983（d)(2）条规定的条件，需着重考虑原因犯罪行为发生的时候，异议者是否为财产的所有人及其是否知道财产遭不法使用或采取适当的防止措施。如果异议者取得没收财产的权利、利益在原因犯罪行为发生后，则必须符合《美国法典》第18卷第983（d)(3）条规定的条件，需着重考虑异议者是否为善意买受人，是否属于第一手交易，且是否以相当价值购买及在购买时该财产是否为民事没收的客体。

其六，民事没收资产的处理。

政府取得民事没收诉讼的胜诉判决后，没收财产先用于补偿被害人的损失，再由参与扣押或没收的机关与政府分享，另外联邦政府与州政府或其他执法机关可公平分享查扣犯罪所得，并订定分享计划。依该计划可分为联邦与州的共同调查，此时共同调查者可以要求依其参与没收程序的程度分享没收的财产。州政府实施扣押后，也可因州法有关没收规定不足、扣押财产管理困难或州检察官拒绝提起没收诉讼等因素，将扣押财产移交予联邦政府，联邦政府在扣除固定的两成没收费用后，再将所剩净额交由州政府。

4. 美国民事没收制度的宪法问题

美国法较为重视宪法的作用，美国民事没收制度从萌芽到成熟以来的较长历史时期中，始终伴随着其是否违宪的重大争议，尤其是其是否违反《联邦宪法》第八修正案、第五与第十四修正案的问题。

《联邦宪法》第八修正案的主要内容是："不得要求过重的保释金，不得课以过高的罚款，不得施予残酷或不寻常的刑罚。"《联邦宪法》第五与第十四修正案涉及民事没收的主要内容，通常被称为"正当程序原则"。第五修正案的内容主要是："不经正当法律程序，不得被剥夺生命、自由或财产；不给予公平赔偿，私有财产不得充作公用。"第十四修正案的内容主要是："……不经正当法律程序，不得剥夺任何人的生命、自由或财产；在州管辖范围内，也不得拒绝给予任何人以平等法律保护。"长期以来，美国司法机关坚持认为民事没收不属于保释金、不属于罚款、不属于刑罚，而是以国家为原告的民事制裁措施，因而不违反《联邦宪法》第八修正案。同时，民事没收适用美国成文法与判例法的诸多程序规则，符合正当程序的要求，因而也不违反《联邦宪法》第五与第十四修正案。

最近一次美国司法机关对上述观点予以确认，是1993年联邦最高法院在奥斯汀诉美利坚合众国一案中的判决中。被告奥斯汀（Austin）因意图贩卖持有毒品而被起诉，被告认罪。检察官以被告用以或意图用以作为毒品犯罪之用为由，针对被告的汽车钣金厂及移动住宅提起诉讼，进行民事没收。尽管被告抗辩该民事没收违反了《联邦宪法》第八修正案，法院仍以在被告住宅中发现了2克的古柯碱、少量大麻、一把手枪、吸食器及4700美元现金为由，判定检察官胜诉。被告不服，提起上诉，遭联邦第八巡回上诉法院驳回，案件遂上诉至联邦最高法院。被告在上诉中主张，在本案中，以民事没收程序没收其汽车钣金厂及移动住宅违反了《联邦宪法》第八修正案。联邦最高法院指出："决定性的问题并不是政府所认为的，没收是民事的还是刑事的……关键问题是：没收是否属于'过高的罚款'或者是'残忍或不寻常的惩罚'（如果属于的话，将被《联邦宪法》第八修正案禁止）……对第八修正案批准之前、当时和之后的英美法的回顾表明，一般没收和法定的对物没收在历史上至少部分地被理解为惩罚"，据此裁决，"没收不是'过高的罚款'或者是'残忍或不寻常的惩罚'，因而不适用《联邦宪法》第八修正案"。

在奥斯汀案的同一年，美国联邦最高法院同时受理了美利坚合众国诉詹姆斯·丹尼尔不动产案，该案同属适用民事没收程序的案件。该案件的争议在于，民事没收有没有适用正当程序。该案主要情况是：在被告古德因毒品案件被判决有罪后4年，政府以被告利用其所有的4英亩（约404686平方米）的土地及其上的房屋犯该毒品案件为由，申请通过民事程序没收该土地及房屋。经治安法官同意，被告向联邦地方法院请求撤销。地方法院判决准许没收，被告不服提起上诉。上诉法院撤销地方法院判决，并判定虽然在没收之前没有给予被告事前的通知及举行听证会，但这并不违反正当法律程序的要求。联邦最高法院接受了这一个案件的上诉，并指出该案争点之一是：民事没收程序有没有适用《联邦宪法》第五修正案的正当法律程序及政府依民事没收规定扣押特定人财物时，是否应该予以事前通知及听证程序。政府主张，由于民事没收已经遵循了《联邦宪法》第四修正案的规定，所以不再受到第五修正案的限制。联邦最高法院没有接受这一种说法，并判定：即使是依照民事没收程序实施行为，在没收人民财物时，还是必须要遵守第五修正案所要求的正当程序。该观点被《民事资产没收改革法》所吸纳。

但是在 2019 年 2 月 20 日，联邦最高法院对泰森·廷布斯诉印第安纳州的上诉一案所持的立场发生了重大改变。印第安纳州的泰森·廷布斯（Tyson Timbs）于 2012 年初父亲去世后，从父亲的人寿保险公司获得了一笔现金，用其中的约 42000 美元购买了一辆路虎汽车。然而，曾是一名吸毒者的廷布斯将剩余的大部分钱用于购买毒品和贩卖，他在 2013 年 11 月的一次此类交易中被卧底人员逮捕，那时他正向他们出售约 225 美元的毒品。廷布斯对这些指控表示认罪，被判处一年有期徒刑、缓刑 5 年和罚款 1200 元。该州同时依据民事没收相关法律，对陆虎汽车发起了民事没收诉讼，因为廷布斯曾使用该工具运送毒品。廷布斯对该州提起诉讼，称扣押该车违反了《联邦宪法》第八修正案中对过度罚款的禁令，当地格兰特县高等法院法官先判决廷布斯胜诉，理由是路虎的价值超过最高刑罚的数额，相当于廷布斯被罚款四次，从而属于第八修正案禁止的处以过高的罚款。但是，印第安纳州最高法院推翻了该决定。法院辩称，《联邦宪法》第八修正案仅适用于联邦行动，并不禁止州或地方法律施加过高的罚款，联邦最高法院尚未发布任何以《联邦宪法》第八修正案的过高罚款条款为依据的决定。廷布斯请联邦最高法院审理他的案子，侧重于要求回答《联邦宪法》第八修正案的“过高的罚款”是否适用于州和地方政府的问题，如“正当程序条款”一样，法院于2018年6月受理此案。联邦最高法院就该案做出裁决：“《联邦宪法》第八修正案需要符合《联邦宪法》第十四修正案，即‘未经适当法律程序，不得剥夺任何人的生命、自由或财产，也不得否认在其管辖范围内的任何人都受到法律的平等保护’”，[1]从而推翻了1993年的容许立场，转而支持限制民事没收的立场。

二、适用特点与借鉴

（一）不以定罪为没收前提

民事没收为对物之诉，不以有罪判决作为执行的依据。其起诉方式很有特点，经常以“美国诉4万美元”的形式出现，即将4万美元的资金直接作为起诉的被告一方列入诉讼流程。而刑事没收以刑事有罪判决为执行依据，必须要能够对被告起诉，并获致有罪判决，才能够以该判决为依据没收相关财物。

1. See Tyson Timbs v. State of Indiana，586 U.S.（2019）139 S. Ct. 682; 203 L. Ed. 2d 11.

但是，一旦被告逃匿、死亡、因其他因素（如疾病）而无法到庭参与审判、未能证明其犯罪，或是根本无法掌握犯罪嫌疑人的具体情况，就根本无法侦查、起诉、进行审判及取得有罪判决，也因而无从没收供犯罪所用或犯罪所得的财物。相较之下，民事没收没有这样的局限。只要执法机关能够证明特定财产涉及犯罪活动，对属于供犯罪所用或是为犯罪所得的资产，就可以进行民事没收。如此一来，就解决了不知犯罪嫌疑人为何、不知其去向，难以起诉或审判，也就可能无法达致有罪判决等难题，这是美国执法机关倾向于使用民事没收的重要原因之一。民事没收也可被当作补偿被害人损失及对犯罪者施以制裁的一种手段，政府基于优化配置刑事司法资源的考虑，可选择对轻微刑事案件不予追诉，但仍可对未予定罪的违法所得及行为工具予以没收。

（二）没收举证责任较低

刑事没收是以有罪判决为依据，为要获得有罪判决，在刑事审判中检察官必须就犯罪事实尽到排除合理怀疑的举证责任，才能够依此开展刑事没收。显然，要对犯罪事实尽到排除合理怀疑的举证责任是相当高的要求。而在民事程序中，执法机关所负担的是对优势证据（preponderance of evidence）的说服责任，而对优势证据的举证责任相对较低，较容易实现。一旦执法机关尽到了这样的举证责任，就可以依照民事程序没收与犯罪相关的财物。优势证据指的是待证事项存在比不存在更为可信，相比较之下可以知悉的证据，后者较前者的举证责任更低。而在《民事资产没收改革法》修订之前，发动民事没收是较优势证据更低的

“相当理由”举证责任，相较于刑事没收，执法机关更倾向于使用举证责任要求更低、更为便利的民事没收。

在民事没收程序中，政府无须证明没收财产与特定的不法交易有所联结，只要证明没收财产与整体不法活动有关即视为其存在充分的优势。如果犯罪不法所得与合法资金混同，政府有权没收该混同资金中可溯及于不法活动的部分。此外，在不法所得系存入金融机构账户的场合，依照《美国法典》第18卷第984条有关替代性资金的规定：从犯罪行为日起一年内提起诉讼的情况下，犯罪所得可溯及不法活动的账户内的资金，即便有提领或取代，亦视为同一而应予没收。此规定大大地降低了政府在进行有关洗钱犯罪的民事财产没收诉讼时，需要予以严格证明的资金可溯及不法活动的条件。

（三）没收适用广泛

与刑事没收相比较，执法机关可以依照民事没收程序扣押范围更大的财物。这一个差异的原因是刑事没收是对人诉讼，而民事没收是对物之诉。具体来看，在刑事没收中，由于没收的依据是刑事有罪判决，所以执法机关只能没收与该有罪判决中犯罪行为相关的财物。但是，因为民事没收不以有罪判决为前提，不必须与特定犯罪行为相关连，所以执法官员可以没收所有与犯罪相关的财物。举例来说，在受贿案件中，依照刑事没收程序，执法机关只能够没收该案件直接涉及的财物，即使该被告同时涉及许多其他的贿赂行为，只要未经有罪判决确定，就无法依刑事程序对其进行没收。如此一来，国家可能会失去实时没收其他涉及犯罪财物的机会。但是，若是依民事没收程序，执法官员无须证明个别犯罪行为，就可以一次性地扣押所有涉及犯罪的财物。就此来说，民事没收对于执法机关而言极为简便且有效率，也因此受到执法机关的偏好。如表 2-1 所示，在美国，民事没收数额近 20 年来处于大幅上升趋势。[1]

表 2-1　美国司法部民事没收年度资产净额统计

年　度	资产没收净额（美元）
2000	536500000
2001	525800000
2002	485200000
2003	528400000
2004	427900000
2005	448000000
2006	651100000
2007	754200000
2008	1000700000
2009	1425900000
2010	1687400000
2011	1760500000
2012	1620400000
2013	1855800000
2014	缺少
2015	1629261564
2016	1921273552
2017	1643289777
2018	1379046940

1. 杨云骅、简士淳:《刑事独立没收与追征立法之必要：以德、美立法为观察》，载林钰雄主编:《没收新制（二）经济刑法的新纪元》，元照出版公司 2016 年版，第 270 页。

第二节 英国:“民刑复合型”理念与制度

英国是英美法系的发源地和主要代表国家。英美法系是以源于英国中世纪至资本主义时期的普通法和衡平法传统为基础，而逐步产生和发展的法律体系的统称。该法系由于以英国和美国为最主要的代表国家，因此称为英美法系。同时因为该法系推崇普通法，所以也常被称作普通法系。通常被认为可以归属于英美法系的国家，除英国、美国之外，主要是曾经属于英国殖民地、附属国的国家和地区，如加拿大、澳大利亚、新西兰、印度、新加坡等。英美法系传统上较为缺乏统一完整的成文法律，而以习惯、判例作为其重要的法律渊源，其有关定罪的规则、制度等较缺乏统一完整的成文法规定，基本上散见于从古至今的判例、立法意见中等。

英国刑法历来重视对犯罪的规定，而较为忽视对犯罪后果的适用规则，因而普通法与衡平法中缺少对未定罪资产处理的规则。近几年来，英国也开始关注成文法的现实作用，并开始在刑事领域制定单行的成文法，由此在未定罪资产处理的制度方面也开始具有初步的成文法规定，其中《2002年犯罪收益追缴法》是近年来相关立法的集大成者，在资产追缴方面创设了一系列新颖的理念与制度。《2002年犯罪收益追缴法》于2002年7月24日颁布，以犯罪收益为调整对象，分资产追缴局、英格兰和威尔士的没收、苏格兰的没收、北爱尔兰的没收、非法行为收益的民事追缴、税务职责、洗钱、调查破产、信息、合作、杂项及一般规定12章共462条，为甄别、区分以及认定犯罪收益制定了一系列较为科学且公正的规则与标准。

《2002年犯罪收益追缴法》通过设立刑事追缴和民事追缴两大追缴制度，创造了“民刑复合型”资产追缴理念与制度。在刑事追缴中，该法创造了“犯罪生活方式（criminal lifestyle）”的认定标准，即通过对被告人犯罪行为性质和特点的分析，判断该人对犯罪经济效益的依赖性。对于符合该认定标准的，将没收的范围扩大到被告人可能享用的一切非法收益，而不限于审判时特定犯罪行为的收益，该收益被称为“一般犯罪行为的收益”。一旦对“犯罪生活方式”的认定成立，在认定犯罪收益问题上法官可以作出四项推定：一是自相关日期后的任何时间转移至被告人的一切财产，自被告人持有时均构成一般犯罪行为的收益；二是自定罪之日后任何时间被告所获取的一切财产，自其持有时起均成为一般犯罪行为的收益；三是被告人自相关日期后的任何时间的任何开支均被视为是从被告人的一般犯罪行为的获利中支付的；四是为计算其获利或推定的财产的价值，推定其对所获财产不具有任何其他合法利益。[1] 这四项推定实际上等同于推定被告人是依赖犯罪收益维持生计的，是极为严厉的法律规定。该法第76条第4款还对犯罪收益进行了界定，认为通过犯罪行为获取的财产或者被告人获取的与犯罪行为有关的财产，均为犯罪收益。它

1.《2002年犯罪收益追缴法》第10条第（3）—（6）款，参见《英国2002年犯罪收益追缴法》，张磊、梁文钧、罗海珊译，中国政法大学出版社2010年版，第7—9页。

不仅包括通过积极行为获取的经济利益，也包括因消极行为获取的利益，如因逃税获取的收益。而且为了防止被告人恶意转移犯罪收益，该法第 9 条还规定了“污点赠与”制度，即现行诉讼开始 6 年内被告为逃避追缴、充公或没收而恶意赠与的财产，仍可记入追缴额的范围。该法中确立民事追缴的最大贡献是将民事追缴对象扩大到了原始财产、被处理财产和利益收益三方面。其中，被处理的财产包括替代收益、混合财产两种形式。替代收益是将应追缴财产与其他财产进行交换后得到的财产，仍是可追缴的财产，如被盗物品被出卖后所得的价款。混合财产，指应追缴财产与其他合法财产混合在一起后所形成的财产，如将犯罪收益的现金与合法的现金同存于同一银行账户，将犯罪收益的资金与其他合法资金共同投资公司等，其中的犯罪收益或资产仍是可追缴的。[1] 该法将刑事、民事、行政、财税、破产等不同性质的法律规范综合运用，以促进对犯罪收益的没收。

一、理念与制度的基本情况

（一）英国刑事追缴的理念与制度

《2002 年犯罪收益追缴法》设立的刑事追缴和民事追缴两大追缴制度，其英语用词分别为 Criminal Confiscation 和 Civil Recovery，该法的刑事追缴与民事追缴，并非根据没收

1.《2002 年犯罪收益追缴法》第 10 条第（3）—（6）款，参见《英国 2002 年犯罪收益追缴法》，张磊、梁文钧、罗海珊译，中国政法大学出版社 2010 年版，第 236—237 页。

程序的性质进行判断。从实质上看，此处的刑事追缴之所以冠以“刑事”之名，并非因为其具有“制裁”或“惩罚”等刑事属性，而是因为其与刑事诉讼程序具有更为密切的联系。实际上，刑事追缴程序也大量引入了民事诉讼程序规则，而民事追缴规则也与一般的民事诉讼程序不同，是以“犯罪收益”作为没收对象的特别法律规定。刑事追缴与民事追缴的划分，为深入分析现代违法犯罪资产处理制度提供了崭新的视角。但这种分类也存在不足，特别是“刑事”与“民事”的称谓，极易造成非英美法系人士理论上的误读，可能令人误以为刑事追缴是一种刑事性质的程序或实体制度，民事追缴则是一种民事诉讼性质的程序或实体制度，这种误读往往成为许多非英美法系人士准确认识英美法系相关法律的直接障碍。[1]《2002 年犯罪收益追缴法》的英文名称是 Proceeds of Crime Act 2002（简称为 POCA 2002），该法设立的刑事追缴和民事追缴，本质上都是对犯罪收益进行的追缴，实际上都是属于刑事领域的法律制度。该法创设的两种不同体系的法律制度，既是对传统的刑事与民事的制度分类的借用，也是对两种传统制度进行融合的尝试。

关于英国刑事追缴的理念与制度，从以下四个方面予以分析：

一是英国刑事追缴中的扣押与冻结制度。《2002 年犯罪收益追缴法》对犯罪收益的追缴设置了较为全面的保全制度，根据刑事追缴和民事追缴的不同，分别设置了不同的扣押与冻结措施。《2002 年犯罪收益追缴法》规定的刑事追缴中的扣押与

1. 刘文峰：《犯罪收益独立没收程序研究》，中国政法大学出版社 2016 年版，第 49 页。

冻结措施统称为限制令，其功能在于禁止任何组织或个人对拟追缴的财产进行转移或处置。该限制令是由刑事法院在刑事没收过程中签发的，禁止特定人对其所持有的可变现财产进行处置的命令。

限制令的申请主体，在英格兰、威尔士和北爱尔兰为检察官、资产追缴局局长或者特派金融调查员；在苏格兰，申请主体则限于检察官。除申请主体外，撤销、变更主体还包括任何受限制令影响的人。有权签发、撤销、变更限制令的主体为刑事法院，在北爱尔兰，则为高等法院。自刑事犯罪调查开始，直至没收令签发后的整个程序中，只要法院有合理原因认为嫌疑人或被告人从犯罪行为中获利，或者有合理根据认为计算出的被告人非法获利额将会超过相关数额，即使在被告人潜逃的情况下，仍可申请签发限制令。其中，这里的刑事犯罪不仅包括英国司法机关所追诉的犯罪，还包括外国司法机关所追诉的犯罪。但外国犯罪须符合双重犯罪原则，即该项外国犯罪行为应发生在英国，且根据英国法也构成犯罪。该规定为在英国开展跨境犯罪所得追缴国际刑事司法合作奠定了国内法基础。

限制令既可以针对被告人签发，也可以针对污点赠与的接受者签发；既可以对特定人员占有的可变现财产签发，也可以对限制令签发后转移至特定人员的可变现财产签发。同时，还需考虑到合理的生活开支和合理的法律费用的规定，以及为使该人能够从事任何贸易、商业、专业或者职业之目的而作出的规定等特殊情况。在英格兰、威尔士和北爱尔兰，限制令的申请人和受限制令影响的任何人可向上诉法院提起上诉，上诉法院可以确认决定或签发其认为适当的命令，诉讼的一方当事人还可将上诉法院的决定上诉至上议院。在苏格兰，对于申请、撤销、变更限制令的决定需到苏格兰最高民事法院提起申诉或上诉，申请决定的上诉主体是检察官，撤销、变更决定的上诉主体可以是检察官，也可以是任何受到限制令影响的人。限制令生效后，警察或海关官员可扣押限制令确定的任何可变现财产，以防止该财产被转移。在苏格兰，经总检察长申请，最高民事法院签发的限制令中可包含对继承的可变现财产的禁止令，其具有禁止的效力，由总检察长在禁止和判决登记中进行登记。需要指出的是，在签发限制令的程序中，法官可采纳传闻证据，不得因证据的传闻性质（无论何种程度）而将证据排除。[1]

二是英国刑事追缴中的地区管辖制度。英国在传统上，英格兰、威尔士、苏格兰和北爱尔兰等区域的法律体系自成一体，《2002年犯罪收益追缴法》中的刑事追缴也不例外。在英格兰和威尔士地区，刑事没收制度是在刑事诉讼程序中适用的一项针对犯罪收益追缴的独立制度。该制度既可以在被告人在案的情况下适用，也可以在被告人不在案即潜逃的情况下进行。在被告人在案的情况下，可以在对被告人定罪前进行没收，也可以在对被告人定罪后进行没收。在被告人不在案的情况下，即被告人定罪后潜逃或者未经定罪而潜逃但刑事诉讼正在进行时，均可适用刑事没收制度。在苏格兰地区，如果被告人在案，没收令的适用条件与英格兰和威尔士地区稍有不同。在该地区适用刑事没收有两种情形：首先是对在一般或简易程序中被宣告有罪的被告人可以进行刑事没收；其次是在有关某

1. 解彬：《境外追赃刑事法律问题研究》，中国政法大学出版社2016年版，第55页。

罪行的审理的简易程序中，对被告人签发了释放的命令后仍可适用刑事没收。在被告人潜逃的情况下，刑事没收的适用条件与英格兰和威尔士地区相同。在北爱尔兰地区签发没收令时，如果被告人在案，则适用前提是，被告人须在刑事法院就某种或某几种犯罪被判刑或者认罪。在被告人潜逃的情况下，刑事没收的适用条件与英格兰和威尔士地区相同。

三是英国刑事追缴中的适用对象制度。《2002 年犯罪收益追缴法》将刑事追缴的适用对象规定为犯罪收益，根据其第 76 条的规定，犯罪收益指的是通过犯罪行为获取的财产或者获取与犯罪行为有关的财产。根据《2002 年犯罪收益追缴法》的规定，对犯罪收益的认定分为三种情况：基于"犯罪生活方式"推定的一般犯罪收益、不具有"犯罪生活方式"的特定犯罪收益以及"污点赠与"收益。

关于基于"犯罪生活方式"推定的一般犯罪收益。对"犯罪生活方式"的规定，以及基于"犯罪生活方式"而作出推定的一般犯罪收益的规定，是《2002 年犯罪收益追缴法》最大的特色之一。所谓"犯罪生活方式（criminal lifestyle）"，是指通过分析被告人犯罪行为的性质和特点，判断该人对犯罪经济效益是否具有依赖性，并且将刑事没收的范围扩大至被告人可能享有的非法收益，无论它是否与现行刑事诉讼的定罪有关。[1] 根据该法的规定，当被告人所犯罪行或者罪行之一具备下列任一标准时，法官即可认定被告人具有犯罪生活方式：

---

1. 张磊、梁文钧、罗海珊译：《英国 2002 年犯罪收益追缴法》，中国政法大学出版社 2010 年版，"代前言"，第 4 页。

①属于下列九类罪行之一：贩毒罪、洗钱罪、领导恐怖活动罪、贩卖人口罪、贩卖武器罪、走私罪、侵犯知识产权罪、组织卖淫活动罪、敲诈勒索罪；②被告人有三种或三种以上罪行被定罪，每种罪行都使其获益，或者在有关刑事诉讼启动之日前的6年时间内，被告人至少分别有两次因构成其获益行为的罪行被判决有罪；③犯罪行为是在超过6个月的时间中持续实施的，并且被告人通过该犯罪行为获益。其中第2项和第3项，被告人获益须不少于500英镑。一旦法院认定被告人具有“犯罪生活方式”，那么以下三种情形的财产就可以被推定为属于一般犯罪收益，即：①对被告人提起刑事诉讼之前的6年内，转移给被告人的任何财产；②对被告人定罪后的任何时间内，被告人获取的任何财产；③对被告人提起刑事诉讼之前的6年内被告人的任何开销。同时，为了计算被告人获得（或推定获得）的财产的价值，推定其对所获财产不具有任何其他合法利益。

关于不具有“犯罪生活方式”的特定犯罪收益。如果被告人不具有犯罪生活方式，则只对被告人通过特定犯罪行为获取的犯罪收益进行追缴，此时的犯罪收益称为特定犯罪收益。此种犯罪收益只能是现行刑事诉讼中被定罪的行为所产生的收益，不能适用“犯罪生活方式”的推定，而需要通过证据予以证明。显然，特定犯罪收益的认定标准，比一般犯罪收益的认定标准要更严格一些。

关于“污点赠与”收益。所谓“污点赠与”指的是被告人为了逃避刑事追缴而将自己获得的犯罪收益，以赠与名义或明显低价转移给他人持有的犯罪收益。污点赠与概念的引入为刑事没收确立了一项重要原则：没收应当紧紧追踪犯罪所得及其收益的去向，不让任何人从犯罪中受益。刑事追缴的属人特性因此而淡化，其“对物之诉”的特征则更为彰显。在认定污点赠与时，只需考虑有关财物的接受者在受让时是否支付了合理对价，在没有支付对价或者所支付的对价明显低于市场价的情况下，则应将所接受的、来源于犯罪的财物认定为污点赠与，不问受赠人是否具有“善意”。[1]“污点赠与”制度的设立，在一定程度上解决了长期以来困扰刑法、刑事诉讼法以及民法等相关法律的重要难题，即所谓“善意”第三人购买、占有、使用的不法所得甚至犯罪所得，可否得到法律保护的问题。“污点赠与”制度从客观立场出发，从客观的犯罪收益价值与对价的差异的角度进行衡量，判断该赠与是否具有污点，而不是考虑第三人是否具有“善意”，这就大大降低了证明难度，也排除了“善意”的主观不稳定性。

四是英国刑事追缴中的程序流程制度。英国刑事追缴中的程序流程主要涉及程序的启动、没收令的制发、上诉与执行、救济途径等。关于刑事没收程序的启动，规定有两种方式：法院被动启动方式和法院主动启动方式。法院被动启动方式，是指由检察官或资产追缴局局长向刑事法院提出资产追缴的申请，由刑事法院决定是否启动刑事没收程序的启动方式。法院主动启动方式，是指在法院认为某犯罪行为的受害者因为犯罪行为遭受了损失、伤害或损害，在受害者没有启动针对被告人的诉讼程序之前，刑事法院有权主动启动刑事没收程序的启

1. 黄风：《等值没收及可追缴资产评估规则探析》,《比较法研究》2015 年第 5 期，第 7 页。

动。制发没收令时，检察官或资产追缴局局长在提交的信息陈述基础上，结合被告人对该信息陈述的回复，对被告人是否具有犯罪生活方式、是否通过一般犯罪行为而获益、是否通过特定犯罪行为而获益作出判断。如果确定被告人通过犯罪行为获益则须确定可追缴数额，最终签发没收令。关于上诉与执行，如果检察官或资产追缴局局长对法院签发的没收令有异议或者法院未签发没收令时，可以向上诉法院上诉，上诉法院可以对没收令进行确认、撤销或者变更。对于上诉法院的决定，检察官或资产追缴局局长、被告人可向上议院提起上诉。如果被告人的故意拒绝或重大疏忽导致没收令未被执行，法院可签发命令对其监禁或拘留。并且，对其监禁或拘留不妨碍没收令以及其他有关执行方式的继续生效。

关于救济途径。有关人员在刑事调查或者起诉中存在严重失职（如果不存在失职行为则调查或审理不会继续进行），或者占有可变现财产且因没收令的签发而遭受损失的人提出申请时，刑事法院可以命令支付遭受损失的人认为合理的赔偿。因没收令的变更或撤销导致占有可变现财产的人遭受损失时，若该人提出申请，法院可以命令支付占有者认为合理的赔偿。[1]

（二）英国民事追缴的理念与制度

《2002年犯罪收益追缴法》中的民事追缴制度是颇具改革及创新特色的财产追缴机制。这一制度的核心是借鉴民事程序的理念，将民事程序规则引入高级法院，由法官运用“优势证

1. 解彬：《境外追赃刑事法律问题研究》，中国政法大学出版社2016年版，第72页。

据标准”证明财产是否属于犯罪所得或用于实施犯罪，从而将该类财产收归国有。从这一点上看，《2002 年犯罪收益追缴法》中的民事追缴制度与美国的民事没收制度具有明显的相似之处。通过民事程序追缴犯罪或违法行为所得，在普通法与制定法上都具有悠久的传统。就制定法而言，英国《1979 年海关管理法》规定：不管是否已经对相关行为人作出有罪判决，都可以对发现的违法进口货物及运输该货物的交通工具予以没收并充公。《1994 年毒品交易法》第 43 条规定，对于直接或间接地代表了毒品交易收益的现金，或意图用于毒品交易的现金，没收令申请程序中的证据标准是适用于民事诉讼的标准。[1]随着相关法律的不断修订和完善，对犯罪收益进行民事没收的制度逐步完善，《2002 年犯罪收益追缴法》实现了创造性突破，在立法上明确规定对违法所得的“民事追缴（civil recovery）”制度，带动了新西兰、澳大利亚、爱尔兰、加拿大等一大批英美法系国家在 21 世纪初，陆续制定或修改本国有关犯罪收益追缴的专门立法，产生了世界性的重大影响。

关于英国民事追缴的理念与制度，从以下三个方面予以分析：

一是英国民事追缴中的扣押与冻结制度。《2002 年犯罪收益追缴法》对民事追缴中的扣押与冻结措施的规定，在英国的英格兰、威尔士、北爱尔兰和苏格兰的不同地区的法律中均有体现，但具体名称有所不同：在英格兰、威尔士和北爱尔兰称为财产冻结令和临时接管令，在苏格兰则称为财产禁止令和临

1. 张磊、梁文钧、罗海珊译：《英国 2002 年犯罪收益追缴法》，中国政法大学出版社 2010 年版，“代前言”，第 16 页。

时管理令。财产冻结令指的是禁止任何人对被冻结的财产进行处置的命令，类似于限制令；临时接管令（或临时管理令）指的是对可追缴财产或关联财产进行扣押、查封或保全后，交由指定的临时接管人（或临时管理人）进行管理的命令。临时接管令既可在程序启动前签发，也可在程序启动后签发。有关主体要件，在英格兰、威尔士和北爱尔兰，由高等法院的执行机关向高等法院申请临时接管令；在苏格兰，则由最高民事法院执行机关向最高民事法院申请临时管理令。在申请临时接管令时，执行机关应指定适格的临时接管人，在英格兰、威尔士和北爱尔兰，临时接管人不能是资产追缴办公室的官员；在苏格兰，苏格兰行政当局成员不能被指定为临时管理人。临时接管令的签发条件，需满足以下两个条件：其一，有表面证据证明所涉财产为可追缴财产，或包含可追缴财产，或虽不是可追缴财产，但是关联财产。这里的关联财产，是指可追缴财产以外的由可追缴财产产生的直接、间接利益，当可追缴财产为共有（按份共有地域无限制，共同共有仅适用于苏格兰）时，关联财产是指其他共有人的财产份额。另外，当可追缴财产是整体财产不可分割的一部分时，关联财产是指可追缴财产的其他部分。其二，执法机关已采取一切合理措施，但仅能证实为关联财产且无法确认财产持有人的身份。临时接管令生效后，若法院就临时接管令所涉财产认为应作出诉讼中止、暂停或继续的决定其在行使权力前，应听取临时接管人和任何可能受到该法院裁决影响的人的陈述意见。在令状签发错误的情况下，财产持有人享有要求赔偿损失的权利，即在临时接管令签发后，如果法院未能最终作出没收令，财产持有人有权提起诉讼，要求执法机关赔偿损失。[1]

二是英国民事追缴中的适用对象制度。适用民事追缴制度的被追缴财产指的是通过非法行为获得的财产，其适用条件包括三个方面：首先，该非法行为既包括英国国内违反刑法的行为，也包括发生于国外的非法行为，其中发生于国外的非法行为必须符合双重犯罪原则，即该行为既被行为发生国的刑法认定为犯罪，且如果发生于英国也将被英国刑法认定为犯罪。其次，该非法行为既包括本人行为，也包括具有共同行为或其他法定关系的他人行为。最后，该财产既包括直接源于该行为的财产，也包括通过该行为间接获得的财产。如果通过非法行为所获的财产已经被处分，那么如果对该财产追溯至现持有人时，存在以下三种形态的，该三种形态的财产均属于可追缴财产：①替代性财产，指被告人处分了可追缴财产，同时获得的替代该财产的其他财产；②混合性财产，指被告人的可追缴财产与其本人或他人的财产混合后，在混合财产中所占的份额；③收益性财产，指持有人获得的由可追缴财产累加收益组成的混同财产。但如果第三人善意取得了上述财产，且通过财产价值不能知悉其为可追缴财产，或者可追缴财产被罚没的，则该财产不能被追缴。

三是英国民事追缴中的程序流程制度。英国民事追缴通常适用一般民事追缴程序，适用于高等法院或（苏格兰）最高民事法院，追缴对象为非法行为所获收益或该收益替代财产。一般民事追缴程序围绕民事追缴令展开，由高等法院（苏格兰为

1. 解彬：《境外追赃刑事法律问题研究》，中国政法大学出版社 2016 年版，第 73 页。

最高民事法院）签发民事追缴令，其签发条件是：应当排除善意取得财产，即被告人善意取得之财产不得为可追缴财产。应当符合公平、公正原则，该原则是指法院签发民事追缴令时，应当考虑被告人受到损害的程度以及将可追缴财产变现可享有的利益。在法院签发追缴令时，应当向被告人以及被认定为有关联财产的人提供催询单，催询的范围为可追缴财产和关联财产。关联财产包括三种类型：任何可追缴财产的直接或间接受益；当可追缴财产是共有财产时，其他共有人的财产份额；当可追缴财产是整体财产不可分割的部分时，该财产的其他部分。法院应当指定民事追缴托管人执行追缴令。民事追缴托管人应当确保其对追缴令中规定的需要移转占有的财产进行扣押、查封或保全，对于追缴令中涉及的非货币财产，应本着实现执行机关的利益的原则对其进行折现。

（三）附属的现金追缴制度

《2002年犯罪收益追缴法》设置了现金追缴简易程序，作为民事追缴制度的特别附属内容，该程序主要是由英国《1994年禁毒法》发展而来的。经过多年发展，《2002年犯罪收益追缴法》中的现金追缴成为了扣押和没收犯罪收益的一项典型程序，并且追缴的对象不再局限于《1994年禁毒法》所列举的贩毒收益，而扩展到许多其他重罪的收益，其适用也不再以严格的定罪为前提，而成为未定罪追缴的重要内容。

《2002年犯罪收益追缴法》规定的现金追缴简易程序，适用于治安法庭或（苏格兰）郡治安法庭审理的民事案件中，追缴对象为产生于非法行为或拟用于非法行为的现金或该现金的替代财产。其类型主要包括流通中的纸币和硬币、邮政汇票、任何形式的支票（包括旅行支票）、银行汇票、记名债券和记名股票等。在符合以下两项条件时应当对上述现金予以追缴：该现金属于可追缴财产或将被用于非法行为，以及数额不少于最低限额。该程序的决定主体为治安法庭（苏格兰为郡治安法庭），适用于民事案件。如果已扣留现金符合追缴条件，经海关官员或警察申请，法院可对其予以没收。任何一方如认为其权益受到损害，可在签发前述令状之日起 30 天内提出上诉。上诉法院应当重新审理并签发其认为合适的令状。一旦申请启动了没收程序，则现金应当被扣留至诉讼（包括上诉程序）终结之日。

二、适用特点与借鉴

（一）英国刑事追缴的特点与借鉴

首先，关于刑事追缴不是刑罚的特点。《2002 年犯罪收益追缴法》中规定，法院在对被告人决定处罚时应当将没收令（confiscation orders）所涵盖的财产数额排除在外，不将其纳入财产性处罚。这意味着财产性刑罚应当是在被告人向国家履行退还犯罪收益义务之后受到的处罚，没收犯罪收益应当在科处财产性刑罚或处分（例如罚金、赔偿令、某些专门法律规定的没收处分）之前予以适用。《2002 年犯罪收益追缴法》通过这一规定，对刑事追缴与刑罚进行了区分，确立了刑事追缴独立于刑罚之外的法律性质。这一立法特点也表明了刑事追缴具有实体法与程序法的双重意义：既具有产生刑法法律后果的实体意义，也具有刑事诉讼法专门处分措施的程序意义。该立法对我国具有较大的借鉴意义，有助于我国同步完善《刑事诉讼法》与刑法在处理违法所得方面的统一。在我国修改《刑事诉讼法》时增加了“犯罪嫌疑人、被告人逃匿、死亡案件违法所得的没收程序”后，学界有观点认为：“违法所得单独没收程序不仅仅是刑事诉讼的程序性规定，而且是我国刑事诉讼法新创设的一种实体制度。也就是说，我国的违法所得单独没收程序是集程序和实体为一体的法律规定……该规定……是在犯罪人未参加庭审的情况下对其涉案财产来源合法性进行甄别、认定和处理……其内容和《刑法》第64条的规定在本质上都是一样的。”[1] 应当认为，上述观点过于乐观。我国目前的《刑事诉讼法》有“犯罪嫌疑人、被告人逃匿、死亡案件违法所得的没收程序”，在程序的理念上有一定的先进性，但在程序规则设计上仍不能称得上完备。至于认为该程序是一种实体制度，甚至与《刑法》第64条的规定在本质上是一样的，则更无从谈起。我国立法仍有较大改善空间，其中方向之一即是可以借鉴英国《2002年犯罪收益追缴法》中的刑事追缴独立于刑罚的理念，对《刑事诉讼法》和刑法的相关立法规定进行完善。

其次，关于“犯罪生活方式”的推定方式。《2002年犯罪收益追缴法》对“犯罪生活方式”的推定方式的规定，改变了传统刑法或刑事诉讼法只能针对行为人的某次行为或某几次行为就事论事、就该行为处理该行为的固定思维模式。法院在判定被告人是否从犯罪行为中获利以及获取了多少利益时，考虑的不是“特定犯罪行为（particular criminal conduct）”，即

1. 王君祥：《违法所得没收特别程序问题研究》，法律出版社2015年版，第65页。

法院正在审判的犯罪，而是“一般犯罪行为（general criminal conduct）”，即被告人先前曾经实施过的所有犯罪行为。比如，若被告人因某一洗钱行为接受审判，法院在考虑没收犯罪收益问题时，可以将该人以前通过洗钱行为获得的财产一并计入犯罪收益的数额，尽管这些洗钱行为不是法院现在审理的内容。另外，法院还可以推定被告人在一定期限内获得的财产或者开销均来自犯罪收益，并予以追缴，该期限最长可以为自被告人被追诉之日起回溯6年。该推定方式对于我国惩治腐败犯罪具有特别意义，例如我国在处理贿赂犯罪案件时，经常需要控方证明其财产来源不合法，而现实中通常难以证明，有时甚至受贿者自己都难以记清受贿来源。通过借鉴“犯罪生活方式”的推定方式，能够有效提升我国对腐败犯罪在资产追缴方面的惩治力度。

最后，关于犯罪收益的适度扩大推定方式。《2002年犯罪收益追缴法》对于推定的犯罪收益的适度扩大，有两点值得借鉴：其一是将被告人在一定时间内的开销视为可追缴资产。传统刑法原理和立法，普遍认为可追缴资产的范围应当是行为人通过犯罪取得的收益，或者其他依法应当追缴的物品或利益。无论是通过犯罪取得的收益，或者其他依法应当追缴的物品或财产性利益，都属于通常意义上的财产、物或财产性利益，属于正的财产、物或财产性利益；而开销通常指的是为生活或其他用途而支出的费用或债务，属于负的非财产、物或财产性利益，两者属于完全不同的类型。但《2002年犯罪收益追缴法》基于“不能让任何人从犯罪中获益”的立场，认为被告人在一定时期内的开销也属于被告人从犯罪中获益的财产，从而将应当追缴的范围扩大到被告人在一定时间内的开销，更充分地涵盖了犯罪收益的范围，能够更好地实现公平、公正。其二是对犯罪收益的“污点赠与”的推定方式。在世界各国立法与司法实践中，对涉及犯罪收益的第三人利益的处理或保障，历来都是难点问题。当犯罪收益被第三人甚至更多的其他人士购买、占有、使用、收益、处分时，第三人通常会声称自己对该财产或财产性利益的犯罪收益属性并不知情，属于“善意第三人”，因而对该资产不得进行追缴。但“善意第三人”制度存在很大的被滥用的可能性，从而对犯罪收益的追缴构成了实质性的风险。为此，《2002 年犯罪收益追缴法》从客观的犯罪收益价值与第三人对价的差价衡量的角度出发，建立了“污点赠与”制度，授予法官推定的裁量权，将价值与第三人对价之间差价不合理或者差价较大的犯罪收益，推定为“污点赠与”，并予以追缴。这对于从客观立场出发，遏制“善意第三人”制度的滥用，具有较大的借鉴意义。

（二）英国民事追缴的特点与借鉴

首先，民事追缴体现了对物之诉。《2002 年犯罪收益追缴法》中的民事追缴体现了对物之诉的基本理念与规则，民事追缴只针对物，不针对违法行为，亦不针对违法行为人或违法财产持有人。违法财产持有人是否实施了违法行为，是否应当承担刑事责任或行政责任均不影响执法机关对财产的追缴。只要执法机关能够证明财产与违法行为之间存在足够的联系，即可对该财产提起民事追缴程序，同时该财产的权利人可以自由选择是否参加诉讼以主张对该财产的权利。这一特点值得借鉴。

我国《刑事诉讼法》虽然已经规定了“犯罪嫌疑人、被告人逃匿、死亡案件违法所得的没收程序”，但是该程序的启动条件、违法所得界定、证明标准等仍带有浓厚的对人之诉的特点，尚缺乏足够的对物之诉的专门规则，需要进一步完善发展。

其次，民事追缴与刑事诉讼相对独立。《2002年犯罪收益追缴法》中的民事追缴不同于一般的刑事诉讼，是否对相关违法行为提起刑事诉讼，是否对行为人作出有罪判决不影响民事追缴程序的开展。即使违法所得财产已被出卖、被继承，违法行为人不可追踪或已经死亡，仍可向追缴程序进行时持有该财产的人追缴该财产。对犯罪收益的追缴不导致任何刑事定罪的结果，也不会给有关的行为人留下刑事犯罪的前科记录。《2002年犯罪收益追缴法》甚至专门规定，被告人或者有关财产占有人对执法机关的追缴要求事项作出的明确的肯定，即使是对被追缴财产来源于有罪行为的肯定答复，也不被当作其他刑事诉讼中的有罪证据，这一规定可能在有的国家难以理解，但却鲜明地表现出《2002年犯罪收益追缴法》中民事追缴与刑事诉讼的相对独立的特点。这一特点值得借鉴，民事追缴以实现对物的正义为目标、刑事诉讼以实现对人的正义为目标，两者之间既有联系又有区别：从民事追缴的角度看刑事诉讼，区别大于联系；从刑事诉讼的角度看民事追缴，联系大于区别。就我国刑事诉讼制度而言，联系有余而区别不足，这导致刑事诉讼中的“犯罪嫌疑人、被告人逃匿、死亡案件违法所得的没收程序”等程序较为机械，需要借鉴民事追缴的相对独立性来提升“犯罪嫌疑人、被告人逃匿、死亡案件违法所得的没收程序”等程序的灵活性与实践效能。

最后，民事追缴的范围不以定罪为前提，更为广泛。《2002年犯罪收益追缴法》中的民事追缴不以定罪为前提，因而范围更为广泛。在该法下，可追缴财产不仅包括违法所得，还包括准备用于实施违法行为的财产。前者有两类：其一，通过违法行为获得的财产，如贪污所得财产或通过洗钱交易获得的增值财产；其二，作为实施违法行为的回报的财产，如通过腐败行为收受的贿赂。准备用于实施违法行为的财产，如准备用于行贿他人的财产等。可追缴财产不仅包括产生于英国境内的违法所得，还可以是产生于境外的违法所得。追缴产生于在英国境内的违法所得，要求相关行为依发生地的刑法被认为是犯罪。追缴产生于英国境外的违法所得，要求相关行为符合双重犯罪原则，即不仅该行为依发生地法域的刑法构成犯罪，同时若该行为发生在英国亦应构成犯罪。这一特点值得借鉴，尤其是追缴准备用于实施违法行为的财产与追缴发生在境外的违法所得，有利于追缴从我国外流到境外的腐败资产，对在境外又有增值或行为人利用该资产又进行新的腐败行为的腐败资产，应当借鉴这一立法，考虑予以追缴。

第三节　德国："三元并存型"理念与制度

德国现行的刑法典源于1871年《德意志帝国刑法典》。二战以后，德国分裂为联邦德国和民主德国，西部的联邦德国继续沿用1871年《德意志帝国刑法典》，并在此基础上制定了

《德意志联邦共和国刑法典》，东部的民主德国也另行制定了刑法。1990年秋，民主德国决议加入联邦德国，随后两德签署1000余页的统一合约，实现了德国的第二次统一。新统一后的德国继续沿用原联邦德国的刑法体系，其刑法法律渊源主要包括《德国刑法典》《少年法庭法》《军事刑法》和《进一步简化经济刑法的法律》等。

现行《德国刑法典》历经多次修订，最近一次修订于2017年完成。其中涉及未定罪资产处理的法律规定，主要集中于《德国刑法典》总则第三章“行为的法律后果”第七节“追缴和没收”部分。该部分于2017年7月，为德国立法机关专门制定的《刑法财产剥夺改革法案》所重大修改。[1] 该次修改涵盖《德国刑法典》(StGB)、《刑事诉讼法》(StPO)与若干特别法，单单前两者的修正条文合并计算即达上百条，是德国犯罪所得没收自1975年于《德国刑法典》全面实施以来的最大一次变革。[2] 该次修改全面重塑了德国刑法中的追缴与没收制度，创设了全新的德国违法（犯罪）资产处理法治体系。该法案的立法意图在于，“大部分犯罪的目的在获取违法财产利益，为了能够持久与犯罪对抗，需要有效的刑法财产剥夺。为达成此目标，法院、检察署及其他侦查机关需要一套可对犯罪所得进行有效、法治国没收的法律装备”，“对刑法中原有的犯罪所得没收制度进行根本性改革，同时要填补诸如：事后发

1. 参见德国联邦议会网站：http://dipbt.bundestag.de/extrakt/ba/WP18/761/76162.html，访问时间：2019年5月18日。
2. 王士帆：《二〇一七年德国犯罪所得没收新法——刑法基础规定综览》，《政大法学评论》2018年第6期，第81页。

现财产、事后独立没收、放宽扩大没收及没收来源不明财产等法律漏洞，并且将《欧盟保全及没收犯罪工具与犯罪所得之指令》(欧盟 2014/42/EU 没收指令）转化成德国内国法，同时也希望能够通过本法案，总体上帮助犯罪被害人请求权在刑事执行程序中得到满足”。[1] 本次修改涉及《德国刑法典》的 10 个条文：第 73 条“正犯或共犯犯罪所得之没收”、第 73a 条“正犯或共犯之扩大没收犯罪所得”、第 73b 条“第三人犯罪所得之没收”、第 73c 条“没收替代价额 / 追缴”、第 73d 条“犯罪所得数额与估算”、第 73e 条“犯罪所得没收与追缴之排除”、第 75 条“没收效力”、第 76 条“事后追缴”、第 76a 条“独立没收”与第 76b 条“犯罪所得扩大没收与追缴之时效”，加上尚未修改的第 74 条“没收正犯和共犯的犯罪所得物、犯罪所用物和犯罪对象物”、第 74b 条“保安性没收”、第 74c 条“没收正犯和共犯的犯罪所得物、犯罪所用物和犯罪对象物”、第 74d 条“文书的没收和查封”、第 74e 条“机构和代理人的特别规定”和第 74f 条“相当原则”等条文构成了较为完备的定罪或未定罪资产处理制度的。

从修订后的现行《德国刑法典》的立法表达上看，追缴与没收都属于行为的法律后果，而不是规定为犯罪的法律后果，这意味着对没有定罪的行为也可以赋予一定的法律后果，当然也就包括追缴和没收，这也就为未定罪财产追缴或没收留下了充足的适用和解释空间。修订后的《德国刑法典》就追缴或没

1. 王士帆：《2017 年德国犯罪所得没收新法》，载林钰雄主编：《没收新制（四）》，元照出版公司 2019 年版，第 135 页。

收模式形成了所谓“三元并存”型的理念与制度，从其理念上看，德国现行刑法规定的追缴和没收与对未定罪腐败资产的处理，形成了刑罚、保安处分和单独法律措施三种性质的法律后果并存的局面；从其立法制度上看，形成了扩大没收、第三人没收、单独没收三种类型的没收制度。从《德国刑法典》的规定和实际运行来看，其基本上达到了三元理念并行不悖、三元制度彼此协调有序的状态。当然，在理论上仍存在一些问题。例如，《德国刑法典》规定违反刑法的行为是追缴与没收的前提，而对于行为的认识显然仍存在较多争议，如当出现数行为时如何与传统的并罚制度协调等。在实践中，也存在如何公平适用刑法保护无辜者利益与保护被害人利益等重大现实问题。以下就围绕现行《德国刑法典》的有关规定，着重对未定罪资产（当然也涵盖未定罪腐败资产）的处理作一简要分析。

一、理念与制度的基本情况

现行《德国刑法典》自2017年重大修改以来，在追缴与没收犯罪所得的传统立法基础上，汲取现代法治的思维与理念，在立法语言上统一适用“没收”概念，通过增设扩大没收、第三人没收、单独没收等新型制度，在未定罪资产处理的理念变革与制度发展方面取得重大突破，对其他国家或地区的立法产生了重大影响，也对大陆法系刑法有关学说产生了重大影响。

（一）扩大没收制度

所谓扩大没收，是相对于一般的犯罪所得没收而言的。就一般没收而言，没收对象是本案违法所得，扩大没收的对象则是没收本案外的违法所得，也就是在本案的犯罪所得外，对于源自其他违法行为的犯罪所得，在本案一并宣告没收。除此之外，犯罪所得的扩大没收制度的特色主要是：第一，扩大没收的犯罪所得，无须源自某一可证明的具体犯罪事实，只要有任何其他刑事违法行为的存在即可；第二，就宣告扩大没收的证明要件而言，只需可合理认定，某物属于被告为了其他违法行为取得或出自该行为即可。[1]

2017 年修订前的《德国刑法典》关于扩大没收犯罪所得的规定在《德国刑法典》原第 73d 条，由 1992 年的《对抗违法毒品交易与其他组织犯罪型态法案》所增设，其规定：针对违反明文规定适用本条规定的违法行为，有足以认定某物属于正犯或共犯为其他违法行为或自该行为取得的事实的，法院应予没收。条文中所谓“明文规定适用本条规定的违法行为”，指的是针对某一犯罪的规定本身有明文指示该犯罪适用犯罪所得的扩大没收条款。举例来说，2017 年修订前《德国刑法典》第 261 条的洗钱罪条中，其第 7 项第 3 句规定“行为人常业洗钱或属于为持续从事洗钱而组织的集团成员者，应适用第 73d 条”。这些个别拟制的规定逐年增多，通常针对行为人常业性或集团性的犯罪。至于《德国刑法典》原第 73d 条“有事实足以认定”的规定，是由于立法者考虑到德国刑事司法实务中，常常无法确切证明组织犯罪所持有的财产，到底是出于哪一个

1. 连孟琦：《扩大利得没收之合宪裁判——德国联邦宪法法院裁判 BVerfG 2 BvR 564/95（BVerfGE 110，1）译介》，载林钰雄主编：《没收新制（二）》，元照出版公司 2016 年版，第 462 页。

具体犯罪行为，以致无法宣告没收，因此通过“有事实足以认定”的证明要素，来降低“没收乃源自其他犯罪所得”的证明门槛。据此，法院认定“涉案财产，有高度可能源自其他犯罪”即可，而不必须证明该违法所得是对源自哪一个具体犯罪。

2017年修订前《德国刑法典》关于扩大没收犯罪所得的条文，由于明文降低了证据证明要求，引来许多研究者提出质疑，其认为可能无罪推定原则及财产权的干预不符合比例原则。对此，德国联邦最高法院刑事第四庭于1994年通过判决（BGHSt 40，371）率先回应，其认为考量立法意旨并综合整体案情，应对“有事实足以认定”作合宪性解释：“唯有当事实审法院穷尽证据提出与证据评价后获得完全的确信，认为被告是由于自违法行为取得系争对象物，才可以进行宣告犯罪所得的扩大没收，但无须对所谓的违法行为予以个别调查认定。”“但是，对于确信不能施以过高的要求。尤其是，法院不但可以、甚至有义务将已确定的本案犯罪行为纳入法官心证确信形成的证据链，即使被告自本案犯罪行为没有获利，才应当予以同样处理。”2004年，德国联邦宪法法院肯定了联邦最高法院（BGHSt 40，371）的上述合宪性见解，表示犯罪所得扩大没收不违反无罪推定、未违反宪法的财产权保障，也未侵害不自证己罪原则，在德国宪法法院作出该判决以后，这些质疑至少暂时平息了。[1]

2017年修订后的《德国刑法典》将犯罪所得的扩大没收

---

1. 吴耀宗:《刑法第38条之1第2项立法理由与德国扩大没收》，载林钰雄主编:《没收新制（二）》，元照出版公司2016年版，第155页。

从第73d条移置到第73a条，同时对原有条文的内容做出修正，主要的修正有两个方面：第一，2017年修订后的《德国刑法典》将犯罪所得扩大没收适用于任何犯罪，不再局限于以常业性、集团性犯罪为主的少数罪名。根据这一修订思路，2017年修订前的《德国刑法典》中，比较多的分则条文将特别规定适用犯罪所得扩大没收的内容全部删除，为此刑法分则修正超过20多个条文。2017年修订后的《德国刑法典》的立法理由表示：犯罪所得的扩大没收适用到所有犯罪，也是出于转化《欧盟2014/42/EU没收指令》的考虑，因为该指令第5条第1项规定的扩大没收原则上适用于所有犯罪："欧盟会员国应采取必要措施，以确保属于受有罪判决人所有而能直接、间接产生经济利益的财产，予以全部或部分没收。特别是当法院根据案件情况，包括具体事实及掌握的证据方法，相信涉案财产是源自犯罪行为的，例如财产的价值与受有罪判决人的合法收入显失比例的事实。"[1]第二，2017年修订后的《德国刑法典》采纳了德国联邦最高法院BGHSt40，371及联邦宪法法院BVerfGE110，1，26前述合宪性解释的观点，将原《德国刑法典》的第73d条降低心证要求的"有事实足以认定"的规定予以删除。2017年修订后的《德国刑法典》的立法理由指出："法院穷尽证据调查与证据评价以后，确信拟没收对象来自犯罪行为，才可以宣告犯罪所得的扩大没收，在确信形成上，德国法院应采取与犯罪证明问题一样的标准。但相对

1. 参见欧盟法律网站：https://eur-lex.europa.eu/legal-content/EN/TXT/?uri=CELEX%3A32014L0042，访问时间：2019年6月2日。

地，取得的犯罪则无须个别认定。就此而言，不可对确信赋予过高要求。在确信形成方面，尤其要特别重视新修正《刑事诉讼法》第 437 条所叙述的情况。”举例来说，犯罪所得究竟出自洗钱还是受贿，已经无关紧要，重点是法院相信其肯定不是合法取得的。修正后的德国《刑事诉讼法》第 437 条，是与 2017 年修订后的《德国刑法典》创设的财产来源不明独立没收规定配套设计的特别诉讼程序。该条规定：法院依该条项宣告没收时，“应考虑没收物的价值与被宣告人的合法收入显失比例，来形成没收物源自违法犯罪的确信。此外，亦应注意：1. 开启程序的犯罪与相关调查结果；2. 没收物被发现与被保全的情况；3. 被宣告人的其他个人与经济关系”。

2017 年修订前的《德国刑法典》的原规定中，已经有关于犯罪所得没收的追诉时效和执行时效的内容，二者各自的时效期间，与所涉罪名的时效期间相同。而期间从追诉时效自犯罪行为终了之日起算，执行时效则从裁判确定之日起算。上述的一般性规定，被 2017 年修订后的新法维持下来。德国在 2017 年修订《德国刑法典》上述规定时，一方面维持了没收时效的一般性规定，另一方面针对犯罪所得的扩大没收与独立没收，创设了专属的特别时效，使其不再依附所涉罪名的时效期间。依照 2017 年修订后的《德国刑法典》第 76b 条，犯罪所得的扩大没收与独立没收的追诉时效为 30 年，自行为人或第三人获取犯罪所得的违法行为终了之日起算。但对于本来就无追诉时效限制的犯罪，对与其相关的犯罪所得进行扩大没收与独立没收时，也就没有时效限制，例如德国《国际刑法》所规定的犯罪。上述追诉时效之所以规定为 30 年，一是参考了目前刑法中最长的时效期间为30年的规定，二是与民法请求权最长时效30年的规定靠拢。关于立法目的，立法机关认为：为维护法律安定性，故制定犯罪所得扩大没收与独立没收的明确的时间限制。针对独立没收设计特别时效，是因为新法修订采取没收犯罪所得与一般时效脱钩的立场，也就是：当时效完成后，仍得独立宣告没收。特殊时效因此是脱钩的直接产物，旨在维护法律的安定性。犯罪所得扩大没收的特别时效，则是放宽对不明来源财产的没收剥夺的产物，因为对于犯罪所得的扩大没收，法院未来仅需要确信系争（未能具体证明的）获取犯罪所得的犯罪发生未超过30年即可。因此，旧法在关于剥夺不明（犯罪）来源的财产方面，存在对实务有重大影响的障碍，新条文对此应当予以去除。

（二）第三人没收的制度

所谓第三人没收，是对犯罪行为的实行者或共犯以外的第三人，因某种原因而取得的犯罪所得或违法所得，依法予以没收的制度。自古以来，法理与实务都认可“罪责自负”原则，没收与犯罪行为直接相关的实行者或共犯取得的犯罪所得或违法所得，完全符合“罪责自负”原则。那么对于与犯罪行为并无直接联系的第三人，为何要实行没收？这就涉及设置该制度的规范目的。一是基于“任何人都不应当因为犯罪而获利”原理，第三人由于某种原因而从犯罪中获利，不论其主观意愿如何，只要客观上确实从犯罪中获利，属于某种“准不当得利”，就应当予以刑法规制。二是源自实践的需要，随着现今社会行为型态趋向多样化，组织分工趋向专业化，再加上财产主体趋向多元化，犯罪行为人往往掩饰犯罪及犯罪所得，使得犯罪行为人不一定等同于犯罪所得的享有者，尤其在腐败犯罪、有组织犯罪、单位犯罪等犯罪领域更是如此。如果能够彻底追查犯罪所得流向并且予以追缴，除了可以弥补法律规制的空白，还可以使“获利”不再具备强大的诱因，从而产生一般预防的效果。当刑事不法行为所得的利益流入犯罪行为人以外无权享有此利益的第三人时，不应容忍第三人保有该不法利益，应当基于类似民法不当得利应当返还的法理，向第三人追缴其无权享有的犯罪所得，从而使得没收具有类似不当得利制度的规制功能，没收第三人占有或控制的犯罪（违法）所得，更加符合公平正义的理念。

从 2017 年修订后的《德国刑法典》第 73b 条的规定来看，立法采取用了正面肯定与反向否定相结合的方式规定了第三人没收。立法中正面肯定可以对第三人没收的情形主要有四种：①可对第三人实施 2017 年修订后《德国刑法典》第 73a 条规定的犯罪所得扩大没收。②可对行为人为第三人利益实施行为而获得的所得予以没收。这里，只要行为人为第三人利益实施犯罪，第三人因此获得财产利益即可，至于行为人与第三人之间有无民事法律关系，例如代理、代表、雇佣等，则无关紧要。③可对第三人接受的行为人转移的所得予以没收。这里，行为人基于逃避债权人追讨或掩饰犯罪计划的需要，以无偿或有瑕疵的民事法律行为，将犯罪所得移转第三人。④可对第三人继承的行为人犯罪所得予以没收。这是 2017 年修订后的《德国刑法典》新增的内容。立法者认为：以继承方式获得的犯罪所得，与无偿取得犯罪利得，在本质上没有差异，若不没收第三人继承的犯罪利得，将出现评价矛盾。同时，立法中反向否定第三人没收的情形有两种：①当行为人为了履行无瑕疵且有合理对价关系的合法之法律义务，才将犯罪所得移转善意第三人时，不得对第三人之所得进行没收。②如果犯罪被害人返还所得利益或返还替代物的要求不复存在，不得进行第三人没收，或者如果在命令追缴时取得物的价值在被追缴人的财产中已不复存在，同样不得没收，但当事人在不义之财消失时由于轻率不知晓，允许对正犯或共犯进行没收的除外。[1]

立法中规定的第三人没收，对于追缴未定罪腐败资产具有特别重要的意义。例如，某负责工程招标对象官员 B 要求竞标对象 A 公司负责人送他一辆奔驰敞篷车，B 就把某工程发包给 A 公司。B 为了避免被国家发现后剥夺他因不法行为所获得的敞篷车，将该车变卖给情妇 C。上述将车转卖给情妇的情形，属于《德国刑法典》规定的有瑕疵的交易。这类借助有瑕疵的交易来转移犯罪所得予第三人的情况，属于第三人没收范围。但是在这类案件中，是否真的可以扩大没收范围到没有参与犯罪的第三人，并非没有疑问：一是第三人没收行为干涉民事交易的稳定；二是在这里，适用不当得利制度可以实现第三人没收的制度功能，也因此排除了其独立成为一个制度的必要性。德国实务界一般认为，在瑕疵的交易关系中第三人处于“接近犯罪参与”的地位，其所得应予没收。由此可以看出，对第三人没收，德国实务界参考了民法不当得利制度之原则，适当兼顾了保障合法交易安

1. 参见：http：//www.gesetze-im-internet.de/english stgb/english stgb.html，访问时间：2021 年 3 月 6 日。

全的需求。对第三人没收的界限可能在于：通过没收制度来恢复原有合法财产秩序固然重要，但是亦不应该牺牲对合法交易安全的信赖保障。同时，从诉讼经济和交易稳定性的角度考虑，不能没有限制地容许对第三人没收，即便是基于合法交易，且付出合理对价而收取犯罪所得之交易的当事人，也应该在民事诉讼中予以解决，否则便会颠覆交易安定性，迫使所有交易参与者均需事先查证交易对方当事人的资产是否合法，而这显然超出一般当事人的能力范围，会造成社会交易秩序的较大风险。

（三）单独没收的制度

单独没收，又叫做独立没收或单独宣告没收，指的是无法取得有罪判决或者依法不能进行有罪判决时，依法对于特定物或者替代价值进行追缴或没收。根据《德国刑法典》第 76a 条的规定，包括四种情形：一是基于事实上的理由，因行为而不能对特定之人进行追诉或判决的，法庭可以单独命令没收物品，或单独命令查封；二是对已过追诉时效的犯罪行为，在法定条件下，可以单独命令没收犯罪所得和折价款；三是法庭免除刑罚或者依规定，经检察官或法庭裁量或经双方协商诉讼程序停止的，法庭可以单独命令没收物品，或单独命令查封；四是因违法行为所得之物，当在因法定所述犯罪嫌疑进行的诉讼中被扣押时，如果扣押物的当事人没有因犯罪行为被追诉或判刑，同样应当单独命令没收。从《德国刑法典》第 76a 条的规定可以看出，该条创设的单独没收制度是对以往追缴或没收制度的重大突破，具有重大的实体制度意义、程序制度意义和刑法理论意义。

《德国刑法典》第76a条的第1款规定："基于事实上的理由，因行为不能对特定之人进行追诉或判决的，如另外具备采取措施的条件，法庭得单独命令没收物品，或单独命令查封。如允许，在具备第1句条件下法庭可单独命令没收。欠缺告诉、授权或求刑或已经作出生效判决的，不得命令没收。"本款规定中的所谓"基于事实上的理由，因行为不能对特定之人进行追诉或判决的"，通常指的是在存在单一犯罪嫌疑的时候，无法确认实施行为的行为人（包括正犯或共犯）；或存在诸多犯罪嫌疑的时候，无法确知具体犯罪人；或是犯罪嫌疑人处于本国法院管辖所不及的地域，例如居住于国外，以及因为缺席、逃亡或隐匿等而避开刑事追诉及判决等情形。所谓"基于事实上的理由"，是为了区别基于法律上的理由，例如特定被告人由于超过追诉时效等法律上的原因而无法追诉的情形，不适用本款规定。对于被告人在被追诉前或者在追诉中死亡的，是否适用本款规定，在德国理论界则存在争议。有学者认为，若被告人死亡后，只能依《德国刑法典》第73d条规定，在有事实足以认为被告财产得自犯罪的情况下，对该所得财产予以扩大没收；有学者认为，所谓基于事实的理由，专指除了诉讼程序中出现的法律制裁障碍以外的事由，例如被告人逃亡或隐匿等事由，但被告人死亡，已经属于消灭实体上刑罚权的情况，此事由连带影响所有刑事制裁的可实施性，自然不能予以单独追缴或没收。目前后者为德国刑法学通说。[1]对于死亡被

1. 杨云骅：《新修正刑法之"独立宣告没收"（下）》，《月旦法学杂志》2016年第8期，第81页。

告人的涉嫌犯罪行为的财产是否可以适用其他条文予以追缴或没收，也尚无统一看法。

《德国刑法典》第76a条的第2款规定：“对犯罪行为的追诉已过追诉时效的，在具备第73条、第73b条和第73c条规定的条件情况下，同样可以单独命令没收犯罪所得和单独命令没收折价款。在具备第74b条和第74c条规定的条件情况下，该规定同样适用于单独命令保安没收、没收文书和查封。”该款规定适用的前提在于对“犯罪行为”的认定，依照德国刑法的规定和理论通说，所谓犯罪行为，包括违法构成要件该当但无罪责以及违法构成要件该当且有罪责的情况；当法律规定犯罪行为可因过失实施或已经实施时，或者当违法行为也包括法律规定处以刑罚的犯罪未遂情形时，也适用本款规定。所谓“在具备第73条、第73b条和第73c条规定的条件情况下”，指的是符合该三条规定涉及的犯罪所得的基本认定情形。所谓“在具备第74b条和第74d条规定的条件情况下”，指的是对符合第74条规定的涉及的危险物没收，即对依其种类及情况对公众有危害或存在供作实行违法行为的危险的物品，与可能供危险犯罪者实施不法行为之物的没收；以及第74d条规定的文书没收。该句规定的是德国的保安处分没收，具有鲜明的预防主义色彩。

《德国刑法典》第76a条的第3款规定：“法庭免除刑罚或者依规定，经检察官或法庭裁量或经双方协商诉讼程序停止的，也可适用第1款的规定。”所谓“法庭免除刑罚”，显然指的是被告人已经被定罪，但却被免除刑罚，而不能理解为被告人没有被定罪，否则将造成逻辑的混乱与适用上的矛盾。所谓“经检察官或法庭裁量或经双方协商诉讼程序停止的”，指的是经检察官或法庭裁量或经双方协商终结性的诉讼程序停止，而不是诉讼程序的暂停，否则将容易造成该程序的滥用，以及被告人的权益难以得到有效保障的后果。该款的前半句是对传统刑法的提示与强调，后半句则是将程序法效果带入刑法实体法的尝试，需要与其他刑法规定与诉讼法规定结合起来适用，以便对被告人和第三人的利益进行合理保障。

《德国刑法典》第76a条的第4款规定："因违法行为所得之物，在因本款第3句所述犯罪之嫌所进行的诉讼中被扣押的，如果扣押物的当事人没有因犯罪行为被追诉或判刑，同样应当单独命令没收。物品被命令没收的，物上所有权或其他权利自判决生效时转移给国家所有并相应适用第75条第3款的规定。本款第1句意义上的犯罪行为是指：（1）本法a.第89a条规定的严重危害国家的暴力犯罪的预备行为和第89c条第1款至第4款规定的资助恐怖主义犯罪；b.与第129b条相关的第129条第1款规定的建立犯罪组织和第129a条第1、2、4、5款规定的建立恐怖组织；c.与第181a条第3款相关的第181a条第1款规定的介绍娼妓；d.第184b条第2款规定的散发、获取和持有儿童色情文书；e.第232条至第232b条规定的为性剥削目的之人口贩卖、强迫卖淫、强迫劳动，以及第233条和第233a条规定的团伙性的剥削劳动力和利用被剥夺自由进行剥削；f.第261条第1款、第2款和第4款规定的洗钱和隐瞒非法获得的财产价值。（2）《税法》a.第370条第3款第5项所规定条件下的偷税；b.第373条规定的职业性的、暴力性的和团伙性的走私；c.第374条第2款规定的税款窝藏。（3）《避难法》a.第84条第3款规定的诱惑滥用避难申请；b. 第 84a 条规定的职业性和团伙性的诱惑滥用避难申请。(4)《居留法》a. 第 96 条第 2 款规定的偷带外国人入境；b. 第 97 条规定的造成死亡后果的偷带入境以及职业性和团伙性的偷带入境。(5)《涉外经济法》第 17 条和第 18 条规定的故意犯罪。(6)《麻醉品法》a. 第 29 条第 3 款第 2 句第 1 项规定的犯罪；b. 第 29a 条、第 30 条第 1 款第 1 项、第 2 项和第 4 项以及第 30a 条和第 30b 条规定的犯罪。(7)《战争武器控制法》a. 与第 21 条相关的第 19 条第 1 款至第 3 款和第 20 条第 1 款和第 2 款以及第 20a 条第 1 款至第 3 款；b. 第 22a 条第 1 款至第 3 款规定的犯罪。(8)《武器法》a. 第 51 条第 1 款至第 3 款规定的犯罪；b. 第 52 条第 1 款第 1 项和第 2 项字母 c 和 d 以及第 5 款和第 6 款规定的犯罪。”该款是 2017 年对《德国刑法典》进行修订时增加的全新内容，该款规定既有别于作为刑罚的没收措施，也有别于作为保安处分的没收措施，属于对单独没收措施的法律性质的进一步强化规定。该款规定对通常的诉前保全措施中扣押的当事人违法所得，较为方便地进行未定罪的单独没收，实质上打通了程序法的诉前保全措施与实体法的制裁措施的连接通道，客观上进一步模糊了违法所得与犯罪所得的界限。“因违法行为所得之物，在因本款第 3 句所述犯罪之嫌所进行的诉讼中被扣押的”，实际上是提示规定，因为违法行为所得之物通常在诉讼开始前已被扣押。所谓“如果扣押物的当事人没有因犯罪行为被追诉或判刑的”，指的是当事人没有进入后续被追诉的程序，或者进入被追诉的程序后没有被最终定罪，或者被定罪但没有被判处刑罚。根据本款的规定，对已被扣押的违法行为所得之物进行单独没收，应当限制在特定罪名之下，否则将对当事人的财产权益造成严重的风险。根据该款规定，本款适用的犯罪行为主要是危害国家安全、公共安全，侵害儿童与人身自由，洗钱，偷税，走私，偷渡，贩毒，战争等严重罪行，从而对单独没收的公正适用与当事人权益的保障进行了合理平衡。

二、适用特点与借鉴

（一）将单独没收措施与刑罚、保安处分并列

德国在2017年修订了《德国刑法典》，大幅度变革了没收与追缴制度，其给刑法带来的最大变革就是将单独没收措施与刑罚、保安处分并列，将德国传统的刑罚与保安处分两元体系变革为单独没收措施、刑罚与保安处分三元体系，将传统的“刑罚”一节变革为“行为的法律后果”一节，给犯罪（行为）的法律后果、追诉时效等带来了重大变化，也间接地给犯罪认定也带来了重大启发。德国刑法学者很早即指出：“将追缴和没收纳入制裁体系是非常困难的，因为两种制度中的任何一种制度均具有刑罚、预防和其他的（例如与返还请求类似的）要素。同时，其重点因所涉及客体和命令的根据的不同而不同。立法者将追缴和没收中性地表述为‘措施’（Massnahmen，第11条第1款第8项）由此来表明，它既不是指刑罚，也不是指矫正及保安处分，而是指独立的制裁。”[1] 这一变革，既保持

1.［德］汉斯·海因里希·耶塞克、托马斯·魏根特：《德国刑法教科书》（下），徐久生译，中国法制出版社2017年版，第1077页。

了刑法制度与理论的原有底线，又适应了时代的发展变化，体现了刑法制度与理论的活力与张力。

为了将这一变革贯彻到《德国刑法典》中，德国立法机关对《德国刑法典》的其他相关条文也作出了修订，尤其是针对没收的追诉时效做出重大变革。将第 2 条（时间效力）修改为："1. 刑罚及其法律效果依行为时有效之法律确定。2. 刑罚在行为时有变更的，适用行为终了时有效之法律。3. 行为终了时有效之法律在判决前变更的，适用处刑最轻之法律。4. 仅适用于特定时期的法律，即使该法律在审判时已失效，仍可适用于在其有效期间实施的行为。法律另有规定的除外。5. 关于没收（追缴）及查封，适用本条第 1 款至第 4 款的规定。"增加第 76b 条（没收犯罪所得和犯罪所得价值的追诉时效）的规定，即："1. 第 73a 条和第 76a 条规定的扩大的和单独的没收犯罪所得和犯罪所得价值的追诉时效为 30 年。追诉时效自正犯或共犯或第 73b 条规定的他人获得利益的违法行为终了时开始计算。相应适用第 78b 条的规定。2. 在本法第 78 条第 2 款和《国际刑法》第 5 条情况下，第 73a 条和第 76a 条规定的扩大的和单独的没收犯罪所得或犯罪所得价值不受追诉时效的限制。"这大大延长了扩大和单独的没收的追诉时效期间，甚至使这种没收在特定条件下不受追诉时效的限制，无疑是对刑法制度的根本性的变革。

现行《德国刑法典》的这一特点，值得我国借鉴。我国刑法对犯罪（行为）的法律后果的体系规定，基本上还沿用传统的刑罚模式。近年来，也有学者研究认为，我国刑法中有保安处分性的规定，尤其是《刑法》第 64 条有关刑事没收的规定，以及《刑法》第38条、第72条的有关规定："禁止令制度并非管制的执行方式和缓刑监督的组成部分，而是为这两种制度所设计的附带性的保安性措施。"[1]有学者认为："我国《刑法》第64条同样规定了保安处分性质的特别没收措施，即保安没收，但保安没收的概念尚未为我国刑法学界所普遍接受。"[2]笔者也曾一度赞同上述观点，认为我国刑法可以将目前的规定变革为对物的保安处分模式，[3]但经过思考研究后，认为采取单独没收模式更适合我国的国情和刑法的变化规律。尤其将对未定罪资产的没收，特别将对未定罪的腐败资产的没收，规定为单独没收法律措施，既有利于维护我国刑法体系的基本面，又有利于促进我国反腐败法治体系的现代化、先进化。

（二）统一适用"没收"概念，附属适用"追缴"概念

德国在2017年通过《刑法财产剥夺改革法案》，对《德国刑法典》有关追缴与没收的制度在立法技术上也作出了重大改革，将《德国刑法典》原总则第三章"行为的法律后果"中的第七节"追缴与没收"修改为"没收"，并将正文中的"追缴"表达统一修改为"没收"，仅在两处地方保留使用"追缴"这一用语，作为"没收"的附属概念。这一修改不仅在立法技术上消除了原有立法语言的矛盾，也在理念与制度上起到了统一

1. 时延安：《保安处分的刑事法律化》，《中国人民大学学报》2013年第2期，第106页。
2. 万志鹏：《比较法视野中的保安没收：兼论我国刑法中保安没收的缺陷及其改正》，《海南大学学报（人文社会科学版）》2011年第3期，第25页。
3. 参见卫磊：《追缴未定罪腐败行为所得的刑法实质解释研究》，《河北法学》2017年第12期，第97页。

的引领效果。

德国 2017 修订前的《德国刑法典》同时规定了追缴与没收两个制度，而且在没收的具体规定上，又区分没收犯罪所得与没收犯罪物。从立法技术上看，两者似乎是不一样的制度，但实际上却经常难以区分，存在相当程度的矛盾与混乱，令人难以准确理解并适用。例如，德国学者认为：追缴指的是“剥夺行为人因其犯罪行为所得之物，它不仅包括法律规定的其犯罪行为所直接获得的利益（例如转卖受贿财物的收益），还包括行为人因实施犯罪行为而从第三人处获得的报酬。也就是说，追缴的任务是剥夺行为人财产利益的任务是罚金刑通常所不能完成的，因为罚金刑是与行为人的收入联系在一起”。[1] 而“没收的客体是故意犯罪所得之物、用于故意犯罪之物，或者准备用于故意犯罪之物。‘客体’的概念不仅包括有体物，而且还包括权利。犯罪所得之物与行为人由于实施犯罪所获得之利益是不同的（属于第 73 条规定的追缴的对象；第 74 条规定的犯罪所得之物，确切地说仅包括下列之物，其形成或者目前的性能源自犯罪行为，例如假币（第 150 条）或伪造文书（第 267 条），不包括行为人所盗窃之金钱或其用于购买其销售的毒品所支出的价款……为实施犯罪行为所使用之物与上述客体也是有区别的，犯罪行为只是与之有关而已；第 74 条的适用对象，仅是行为人意图用于实施犯罪行为之物，而不包括物的使用或存在是相关犯罪构成要件中规定的作为前提条件之

1. [德] 汉斯·海因里希·耶塞克、托马斯·魏根特：《德国刑法教科书》(下)，徐久生译，中国法制出版社 2017 年版，第 1068 页。

物”。[1] 首先，按照上述观点，追缴与没收之间都针对犯罪所得的对象：追缴针对的是行为人由于实施犯罪所获得的利益，而没收针对的是犯罪所得之物。就用语的内涵而言，“行为人由于实施犯罪所获得之利益”与“犯罪所得之物”之间的区别，令人难以准确理解。如果说追缴针对的是犯罪行为所得的无形利益，那么没收针对的是犯罪行为所得的有形物品，但上述观点同时又认为“（没收的）‘客体’的概念不仅包括有体物，而且还包括权利”，似乎有自相矛盾之处。其次，追缴的对象为剥夺行为人因其犯罪行为所得之物，没收的对象包括用于故意犯罪之物，或者准备用于故意犯罪之物，似乎可以将前者理解为犯罪所得之物、将后者理解为犯罪工具。有的学者也持类似观点，“追缴指的是剥夺行为人因其违法行为（例如，斡旋贿赂之佣金、受雇杀手之酬金）或从违法行为所获得的财产收益，由此实现‘犯罪不值得’的实质公正并间接地实现犯罪预防；没收指的是剥夺行为人用于或准备用于实施犯罪行为之物或者犯罪行为的产物，以此保护公众免受危险物品（武器、毒品、假币、伪造文件等）的危害”。[2] 然而在司法实践中，犯罪所得之物与犯罪工具的区分，往往是相对的。例如，甲向乙行贿的珠宝，被乙用来向丙行贿。在乙涉嫌受贿罪的场合里，该珠宝属于犯罪所得之物；在乙涉嫌行贿罪的场合里，该珠宝又成为用于故意犯罪之物。同一个物，由于在犯罪行为中的功能

1. ［德］汉斯·海因里希·耶塞克、托马斯·魏根特：《德国刑法教科书》（下），徐久生译，中国法制出版社 2017 年版，第 1068 页。
2. 樊文：《德国刑法上的追缴与没收：规范的基础、结构及其适用》，中国法学网：http：//www.iolaw.org.cn/showArticle.aspx?id=1544，访问时间：2019 年 7 月 5 日。

不同而具有两种属性，亦属正常，但因此设置两种不同的制度来进行处理，并没有太多必要，反而造成更多困扰。况且，根据2017年修订前的《德国刑法典》第73d条和第74d条的规定，无论是追缴还是没收，其法律效力都是一样的，即处分命令随判决的生效而生效，而相关物的所有权转移给国家。对于发生同样法律效力的相近事由，也没有必要进行两种规定。

因而，德国立法机关在2017年修订《德国刑法典》时，果断在立法语言上进行了调整，在该部分的立法语言中统一使用“没收”，仅在两处地方保留“追缴”用语。该两处为：其一，在第73c条（没收犯罪所得价值）中，规定“取得物的性质或其他原因致使不能没收某一特定物，或者不能没收第73条第3款或第73b条第3款规定的替代物的，法庭可命令将取得物折抵为适当价款予以没收。如被没收的物品的价值低于最初的取得物，法庭除命令没收该物外，还可命令追缴差价”；其二，在第76条（事后命令追缴或没收折价款）中，规定“命令之后发生或发现具有第73c条或第74c条所规定的条件致使追缴或没收物品的命令不能执行或执行不充分时，法庭可事后命令追缴或没收折价款”。由此，现行《德国刑法典》实现了没收法律制度的一体化、统一化，无论是对犯罪所得、违法所得（特定）、犯罪所用之物、准备犯罪所用之物、犯罪所生之物、违禁品等，还是一般的、扩大的、第三人的、单独的没收，都一概适用“没收”概念，厘清了立法体系、理顺了刑法理论。使用“追缴”的两处，其内涵与制度定位也很清晰，与“没收”保持了明确的适用界限，即追缴只适用于没收的替代场合，也就是追缴应没收物的差价，或事后追缴。

现行《德国刑法典》的这一特点，值得我国借鉴。我国现行刑事法律、司法解释中普遍存在着对没收、追缴等法律范畴的混用、误用，甚至是《刑法》第64条、《刑事诉讼法》第298条等重要法律规范也存在相当程度的混用，这给我国相关的定罪资产或未定罪资产处理制度造成了较多的法律规范困扰。建议对我国有关立法和司法解释进行必要的修订，统一法律规范的用词，以“没收”作为基本概念，以“追缴”作为补充概念及“没收”的替代概念，使其成为不能没收、没收不足时的法定处理方式，特别是对未定罪资产的法定处理，即追缴未定罪资产。对此，将在后文详述。

第四节 《联合国反腐败公约》：综合型理念与制度

现代科学技术、交通通信的发展使当今世界的联系日益密切，其在为各国经济社会发展提供现代化条件的同时，也为跨国腐败提供了机会和条件。任何国家单靠自己的力量，已经不可能有效地遏制跨国腐败，这为反腐败的刑事国际协助奠定了基础。当腐败已成为人类共同的敌人时，反腐败的国际合作也就开始了。[1]同时，反腐败刑事国际协助的意义还在于：协调、化解各国在腐败和反腐败上的政治、文化或价值观念的冲突。这种冲突集中体现在各国对反腐败措施的选择上、对腐败的容忍程度上以及对国际反腐败组织对腐败程度的评估的结果的认

1. 李成言、谷雪、俸锡金：《廉政政策分析》，北京大学出版社2002年版，第16页。

同上。由于各国的政治文化和价值观念存在巨大差异，一些腐败行为在一个国家看来是很正常的，而在另一个国家则可能被认为是犯罪。“在不同的国家和不同的时间，对待腐败和贿赂的态度有可能不同。”[1]也正因为如此，各国在反腐败措施的选择方面会存在着明显的差别。一个国家所认同的措施在另一国家则会遭到排斥。然而，长期以来在未定罪腐败资产追缴的刑事国际协助方面，有关刑事国际的协助发展并不理想，未定罪腐败资产追缴的刑事国际协助更成为检验反腐败刑事国际协助的试金石。为此，国际社会经过长期努力，在《联合国反腐败公约》中达成框架性意见，该公约也成为目前开展未定罪腐败资产追缴的刑事国际协助最为重要的国际公约。我国也高度重视《联合国反腐败公约》在国内的落实，对《刑法》《刑事诉讼法》等作出多次重要修改，并在 2018 年 10 月制定了《国际刑事司法协助法》，为我国开展未定罪腐败资产追缴的刑事国际协助提供了重要的国内法依据。

一、我国缔结与实施《联合国反腐败公约》的基本情况

通过开展广泛的国际合作来预防和惩治腐败问题，成为当今世界各国共同的历史使命。20 世纪 90 年代以来，各国以及各个区域组织要求制定全球性国际反腐败法律文件的呼声不断高涨。经过长期艰苦的谈判与磋商，2005 年 12 月 14 日，《联合国反腐败公约》正式生效。截至目前，《联合国反腐败公约》

1. 胡鞍钢主编：《中国：挑战腐败》，浙江人民出版社 2000 年版，第 336 页。

共有186个缔约国。[1]经过签约、国内审议批转、缴存批准书等程序后，该公约于2006年2月12日对我国正式生效。

《联合国反腐败公约》除序言外，分为总则、预防措施、定罪和执法、国际合作、资产的追回、技术援助和信息交流、实施机制、最后条款等，共八章71条。作为一部旨在预防和打击腐败、加强反腐败国际合作的全球性法律文件，《联合国反腐败公约》彰显了国际社会合作治理腐败的坚强意愿和决心。《联合国反腐败公约》倡导的治理腐败的科学理念和策略，业已成为全球在防治腐败方面共同接受的准则，为促进各国的的反腐败行动、推动缔约国之间开展反腐败国际合作奠定了坚实的法律基础。

我国政府高度重视《联合国反腐败公约》的履约工作，分阶段开展研究与实施工作。到2014年初，研究实施《联合国反腐败公约》第二阶段的各项任务取得明显成效，既定的4项任务完成、9项任务基本完成并转为常态化工作、有8项任务取得重要阶段性成效。到2019年为止，我国在巩固前述21项工作的基础上，调整、深化了部分阶段成果。

为落实公约要求，推进国内反腐败机构改革、形成层级更高的反腐败机构体系，2018年3月，我国通过了《宪法修正案》，颁布了《监察法》，组建了国家监察委员会，这标志着我国监察体制改革取得重大突破，也标志着我国反腐败机构改革与体制改革取得重大突破，我国开始形成以国家监察机构为主

1. 中央广播电视总台：《中国代表团出席〈联合国反腐败公约〉第八届缔约国会议》，网　址：https：//baijiahao.baidu.com/s?id=1653090463945397493&wfr=spider&for=pc，访问时间：2019年12月20日。

导、多部门合力共治的新型反腐败机构与制度体系。我国立法机关通过制定宪法修正案的方式推进国家监察体制改革，凸显了党和国家对国家监察体制改革的极高重视。随后，在2018年10月出台的《国际刑事司法协助法》也对国家监察委员会在开展国际刑事司法协助工作时的职责进行了明确。

对接实施《联合国反腐败公约》对预防腐败的要求，我国将创新预防腐败工作机制列于重要位置。加入《联合国反腐败公约》之后，我国反腐败工作机制由惩治为主转向预防与惩治并重，其重要标志为国家预防腐败局的成立，这也成为我国实施《联合国反腐败公约》的标志性成果之一。《联合国反腐败公约》将预防腐败视为反腐败的措施之首，为此单独设立一章，并将其列在仅次于总则的第二章。针对《联合国反腐败公约》对预防腐败措施的变革，同时也为实施《联合国反腐败公约》的有关要求，2007年9月，我国专门成立了国家预防腐败局，2018年监察体制改革以后，国家监察委员会继续履行组织协调全国预防腐败工作以及相关国际合作等职能。

近些年来，我国认真实施《联合国反腐败公约》，积极推动相关法律的制定、修订和完善，取得了一批重要的法律建设成果。

2006年6月，《刑法修正案（六）》颁布，其对涉及实施《联合国反腐败公约》的有关内容作了两处修改。其一，修改《刑法》第163条中有关非国家工作人员受贿罪的主体要件的规定，进一步实现《联合国反腐败公约》第12条、第21条在我国国内法中的转化。通过修改，进一步明确了非国家工作人员受贿罪的主体与受贿罪的主体的界限。其二，修改《刑法》第191条中有关洗钱罪的上游犯罪的范围要件的规定，进一步对接落实《联合国反腐败公约》第23条在我国国内法中的转化。通过刑法修改，将洗钱罪的上游犯罪的范围由原先的四种扩大为七种，即“毒品犯罪、黑社会性质的组织犯罪、恐怖活动犯罪、走私犯罪、贪污贿赂犯罪、破坏金融管理秩序犯罪、金融诈骗犯罪”，明确将贪污贿赂犯罪纳入洗钱罪的上游犯罪范围，这一修改更有利于对腐败犯罪的惩治。这一修改是对《联合国反腐败公约》第23条对洗钱方式的规定的进一步落实，也是对《联合国反腐败公约》第23条第2款的立法精神，即“各缔约国均应当寻求将本条第一款适用于范围最为广泛的上游犯罪，各缔约国均应当至少将其根据本公约确立的各类犯罪列为上游犯罪”的彰显。

2009年2月，《刑法修正案（七）》颁布，其对涉及实施《联合国反腐败公约》的有关内容做了三处修改。其一，增加《刑法》第388条之一，新增利用影响力受贿罪，进一步落实《联合国反腐败公约》第18条第2款在我国国内法的转化。修改后的该条规定，“国家工作人员的近亲属或者其他与该国家工作人员关系密切的人，通过该国家工作人员职务上的行为，或者利用该国家工作人员职权或者地位形成的便利条件，通过其他国家工作人员职务上的行为，为请托人谋取不正当利益，索取请托人财物或者收受请托人财物，数额较大或者有其他较重情节的”，以及“离职的国家工作人员或者其近亲属以及其他与其关系密切的人，利用该离职的国家工作人员原职权或者地位形成的便利条件实施前款行为的”，属于利用影响力受贿罪。《联合国反腐败公约》第18条第2款涉及惩治利用影响力的权钱交易腐败行为。该款规定：“公职人员或者其他任何人员为其本人或者他人直接或间接索取或者收受任何不正当好处，以作为该公职人员或者该其他人员滥用本人的实际影响力或者被认为具有的影响力，从缔约国的行政部门或者公共机关获得任何不正当好处的条件。”这一修正扩大了对利用公权力收受贿赂的非直接国家工作人员的惩治范围，进一步完善了对贿赂犯罪的全方位惩治格局，进一步落实了《联合国反腐败公约》第18条第2款在我国国内法的转化。其二，修改《刑法》第395条的法定刑规定，提高巨额财产来源不明罪的法定刑上限为10年有期徒刑，进一步落实了《联合国反腐败公约》第20条在我国国内法的转化。我国刑法修正前的巨额财产来源不明罪的法定刑上限只是5年有期徒刑，不足以惩罚相应的腐败犯罪。按照该法条的规定，腐败分子拒不说明个人财产、支出超过合法收入的真实来源，差额巨大的，最高只能判处5年有期徒刑。腐败犯罪人员若如实交代腐败所得的非法来源，在同等数额巨大的情况下，即使按照自首等从宽处理，也将面临5年以上有期徒刑的法律责任，将巨额财产来源不明罪的刑期与贪污罪的刑罚对比，可发现巨额财产来源不明罪的刑期明显存在不合理的罪刑失衡现象，不利于对腐败犯罪的充分合理地惩治。《联合国反腐败公约》第20条规定：“在不违背本国宪法和本国法律制度基本原则的情况下，各缔约国均应当考虑采取必要的立法和其他措施，将下述故意实施的行为规定为犯罪：资产非法增加，即公职人员的资产显著增加，而本人无法以其合法收入作出合理解释。”上述修改，更加有利于该条规定在我国刑法的实施，也更加有利于对腐败犯罪全面而合理的惩治。其三，修改《刑法》第312条，在掩饰、隐瞒犯罪所得、犯罪所得收益罪的犯罪主体中增加单位主体，进一步落实《联合国反腐败公约》有关惩治法人腐败犯罪的规定的精神。司法实践中经常发生以单位犯罪所得及其收益进行掩饰、隐瞒的情况，但修正前的《刑法》第312条中，掩饰、隐瞒犯罪所得、犯罪所得收益罪主体只有自然人，依照该条难以对单位实施该类行为予以处罚。《联合国反腐败公约》第26条规定，“各缔约国均应当采取符合其法律原则的必要措施，确定法人参与根据本公约确立的犯罪应当承担的责任”，同时第24条规定，“各缔约国均应当考虑采取必要的立法和其他措施，将下述故意实施的行为规定为犯罪：行为所涉及的人员虽未参与根据本公约确立的任何犯罪，但在这些犯罪实施后，明知财产是根据本公约确立的任何犯罪的结果而窝藏或者继续保留这种财产”。由上述规定可知，《联合国反腐败公约》对惩治单位犯罪持最广泛的肯定立场，《刑法修正案（七）》的上述修改，既符合我国司法工作的客观现实，又实现了与公约规定的有效对接。

2011年2月，我国制定颁布了《刑法修正案（八）》，新增加《刑法》第164条第2款，新增加“对外国公职人员、国际公共组织官员行贿罪”，以落实公约第16条规定的国内法转化。《联合国反腐败公约》第16条规定：“各缔约国均应当采取必要的立法和其他措施，将下述故意实施的行为规定为犯罪：直接或间接向外国公职人员或者国际公共组织官员许诺给予、提议给予或者实际给予该公职人员本人或者其他人员或实体不正当好处，以使该公职人员或者该官员在执行公务时作为或者不作为，以便获得或者保留与进行国际商务有关的商业或者其他不正当好处。”为实施公约的上述内容，我国新增的

《刑法》第164条第2款规定："为谋取不正当商业利益，给予外国公职人员或者国际公共组织官员以财物的，依照前款的规定处罚。"

2012年3月，我国修改《刑事诉讼法》，设专章规定了违法所得单独没收程序，对接公约第31、32、54条的有关要求。《联合国反腐败公约》第31条规定："各缔约国均应当在本国法律制度的范围内尽最大可能采取必要的措施，以便能够没收：来自根据本公约确立的犯罪的犯罪所得或者价值与这种所得相当的财产；用于或者拟用于根据本公约确立的犯罪的财产、设备或者其他工具。各缔约国均应当采取必要的措施，辨认、追查、冻结或者扣押本条第一款所述任何物品，以便最终予以没收。"第54条规定："考虑采取必要的措施，以便在因为犯罪人死亡、潜逃……而无法对其起诉的情形或者其他有关情形下，能够不经过刑事定罪而没收这类财产。"第31条、第54条是《联合国反腐败公约》最具创新性与突破性的规定之一，开创了反腐败工作的定罪处罚与非定罪处置并进的综合模式，凸显了国际社会对未定罪追缴腐败资产的高度重视。我国立法机关敏锐把握国际反腐败立法最新动态，率先在刑事程序法中制定对接实施规定。本次《刑事诉讼法》修改后新增的违法所得单独没收程序，基本确立了违法所得单独没收的理念，但是在制度建设上仍相对保守。从现有内容看，该部分规定没有针对司法实践中更为常见的犯罪嫌疑人、被告人在境外逃匿、死亡案件中的违法所得，作出更为有针对性的规定。对犯罪嫌疑人、被告人在境外逃匿、死亡案件违法所得的没收，涉及更为复杂的国际刑事司法协助问题，所幸我国后来专门制定了有关立法予以完善。

2015年11月,《刑法修正案(九)》颁布,其对涉及实施《联合国反腐败公约》的有关内容主要做了两处修改。其一,将贪污罪、受贿罪的定罪模式由单纯数额型修改为“数额+情节”复合型,坚持了《联合国反腐败公约》处罚腐败犯的彻底立场。《联合国反腐败公约》对惩治腐败犯罪持最为彻底的广泛立场,其在第三章“定罪与执法”中规定:各缔约国均应当采取必要的立法措施和其他措施,将故意通过贿赂、影响力交易、滥用职权等方式得到不正当好处的行为,以及贪污、挪用或者以其他类似方式侵犯其因职务而受托的任何财产、公共资金、私人资金、公共证券、私人证券或者其他任何贵重物品等行为,都规定为犯罪。而在我国颁布《刑法修正案(九)》之前,刑法规定的贪污、受贿行为的定罪客观要件中,仅仅将贪污或受贿金额当作定罪的单一标准,这就意味着只能对涉及可折算为金钱的财产性贪污、受贿行为进行定罪,对于其他非财产性贪污、受贿行为就难以定罪,这显然与《联合国反腐败公约》的规定精神有着较大差距。《刑法修正案(九)》通过对贪污、受贿罪定罪客观要件的修改,可以对部分非财产性贪污、受贿行为按照情节较重地定罪,这进一步缩小了与《联合国反腐败公约》的差距。其二,增设“对有影响力的人行贿罪”,落实《联合国反腐败公约》第18条第1款的规定。《联合国反腐败公约》第18条第1款规定:“各缔约国均应当考虑采取必要的立法和其他措施,将下列故意实施的行为规定为犯罪:直接或间接向公职人员或者其他任何人员许诺给予、提议给予或者实际给予任何不正当好处,以使其滥用本人的实际影响力或者被认为具有的影响力，为该行为的造意人或者其他任何人从缔约国的行政部门或者公共机关获得不正当好处。”我国在《刑法修正案（七）》中增设了利用影响力受贿罪，落实了《联合国反腐败公约》第18条第2款的规定，但却没有完全考虑到受贿犯罪属于对合型犯罪，应当对其对应的行贿行为予以惩治。本次修改落实了《联合国反腐败公约》第18条第1款的规定，增加《刑法》第390条之一，规定，“为谋取不正当利益，向国家工作人员的近亲属或者其他与该国家工作人员关系密切的人，或者向离职的国家工作人员或者其近亲属以及其他与其关系密切的人行贿的”，属于“对有影响力的人行贿罪”，完成了落实《联合国反腐败公约》第18条的闭环立法。

2018年3月，制定颁布《监察法》，专门设置第六章“反腐败国际合作”，明确规定由国家监察委员会组织反腐败国际条约的工作。《监察法》第50条规定：“国家监察委员会统筹协调与其他国家、地区、国际组织开展的反腐败国际交流、合作，组织反腐败国际条约实施工作。”第51条规定：“国家监察委员会组织协调有关方面加强与有关国家、地区、国际组织在反腐败执法、引渡、司法协助、被判刑人的移管、资产追回和信息交流等领域的合作。”第52条规定：“国家监察委员会加强对反腐败国际追逃追赃和防逃工作的组织协调，督促有关单位做好相关工作：（一）对于重大贪污贿赂、失职渎职等职务犯罪案件，被调查人逃匿到国（境）外，掌握证据比较确凿的，通过开展境外追逃合作，追捕归案；（二）向赃款赃物所在国请求查询、冻结、扣押、没收、追缴、返还涉案资产；

（三）查询、监控涉嫌职务犯罪的公职人员及其相关人员进出国（境）和跨境资金流动情况，在调查案件过程中设置防逃程序。"《监察法》的上述规定，首次在法律层面明确了组织反腐败国际条约实施工作的国家机关主体，首次在法律层面明确了国家监察委员会在反腐败执法、国际司法合作领域的主导地位，首次在法律层面明确了反腐败国际追逃追赃和防逃工作的组织协调范围与程序原则，具有重大的政治意义与法律价值。

2018年10月，《刑事诉讼法》第三次修正，增加"缺席审判程序"，落实《联合国反腐败公约》第54条的规定。《联合国反腐败公约》第54条规定："考虑采取必要的措施，以便在因为犯罪人……或者缺席而难以对其起诉的情形或者其他有关情形下，能够不经过刑事定罪而没收这类财产。"第54条是《联合国反腐败公约》中又一项具备高度创新性与突破性的规定，打破了以往缺席审判只能适用于民事审判的立法惯例，开创了刑事缺席审判的新型立法模式。我国立法机关在2012年修正《刑事诉讼法》的基础上，时隔6年再次对该法进行了诸多重大修改，尤其是在特别程序编中专门增设的第三章"缺席审判程序"，再次凸显了我国立法机关对实施《联合国反腐败公约》有关规定的高度重视。该章规定：犯罪嫌疑人、被告人在境外，监察机关、公安机关移送起诉，公诉机关认为犯罪事实已经查清，证据确实、充分，依法应当追究刑事责任的涉嫌贪污贿赂犯罪案件，可以依法适用缺席审判程序进行审理，对犯罪嫌疑人、被告人进行刑事追责。我国2018年修正的《刑事诉讼法》中增加的缺席审判程序，是对2012年修正的延续与完善，与2012年增加的违法所得单独没收程序共同构成了对腐败的“人”和“物”一并追责的完整责任体系。[1]缺席审判程序与违法所得单独没收程序既存在互相兼容的关系，也存在各自的独立适用价值。当人民法院按照审判监督程序重新审判的案件，被告人死亡的，人民法院可以适用缺席审判程序进行缺席审理，同时也可以适用违法所得单独没收程序对其违法所得及其他涉案财产没收申请进行审理，此时两个程序是互相兼容的。对于犯罪嫌疑人、被告人逃匿（在境外），并不同时符合两个程序适用条件的情形，则需要根据案件情况，考虑是否优先适用违法所得单独没收程序。[2]

2018年10月制定颁布的《国际刑事司法协助法》，建立了具有中国特色的国际刑事司法协助制度。以往我国在长期实践中，开展国际刑事司法协助的依据主要是国际条约与双边或多边协定。这既是国际刑事司法协助的属性决定的，也受到有关国际刑事司法协助的国际条约与双边或多边协定数量较多的影响。随着我国落实《联合国反腐败公约》的工作日趋深入，通过专门立法来明确国际刑事司法协助的国内联系机关、主管机关以及国内运行程序的必要性日益凸显。为此，我国立法机关制定颁布了本法，对我国和外国开展国际刑事司法协助诸多事项作出了比较全面的规定。尤其是专设的第七章“没收、返还违法所得及其他涉案财物”，就我国与外国之间开展请求没收、返还违法所得及其他涉案财物作出具体规定，特别是针对

1. 樊崇义：《2018年〈刑事诉讼法〉修改重点与展望》，《国家检察官学院学报》2019年第1期，第3页。
2. 黄风：《刑事缺席审判与特别没收程序关系辨析》，《法律适用》2018年第23期，第2页。

我国与外国之间就协助没收、返还违法所得及其他涉案财物，提出分享请求的情形，作出明确、肯定的规定。这标志着资产分享制度在我国的正式确立，必将大大促进我国未定罪腐败资产追缴的制度发展与实践进展。

二、《联合国反腐败公约》的综合型实体理念与制度

《联合国反腐败公约》对腐败资产的追缴高度重视，在全部篇幅不过7章的情况下，专门设置第五章对此进行了规定，其立法理念达到了当前国际协作与国际立法的最高水准。《联合国反腐败公约》对各国有关腐败资产追缴的立法进行了全面考察，吸取了各国立法制度和立法理念的最大公约数，对腐败资产的定罪追缴与未定罪追缴作出全面规定。同时，《联合国反腐败公约》在其他章中也就未定罪腐败资产追缴的实体问题作出了规定。总体上，《联合国反腐败公约》在追缴未定罪腐败资产的实体或程序方面，呈现出综合型的特点。

（一）对财产与犯罪所得的最大程度定义

《联合国反腐败公约》在第2条中规定："'财产'系指各种资产，不论是物质的还是非物质的、动产还是不动产、有形的还是无形的，以及证明对这种资产的产权或者权益的法律文件或者文书；'犯罪所得'系指通过实施犯罪而直接或间接产生或者获得的任何财产。"从该规定可以看出，《联合国反腐败公约》对财产与犯罪所得的解释持扩大立场，使财产与犯罪所得实际上几乎涵盖了当今人类社会已知全部有价值的物或非物

的利益，这相当于大陆法系的扩大解释。同时还包括证明权益的法律文件或者文书，表明公约在相当程度上吸取了英美法系的立场。因而总体上，《联合国反腐败公约》在对财产和违法所得的定义方面呈现出综合型的特点。

在传统法律体系中，大陆法系国家认为应当区分财产与财产证明，英美法系虽然没有类似于大陆法系国家的物权与债权两元权利体系，但却形成了财产法与契约法两大相互独立的法律部门。[1]传统的大陆法系或者英美法系的国家的财产法，并没有赋予财产证明财产的法律地位。《联合国反腐败公约》将证明产权或者权益的法律文件或者文书也纳入财产范围，明显突破了民法的传统认识，实际上是从刑法角度来考虑财产问题的产物。在刑法上，历来存在对财产属性的价值和使用价值、主观价值与客观价值的争议，[2]而财产证明正是争议焦点。例如，行贿者向受贿者给付贿赂，原谈妥给付30万元，后担心对方拿钱不办事，就商议先付20万元，另10万元先打欠条，待原事项办妥后，再兑现欠条。该欠条的属性显然就存在争议。而按照《联合国反腐败公约》的定义，其也应当视为财产并予以处理。

在现代刑法中，同时也存在财产属性的另外三种争议，即财产究竟是物质的还是非物质的、动产还是不动产、有形的还是无形的。大陆法系国家的民法与刑法长期以来不承认无体物作为财产罪的侵犯对象的属性，甚至时至今日，《日本民法典》

1. ［英］亨利·萨姆奈·梅因:《古代法（二）》，九州出版社2007年版，第346页。
2. 周光权:《刑法各论》，中国人民大学出版社2016年版，第91页。

第 85 条仍然规定“本法所称的‘物’是有体物”，但日本刑法在后续修正中，以特别拟制的形式规定盗窃电力等构成犯罪。《德国刑法典》第 249 条明确规定“意图使自己或第三人不法占有他人财物，用暴力或者以身体或生命受到现实危险相威胁抢劫他人动产的，处 1 年以上自由刑”，排除了抢劫不动产的入罪空间。而与之相反的是，《日本刑法典》第 323 条规定了“侵夺不动产罪”。近年来，我国刑法学界针对网络虚拟“物”是否存在财产属性，展开了深入争论，越来越多的学者倾向于其具有财产属性或者可参照财产处理的观点，尤其认为对其中财产性网络账户所记载内容而形成的数字化财物应当予以认可。[1] 在当今世界，虚拟形式的货币已经出现并大行其道，腐败分子通过虚拟货币进行资产转移、洗钱、非法使用等已经不是个例。[2] 为最大程度地消除腐败资产造成的不正当状态、实现财产正义，《联合国反腐败公约》在第 2 条中不区分财产的物质性、动产性、有形性，具有重大的理论意义与现实意义。

《联合国反腐败公约》在第 2 条中就犯罪所得作出的上述规定，既有协商妥协的一面，也有积极引导的一面。其协商妥协之处在于：将犯罪所得界定为“通过实施犯罪”而获得的财产，这就限制了开展未定罪腐败资产追回（依《联合国反腐败公约》的表达）的空间。在《联合国反腐败公约》的后续规定，以及前述其他国家或地区有关未定罪资产没收的立法中，

1. 刘宪权：《网络侵财犯罪刑法规制与定性的基本问题》，《中外法学》2017 年第 4 期，第 926 页。
2. 封思贤、丁佳：《数字加密货币交易活动中的洗钱风险：来源、证据与启示》，《国际金融研究》2019 年第 7 期，第 25 页。

开展没收的无需以定罪为前提，而如果强调“通过实施犯罪”获得的财产才属于犯罪所得，则需要通过定罪的途径进行没收或采取其他法律措施，其与未定罪腐败资产追回属于截然不同的两种途径，而实际上《联合国反腐败公约》最重要的缔约宗旨之一就是要推动未定罪腐败资产追回的积极开展。显然，《联合国反腐败公约》作出上述规定，是为了照顾许多缔约国的国内立法尚未认同未定罪腐败资产追回的实际情况。其积极引导意义在于：将犯罪所得界定为通过实施犯罪而“直接或间接产生或者获得的任何财产”，肯定了间接产生或者获得的任何财产均能够成为犯罪所得，并能得到相应法律处理，这就为开展腐败资产追回提供了更为广阔的适用空间，也为处理犯罪所得的转化、混同、利益化等形态演变提供了基础。长期以来，在各国法律体系中，关于通过犯罪或者违法行为间接获得的财产，是否属于犯罪所得或者可没收（追缴）的对象，历来存在争议。尤其对于第三人通过一般交易方式间接获得的犯罪所得，如何处理，存在更多争议。《联合国反腐败公约》作出的上述规定，确立了犯罪所得包括间接产生或者获得的财产的基本原则，同时也考虑到了保障第三人合法权益的需要，公约在其他条文中另行制定保护第三人合法权益的正当程序。

（二）替代没收、等值没收、利益没收

《联合国反腐败公约》在第31条中规定：“一、各缔约国均应当在本国法律制度的范围内尽最大可能采取必要的措施，以便能够没收：（一）来自根据本公约确立的犯罪的犯罪所得或者价值与这种所得相当的财产；（二）用于或者拟用于根据

本公约确立的犯罪的财产、设备或者其他工具……四、如果这类犯罪所得已经部分或者全部转变或者转化为其他财产，则应当以这类财产代替原犯罪所得而对之适用本条所述措施。五、如果这类犯罪所得已经与从合法来源获得的财产相混合，则应当在不影响冻结权或者扣押权的情况下没收这类财产，没收价值最高可以达到混合于其中的犯罪所得的估计价值。六、对于来自这类犯罪所得、来自这类犯罪所得转变或者转化而成的财产或者来自已经与这类犯罪所得相混合的财产的收入或者其他利益，也应当适用本条所述措施，其方式和程度与处置犯罪所得相同。”就《联合国反腐败公约》第 2 条的内容而言，其似乎没有规定对犯罪工具、违禁品等犯罪物的没收，实际上对犯罪工具、违禁品等犯罪物的没收，可以从第 31 条第一部分第（二）项规定中找到依据，即“用于或者拟用于根据本公约确立的犯罪的财产、设备或者其他工具”，而所谓的“用于或者拟用于根据本公约确立的犯罪的财产、设备或者其他工具”，基本上涵盖了通常意义的犯罪工具。当然，相较于某些国家或地区的具体立法而言，该条主要针对的是犯罪所用之物，可能还缺少对具体的犯罪所生之物的规定，但结合《联合国反腐败公约》对犯罪所得的规定，应当可以作出妥当解释。《联合国反腐败公约》第 31 条全面规定了犯罪物、犯罪所得的一般形态与演变形态，针对犯罪所得的转化、混同、利益化等演变形态规定了替代没收、等值没收、利益没收等重要实体制度。

1. 替代没收

在腐败违法犯罪的现实情况中，经常出现犯罪所得已经部分或者全部转变或者转化为其他财产的情形，对此，《联合国反腐败公约》在第31条中规定："四、如果这类犯罪所得已经部分或者全部转变或者转化为其他财产，则应当以这类财产代替原犯罪所得而对之适用本条所述措施。"该条被称为替代没收条款。替代没收针对两种情形，包括利用或替代。利用情形指的是直接或间接使用腐败资产，而获得的增值或盈利。例如，将受贿款存入银行的利息，用受贿款购买房产后将其出租的租金等。替代情形指的是直接或间接使用腐败资产而获得的对价物或对价利益。例如，使用受贿款购买的珠宝，将贪污得来的棉花予以变卖等。这两种情形在传统刑法中历来存在争议，因为如果对这两种情形的利用增值或替代物进行没收的话，会遇到一个困难，即：犯罪所得由其部分或者全部转变或者转化而来的其他财产的边界在哪里？换言之，间接犯罪所得间接转化而成的财产能不能没收？例如，若犯罪分子以前述贿款利息2万元购买福利彩票，中奖金额达100万元，对奖金可否没收？对此，有的观点认为：若行为人再以其利得从事法律行为的所得……解释上不在间接利得的没收范围。[1]从《联合国反腐败公约》的立场来看，公约似乎并不支持上述观点。如果犯罪所得已经全部或者部分转化或者转变为其他财产，根据《联合国反腐败公约》的第2条和第31条的上述规定所体现的严格立场，应当对犯罪所得予以扩大解释，对犯罪所得的转化财产，包括其孳息以及孳息所产生的利益或增值，也应当予以替代没收。

1. 林钰雄：《利得没收新法之审查体系与解释适用》，载林钰雄主编：《没收新制（一）》，元照出版有限公司2018年版，第89页。

2. 等值没收

在腐败违法犯罪的现实情形中，也经常出现犯罪所得已经与从合法来源获得的财产相混合，或者正受到合法冻结或者扣押，甚至已经灭失、消耗，以致无法没收的情形。例如，对受贿的车辆予以改造，使其变身为更为高级的跑车；对用受贿款购买的房产，用合法收入进行装修；贪污的房产因涉及第三人的债务纠纷正被法院扣押；将受贿的金钱100万元交予第三人炒股，允诺盈利对半分，而后将盈利继续交给该人打理，目前已增值到200万元，已经难以区分何为不法得利、何为正当所得；用受贿得来的赃款，购买昂贵补品，已经吃完等。对此，《联合国反腐败公约》在第31条中规定："如果这类犯罪所得已经与从合法来源获得的财产相混合，则应当在不影响冻结权或者扣押权的情况下没收这类财产，没收价值最高可以达到混合于其中的犯罪所得的估计价值。"该条被称为等值没收条款。所谓等值没收是指没收的数额与犯罪所得及其收益的数额相等，或者说，没收的数额以犯罪所得及其收益的数额为其上限。等值没收可以表现为两种不同的形态，一种是狭义的或者严格意义上的等值没收，即当犯罪所得被挥霍、转让、贬值或者灭失时，按照该犯罪所得的价值，以充抵的方式对犯罪人的个人财产实行没收……另一种是广义的或者一般意义上的等值没收，即以准确计算的犯罪所得及其收益的数额为限，对犯罪人的可支配财产实行没收，而不问此种可支配财产是否直接来源于犯罪。[1] 从《联合国反腐败公约》第31条"没收价值最高

1. 黄风：《等值没收及可追缴资产评估规则探析》，《比较法研究》2015年第5期，第1页。

可以达到混合于其中的犯罪所得的估计价值”的规定看，其采取的是狭义的等值没收。

3. 利益没收

在腐败违法犯罪的现实情形中，还经常出现犯罪所得以减少债务、豁免义务或享受非物质性利益等方式出现的情形。例如，行贿者提供房产给受贿者使用，并代为缴纳物业管理费、水电费、维修费用等；行贿者为官员提供性交易服务，为其嫖娼等买单，甚至提供包养情妇的费用，也就一般所称的“性贿赂”。对此，《联合国反腐败公约》在第31条中规定：“对于来自这类犯罪所得、来自这类犯罪所得转变或者转化而成的财产或者来自已经与这类犯罪所得相混合的财产的收入或者其他利益，也应当适用本条所述措施，其方式和程度与处置犯罪所得相同。”该条明确规定“利益”也属于犯罪所得，应当成为处置对象。该规定与《联合国反腐败公约》第2条一脉相承，体现出《联合国反腐败公约》对犯罪所得持扩大化的立法立场。

（三）对洗钱对象的特殊规定

腐败犯罪与洗钱犯罪具有天然的密切联系，腐败分子本能地通过各种途径将其不法资产洗白。就外逃到境外的腐败资产而言，洗钱更是其首要的掩护方式。为有效处置腐败资产，必须对涉及腐败的洗钱行为进行定罪，对涉嫌腐败洗钱有关的经济利益或其他利益进行没收与追缴。《联合国反腐败公约》明确认识到了腐败和洗钱之间的关系，采取了遏制和预防相结合的方法予以处理，除将洗钱犯罪的上游犯罪范围扩大到公约确立的各种腐败犯罪，还对洗钱涉及的犯罪所得进行了特别规定。

1. 转换或转移犯罪所得

所谓转换或转移犯罪所得，是指当明知财产为犯罪所得时，为隐瞒或掩饰该财产的非法来源，或者为协助任何参与实施上游犯罪者逃避其行为的法律后果而转换或转移该财产。其中，“转换或转移”包括将金融资产从一种形式或类型转换为其他形式或类型的情况，如利用非法收受的现金购买贵重金属或房地产，还包括将该资产从一个地域或司法管辖区转移到另一个地域或司法管辖区，或从一个银行账户转移到另一个银行账户的情况。成立洗钱罪的主观要件要求转换或转移必须出于故意，即被告人在转换或转移时必须明知该资产为犯罪所得，且该行为必须以隐瞒或掩饰该财产的非法来源为目的，如帮助防止财产被发现，或帮助某人逃避因产生该所得的犯罪的，应负刑事责任。“转换”与“转移”，虽然都有改变财产所有权的含义，其区别在于：“转换”是行为人将财产转到自己的名下，而“转移”则是行为人将财产转给第三人。

2. 隐瞒或掩饰犯罪所得

所谓隐瞒或掩饰犯罪所得，是指明知财产为犯罪所得而隐瞒或者掩饰该财产的真实性质、来源、所在地、处分、转移、所有权或者有关的权利。从上述定义中可以看出，隐瞒或掩饰犯罪的客观表现非常广泛，包括财产的几乎所有方面或信息。同样，构成此罪行的主观要件同样必须是故意，且被告人在行动时必须明知该财产是犯罪所得。“隐瞒”即隐藏、隐匿，是指知道并有责任公开而不予公开的行为，即故意不提供真实情况或有意隐藏事实真相。“掩饰”，即假装、托辞或佯装，是指通过虚假的表面现象掩盖真实的意图，以混淆对某人或事存在、事实情况或特征的认识。“隐瞒”和“掩饰”都是对事实真相的隐藏，两者的区别在于：“隐瞒”是知道事实真相而不说或不提供；“掩饰”是不仅知道事实真相而不说或不提供，而且还用虚假行为和现象加以掩盖，混淆视听。

3. 获取、占有或使用犯罪所得

所谓获取、占有或使用犯罪所得，是指在得到财产时，明知其为犯罪所得而仍获取、占有或者使用。这与前述两种罪相对应，前述两种罪追究的是非法所得的提供者的责任，而此罪追究的则是获取、占有和使用该财产的接受者的责任。该罪的主观要件只有故意，即对违法所得的非法性质要有明知。“获取”是指通过购买、交换、受赠等方式获得或取得财产并成为财产所有人的行为。“占有”，含有持有、控制财产之意，是指以各种方式，对可能成为财产的客体物进行保管、支配和控制。“使用”，是指行为人对违法所得依照其功能与性质就进行运用并从中获得相关的财产利益。

4. 参与、协同或者共谋实施、实施未遂以及协助、教唆、便利和参谋实施洗钱

构成该罪的前提是洗钱犯罪已成立，并不要求洗钱罪上游犯罪的成立。联合国有关机构在《联合国反腐败公约谈判工作正式记录（准备工作文件）注释》中指出：“依照本条确立的洗钱罪，应理解为独立和自主犯罪，先前因上游犯罪曾被定罪并非确定洗钱所涉资产的非法性质或者来源的必要条件。资产的非法性质或者来源，以及有关明知、故意或者目的等要素，可以在洗钱追诉过程中加以确定，或者根据客观实际情形推定。”因此，无论该洗钱犯罪是既遂还是未遂，只要实施上述

行为之一，即构成该罪。[1]“参与”，含有参加、分享、分担之意，通常是指在参加到与他人在一起的共同行为中，成为共同行动中的一部分或在共同行动中发挥作用。“协同”含有联合、联系、联盟合伙之意，是指为了特定和共同的目的和事务，在联合体或集团中一群人共同进行的有联系的行为。“共谋实施”，含有密谋、通谋、同谋之意，通常是指由两个或两个以上的行为人为共同实施违法和犯罪活动而形成的组织或同盟。“协助”，意为帮助、援助，是指为犯罪行为提供帮助、援助或便利的行为。“教唆”，含有唆使、煽动、怂恿之意，是指提议、鼓励、诱导、助长和帮助他人实施犯罪。“便利”，含有使容易、促进和推进的意思，原意是指摆脱困境和阻碍，在刑法中是指为他人实施犯罪提供方便或使他人实施犯罪更加容易的行为。“参谋实施”，含有建议、劝告、商议、顾问的意思，在刑法中经常被用于表述实际上并不具体实施犯罪行为的行为人诱发他人犯罪或为其具体实施犯罪出谋划策的行为。“未遂”，根据《布莱克法律词典》的解释，是指当事人努力或尽力去完成一项犯罪，而不仅处于预备或谋划阶段，如果不是因为受到妨碍的话，其将完成所有的犯罪企图，然而，事实并没有按照当事人所设想去实现。“未遂”犯罪行为的要件有：“1. 有犯罪的故意；2. 已经着手犯罪行为；3. 没有完成全部的犯罪行为；4. 该行为是完全可能发生的。”犯罪未遂应受处罚的行为类型有：①有目的地实施构成犯罪的行为；②引起的意外的结果虽

1. 参见张士金：《资产追回国际法律合作问题研究》，中国人民公安大学出版社 2010 年版，第 67 页。

然仍可构成犯罪，但并不是行为人要达到的或有意忽略的结果，或者行为人希望的结果并没有发生；③行为人所希望的结果行为或者没有完成行为的情况，是构成其犯罪行为整个计划行为过程的实质性步骤。[1]

三、《联合国反腐败公约》的综合型程序理念与制度

《联合国反腐败公约》第五章强调按照本章返还资产是本公约的一项基本原则，公约第五章形成了一个具有创新意识和较强可操作性的国际反腐败资产追缴法律制度体系。该法律制度体系从刑事定罪途径进行的资产追缴、未定罪途径进行的资产追缴两大部分着手，构建国际间反腐败资产追缴的示范法律制度体系，涉及未定罪腐败资产追缴的程序，主要包括直接追回腐败资产的机制、通过没收事宜的国际合作追回资产的机制（即不经过刑事定罪的没收程序）以及没收与资产返还的国际合作三个方面的程序制度。

（一）直接追回财产的程序制度

1. 直接追回财产的三种方式

《联合国反腐败公约》在第53条规定了直接追回财产的方式，该规定总体上为通过民事领域的国际合作开展腐败资产追缴提供了法律样本。该条指出："各缔约国均应当根据本国法律：（一）采取必要的措施，允许另一缔约国在本国法院提起

1. 陈雷：《惩治与预防国际腐败犯罪理论与实务》，中国检察出版社2005年版，第75页。

民事诉讼，以确立对通过实施根据本公约确立的犯罪而获得的财产的产权或者所有权；（二）采取必要的措施，允许本国法院命令实施了根据本公约确立的犯罪的人向受到这种犯罪损害的另一缔约国支付补偿或者损害赔偿；（三）采取必要的措施，允许本国法院或者主管机关在必须就没收作出决定时，承认另一缔约国对通过实施根据本公约确立的犯罪而获得的财产所主张的合法所有权。”上述规定确立了《联合国反腐败公约》直接追回财产的三种方式，即：民事诉讼、命令补偿或赔偿、没收确权，一般称之为民事途径的直接追回方式。

根据公约第53条的规定，可以看出：该条规定实际上也确立了缔约国打击腐败犯罪的“主动性”的地位，如果否认缔约国的这种地位的话，当发现行为人有腐败犯罪行为时，缔约国只能被动等待受害国提起诉讼，才能作出补偿或赔偿的命令，这无疑具有较大的滞后性和被动性。该条为缔约国提供了可供选择适用的更多的追回途径，公约强调资产建立直接追回制度，原因在于即便在刑事案件中提供司法协助具有某些好处，各国仍常常无法提供这种援助，如果由于遭受指控的罪犯死亡或缺席而无法提出刑事起诉时则更是如此。

2. 直接追回财产的程序特点

通过在腐败资产流入国的法院提起民事诉讼或刑事附带民事诉讼，取得当地法院对追回腐败资产的裁判支持，是直接追回腐败资产的最重要措施之一。[1]相较于通过其他国际合作途径追回腐败资产，尤其是相较于间接追回腐败资产，以民事诉

1. 黄风：《通过民事诉讼从国外追回资产问题研究》，《比较法研究》2008年第1期，第97页。

讼方式直接追回腐败资产具有以下特点：一是民事诉讼是直接为维护财产权等民事权利服务的，财产受害人可以比较容易地找到法律依据并通过民事诉讼寻求救济。二是民事诉讼所采用的证明标准相较于刑事诉讼的证明标准较为宽松。三是民事诉讼的当事人可以直接和及时地向法院提出财产保全的请求，有利于快速地限制被告转移或处置财产的行为。四是对民事诉讼可以进行缺席审判，能够有效抗制财产的非法持有人故意躲避或者抵制有关的法律程序。五是通过民事诉讼获取的裁决比较容易在其他国家获得承认与执行。[1]

虽然通过民事诉讼直接追回腐败资产的方式确实具有很多优点，但其不足和困难并不少，这令我国有关当事人和国家机关在采取民事诉讼直接追回腐败资产的方式时，不得不更为慎重。其不足和困难主要有：一是在提起民事诉讼的主体方面，遭遇国家不能成为被告的困难或没有真正利害关系人的困难。大多数国家在提请民事诉讼的主体资格方面，通常要求诉讼当事人是涉案资产的“真正利害关系人”，而涉案资产的“真正利害关系人”通常是涉案资产的原合法所有者，或者涉案资产被转移后的受害人。理论界和司法实践中一般公认，腐败犯罪的涉案资产的原合法所有者或受害人通常是国家本身，在具体案件中，其可以个性化为某个国家机关或者国有企事业单位。而根据《联合国国家及其财产管辖豁免公约》的相关规定，如果一个缔约国在另一个缔约国的法院提起诉讼，或者介入有关

1. 黄风：《通过民事诉讼从国外追回资产问题研究》，《比较法研究》2008 年第 1 期，第 98—100 页。

诉讼，或采取与案件实体内容有关的任何其他措施，就不能在另一个缔约国法院的诉讼中援引管辖豁免，也不得在与本诉相同关系或事实引起的反诉中援引管辖豁免。这就意味着，一旦我国的某个国家机关或者国有企事业单位，以腐败资产有利害关系的原告的身份提起民事诉讼，就不能享有原有的主权管辖豁免，而可能要承担败诉后果以及其他不利的责任。这显然不符合我国的利益，也不符合我国一贯的国际法立场。二是在民事诉讼中举证较难。从我国流出的腐败资产通常流入西方发达国家，而西方发达国家的民事诉讼通常适用优势证据标准及谁主张谁举证的原则，要求原告承担证明自己诉求的责任。外流腐败资产到达境外以后，腐败分子必定通过各种手段洗钱、隐匿资金，甚至销毁有关证据，这就必然给在境外提出民事诉讼的我国原告造成严重困难。同时，西方发达国家多采用对抗制民事庭审模式、重视证人出庭作证，这使我方原告需要在此方面作更多准备。三是在境外进行民事诉讼的成本过高。西方发达国家的民事诉讼时间一般都较长，在境外提出民事诉讼的我国原告需要多次往返境外保全、取证、调查、出庭，聘请境外律师代理法律事务，这意味着其需要为此支出诉讼费、保全费、调查费用、差旅费用、律师费等必要费用，无疑是一笔庞大开支。四是在境外进行追回民事诉讼后，还要另行开展强制执行诉讼，相当于一件事办两次，诉累较重。世界上大多数国家都将民事诉讼与民事诉讼裁判后的执行分为两个诉讼程序，我国也是如此。我国原告在境外提出民事诉讼后，如果胜诉，还需要另行提请强制执行程序，相当于提起另一次民事诉讼，其诉讼流程甚至更为复杂、费用更高。综合看来，涉案的腐败资产流入境外以后的证据链完整、证据材料确实充分，原告方能够承担相关费用的，优先以民事诉讼追回腐败资产；如果达不到这些要求，则考虑《联合国反腐败公约》规定的另一种途径：以间接追回财产（无需定罪）的没收程序追回腐败资产。

（二）间接追回财产（无需定罪）的没收程序制度

以间接追回财产（无需定罪）的没收程序追回腐败资产，在《联合国反腐败公约》中又称为“通过没收事宜的国际合作追回资产”，《联合国反腐败公约》在第54条和第55条中对此作出了详细规定。

1. *以本国法律为基础没收腐败资产的原则*

《联合国反腐败公约》第54条第1款规定：“为依照本公约第55条就通过或者涉及实施根据本公约确立的犯罪所获得的财产提供司法协助，各缔约国均应当根据其本国法律：（一）采取必要的措施，使其主管机关能够执行另一缔约国法院发出的没收令；（二）采取必要的措施，使拥有管辖权的主管机关能够通过对洗钱犯罪或者对可能发生在其管辖范围内的其他犯罪作出判决，或者通过本国法律授权的其他程序，下令没收这类外国来源的财产；（三）考虑采取必要的措施，以便在因为犯罪人死亡、潜逃或者缺席而无法对其起诉的情形或者其他有关情形下，能够不经过刑事定罪而没收这类财产。”该规定确定了尊重与支持缔约国以本国法律为基础没收腐败资产的原则，也对缔约国提出了明确要求。

在上述规定中，第54条第1款第3项尤其值得关注，因其第一次在国际条约中明确设定了未定罪没收的法律制度，即要求缔约国“考虑采取必要的措施，以便在因为犯罪人死亡、潜逃或者缺席而无法对其起诉的情形或者其他有关情形下，能够不经过刑事定罪而没收这类财产”。这也成为我国在2012年修正《刑事诉讼法》，增加违法所得单独没收程序的国际法渊源。

《联合国反腐败公约》充分注意到开展资产追回必须要优先解决对违法所得的查封、扣押与冻结，为此在第54条第2款规定“为就依照本公约第55条第2款提出的请求提供司法协助，各缔约国均应当根据其本国法律：（一）采取必要的措施，在收到请求缔约国的法院或者主管机关发出的冻结令或者扣押令时，使本国主管机关能够根据该冻结令或者扣押令对该财产实行冻结或者扣押，但条件是该冻结令或者扣押令须提供合理的根据，使被请求缔约国相信有充足理由采取这种行动，而且有关财产将依照本条第一款第（一）项按没收判决处理；（二）采取必要的措施，在收到请求时使本国主管机关能够对该财产实行冻结或者扣押，条件是该请求须提供合理的根据，使被请求缔约国相信有充足理由采取这种行动，而且有关财产将依照本条第一款第（一）项按没收判决处理；（三）考虑采取补充措施，使本国主管机关能够保全有关财产以便没收，例如基于与获取这种财产有关的、外国实行的逮捕或者提出的刑事指控”。从上述规定可以看出，《联合国反腐败公约》在此提供了两种可供被请求国选择适用的执行外国冻结令或扣押令方式：一是直接执行外国冻结令或扣押令；二是以外国冻结令或扣押令为根据，申请取得本国冻结令或扣押令。采取何种执行方式由被请求国根据本国法律和程序规定决定。另外，为充分保障拟没收的资产能够最终被没收，《联合国反腐败公约》还引进了“财产保全”的概念，要求各缔约国“考虑采取补充措施，使本国主管机关能够保全有关财产以便没收，如基于与获取这种财产有关的、外国实行的逮捕或者提出的刑事指控”。

2. 没收事宜的国际合作

《联合国反腐败公约》关于没收事宜的国际合作的规定主要包括四部分：一是执行外国的没收判决；二是没收执行请求书的要求；三是提供司法协助的程序依据和拒绝理由；四是特别合作。

关于执行外国的没收判决，《联合国反腐败公约》第55条规定：“缔约国在收到对根据本公约确立的犯罪拥有管辖权的另一缔约国关于没收本公约第三十一条第一款所述的、位于被请求缔约国领域内的犯罪所得、财产、设备或者其他工具的请求后，应当在本国法律制度的范围内尽最大可能：（一）将这种请求提交其主管机关，以便取得没收判决并在取得没收令时予以执行；（二）将请求缔约国领域内的法院依照本公约第三十一条第一款和第五十四条第一款第（一）项发出的没收令提交本国主管机关，以便按请求的范围予以执行，只要该没收令涉及第三十一条第一款所述的、位于被请求缔约国领域内的犯罪所得、财产、设备或者其他工具。”从上述规定可以看出，《联合国反腐败公约》规定了两种可供缔约国选择适用的执行外国没收判决的方式：一是被请求国执行资产来源国的没收判决，即所谓的直接执行；二是被请求国作出没收判决，即所谓的间接执行。

为充分保障外国没收判决能够得到执行，《联合国反腐败公约》还要求："对根据本公约确立的一项犯罪拥有管辖权的缔约国提出请求后，被请求缔约国应当采取措施，辨认、追查和冻结或者扣押本公约第三十一条第一款所述的犯罪所得、财产、设备或者其他工具，以便由请求缔约国下令或者根据本条第一款所述请求由被请求缔约国下令予以没收。"应请求国的请求被请求国必须采取辨认、追查和冻结或者扣押犯罪所得、财产、设备或者其他工具等措施，以便请求国最终能够进行没收。

关于没收执行请求书，《联合国反腐败公约》第55条第3款对没收执行请求书的内容进行了规定，并根据间接执行与直接执行的不同之处对没收判决的执行方式提出了不同要求。

关于司法协助的程序依据和拒绝理由，《联合国反腐败公约》规定，被请求国在执行外国没收判决或协助外国对违法所得及工具进行辨认、追查、冻结、扣押时，要符合被请求国本国的法律或有关双边协定，同时还规定了被请求国可以拒绝提供司法协助的理由和范围，以及请求国提供继续获取协助的救济途径。

关于特别合作，《联合国反腐败公约》规定："在不影响本国法律的情况下，各缔约国均应当努力采取措施，以便在认为披露根据本公约确立的犯罪的所得的资料可以有助于接收资料的缔约国启动或者实行侦查、起诉或者审判程序时，或者在认为可能会使该缔约国根据本章提出请求时，能够在不影响本国侦查、起诉或者审判程序的情况下，无须事先请求而向该另一缔约国转发这类资料。"该自发信息共享原则源于《联合国打击跨国有组织犯罪公约》有关司法的协助的条文，《联合国反腐败公约》将其专门适用于资产追回，形成了“特别合作”制度。这是《联合国反腐败公约》设定的关于资产追回国际合作的创新且有用的制度。因为腐败犯罪人极少将犯罪证据留在犯罪行为地，而且腐败公职人员往往掌控国家机器，其一方面作案隐蔽，另一方面能够运用政府赋予的公权力为自己提供保护，其他国家的特别合作往往能够促进国内刑事程序的启动。

（三）没收与资产返还的国际合作

资产追回过程的最后一个环节，也是最重要的一个环节就是将没收的资产归还给请求国，该环节所涉及的问题甚至比资产追回本身还要复杂。例如，返还给请求国的资产的比例如何确定，被请求国是否可以扣除追回付出的成本，资产是应该归还给请求国政府还是直接归还给受害人。《联合国反腐败公约》充分认识到资产追回的重要意义，不仅引进了强制返还原则，而且对没收资产的处置与国际合作作出了详细规定。

1. 明确将资产返还作为基本原则

缔约国将资产没收以后，在处置没收资产时具有最大的主动权，这就涉及被没收的资产是没收国因没收本身而获得的，还是归争取其返还的资产来源国所有等重大问题。对此，《联合国反腐败公约》在第 5 章中，特别在第 51 条和第 57 条，规定了资产返还与处置的两种途径。《联合国反腐败公约》第 51 条把返还资产作为一项“基本原则”，突破了没收国对于没收财产的绝对的权威及传统的“谁没收，谁处置”的原则。从一定意义上说，《联合国反腐败公约》在全球层面上建立了没收腐败犯罪所得必须强制返还的原则。

2. 资产返还

《联合国反腐败公约》根据腐败资产性质的不同，分别规定了三种处理方式：第一，当没收的资产是贪污公共资金或者对所贪污公共资金进行洗钱所得时，被请求国没收后，基于请求国的生效判决，将没收的财产返还请求缔约国，被请求缔约国也可以放弃对生效判决的要求；第二，当没收的财产是公约所涵盖的其他任何犯罪所得时，被请求国没收后基于请求国的生效裁决，经请求国合理证明其对没收的财产拥有所有权或当被请求国承认请求国受到的损害是返还所没收财产的依据时，将没收的财产返还请求国，被请求缔约国也可以放弃对生效判决的要求；第三，在其他所有情况下，应优先考虑将没收的财产返还请求缔约国、其合法所有人或赔偿犯罪受害人。值得注意的是，《联合国反腐败公约》规定的上述三种方式中的前两种均提到了“被请求缔约国可以放弃对生效判决的要求”这一用语。实际上，《联合国反腐败公约谈判工作正式记录（准备工作文件）注释》对此作出如下说明：“如因罪犯死亡、潜逃或者缺席无法起诉以致无法获得生效判决，或者在其他适当情形下，被请求国缔约国应当考虑放弃对生效判决的要求。”

3. 费用排除与资产分享

缔约国接受其他国家的请求，通过直接追回或者间接追回的方式，协助腐败资产流出国追回腐败资产，必然会产生费用。这些费用部分属于缔约国因开展本国正常的执法与司法工作而发生的费用，例如执法与司法人员的劳务费、差旅费等，该部分费用即使不用于协助腐败资产流出国追回腐败资产，也是缔约国为日常工作花费的必要的费用，不得向追回资产请求国追偿。另外一部分费用，例如根据《联合国反腐败公约》或其他双边多边协议，为追回资产请求国代为取证、调查、保管证据材料等费用，缔约国具有要求给予核销或从腐败资产中排除的正当性与合理性。对此，《联合国反腐败公约》第57条第4款规定“在适当的情况下，除非缔约国另有决定，被请求缔约国可以在依照本条规定返还或者处分没收的财产之前，扣除为此进行侦查、起诉或者审判程序而发生的合理费用”。如果发生费用的情况出现，并且这类问题没有得到妥善处理，就非常有可能挫伤被请求国在追缴腐败资产活动中的积极性，甚至影响请求国与被请求国之间的司法合作关系。从这个层面上讲，被请求国在返还资产之前，扣除为此进行侦查、起诉或者审判的合理费用也是合理的。《联合国反腐败公约》第57条第4款规定的合理费用，指的是实际发生的费用和开支，而非中间人佣金或其他没有具体指明的费用。

除了合理费用可以从腐败资产中予以扣除，另一个因涉及腐败资产支出而常常被提起，并经常成为缔约国之间开展腐败资产追缴合作的焦点问题，即分享腐败资产问题。其之所以成为焦点问题，显然是因为，扣除为追回腐败资产进行侦查、起诉或者审判程序而发生的合理费用，具有较为充分的正当性与合理性，各缔约国均能对此形成理解，并达成高度一致。但协助追回腐败资产的国家，从被追回的腐败资产中分享一部分，并不具有充分的正当性与合理性，尤其是当合理费用较少、而腐败资产较多，或者腐败资产完全是腐败分子剥削本国人民而形成的罪恶资产时，分享该资产更加没有正当性与合理性。由此，在《联合国反腐败公约》的谈判过程中，广大发展国家与部分发达国家产生了明显的分歧。

在《联合国反腐败公约》谈判之初，有些第三世界国家的代表团曾提出一项提案，其中明确要求：产生于侵害某个国家或者合法所有者的腐败犯罪的所得，“不得列入请求国与被请求缔约国之间分享的犯罪所得的财产范围”。而美国等西方国家则积极倡导分享制度，我国代表团对第三世界国家的立场予以支持。各国进行了多次非正式磋商，通过平衡各方利益，最终形成了《联合国反腐败公约》第57条第5款规定：“在适当的情况下，缔约国还可以特别考虑就所没收财产的最后处分逐案订立协定或者可以共同接受的安排。”从该规定可以看出，公约未明确提及分享问题，客观上回避了该问题，只是根据公约和请求国国内法来处置被没收的腐败资产。[1] 近年来，我国在资产分享问题上的立场更为灵活、主动，其在2018年制定《国际刑事司法协助法》时，对资产分享问题作出了明确规定，初步建立了在国际刑事司法协助中的资产分享制度。

1. 李翔：《国际反腐败公约与国内法协调问题研究》，中国人民大学出版社2010年版，第124页。

第三章

未定罪腐败资产追缴的法律理念变革

“刑罚现象乃是理解刑事司法制度的关键所在”，[1]自近代刑法体系成型以来，在罪刑法定主义的指导下，“有犯罪才有刑罚”已被奉为圭臬。进入现代社会后这一观念略有变化：“理解现代刑法的关键，是理解刑法中（刑罚和保安处分）这两种法律后果之间的区别。”[2]总体而言，近现代刑法体系已经形成以肯定型表达为基础的犯罪—刑罚模式，犯罪与刑罚成为相互依存、不可分离的伴生范畴，由是很难从反向思考，得出否定型表达：在没有犯罪成立的情况下是否有刑罚或者其他法律后果的存在？如果存在将如何阐释其在现代刑法中的位置？在现代社会，各种情势发生了重大变化，出现了远较近代社会更多

1.［英］威廉姆·威尔逊：《刑法理论的核心问题》，谢望原、罗灿、王波译，中国人民大学出版社 2015 年版，第 44 页。

2.［德］克劳斯·罗克辛：《德国刑法学总论（第 1 卷）》，王世洲译，法律出版社 2005 年版，第 3 页。

的基于事实的理由或法律上的理由，当凭借主观原因或者客观原因难以定罪的时候，是否可以容忍明显来源于犯罪的腐败资产继续存在于世，并被虽不属于犯罪行为人，但却与犯罪行为有着密切联系的其他人继续享用成为被广泛讨论的议题。在开展未定罪腐败资产追缴的问题上，首先遇到的困难就是未定罪法理理念的变革。在未定罪的前提下进行腐败资产追缴，不论该措施对于犯罪嫌疑人或被告人是不是具有惩罚性，都需要解决该措施在法理上是否是正义的，是否符合法秩序统一等理念，在规范上未定罪与出罪、与免予刑事处罚等理念如何协调，诸如此类的重要问题。随后遇到的是未定罪腐败资产追缴理念的变革问题，回答这一问题需要对未定罪腐败资产追缴涉及的刑罚说、保安处分说、单列法律措施说等进行深入研究。解答上述理念变革问题，是开展后续制度研究的基础，否则将难以建立具有充分合理性、正当性的未定罪腐败资产追缴制度体系。

从未定罪的角度对有关腐败资产追缴问题进行研究，并不意味着这一理念或制度设计只能用于处理腐败问题，该理念或制度设计也完全可以适用于其他犯罪类型，例如我国《刑事诉讼法》“违法所得没收特别程序”中涉及的恐怖活动犯罪，根据 2021 年 3 月生效的《最高人民法院关于适用〈中华人民共和国刑事诉讼法〉的解释》，还可以包括“危害国家安全、走私、洗钱、金融诈骗、黑社会性质组织、毒品犯罪案件；电信诈骗、网络诈骗犯罪案件”。当然，对于可没收的违法所得包括恐怖活动“犯罪”违法所得，由于《刑事诉讼法》作了明确规定，应没有争议。但对于可没收的违法所得是否可以继续扩大到司法解释中涉及的另外八种类型“犯罪”，则需要进一步研究。

第一节　未定罪的法律理念变革

在未定罪的前提下，也能对某些人的资产进行追缴或没收，在传统理念看来，这实在难以接受。首先在法理上，就存在问题：在没有对他人定罪的情况下，就追缴或没收他人的财产，是不是正义的？在没有对他人定罪的情况下，其他人不确定知道该人是否定罪，却取得了他人移转的腐败资产，而面临被追缴或没收的风险，这是否危及交易安全？是否损害法秩序的统一？这就需要回答未定罪追缴腐败资产的正义性所在，以及其对法秩序统一的意义。

一、法理上的未定罪法律理念变革

（一）未定罪与实现正义

在长期的历史与现实实践中，普遍存在“有罪必定、罚当其罪”与“定罪才是实现正义”的观念。“长期以来，‘罚当其罪’的道义报应观已深深扎根于人们的思想观念中，并成为人们对刑法产生信赖情结的重要原因。但作为‘罚当其罪’的逻辑前提是‘有罪必定’。所谓‘有罪必定’应理解为在行为人数行为中，凡独立地符合某种罪的犯罪构成，就应当将该行为单独予以定罪量刑。‘罚当其罪’从‘如何罚’的角度探讨了犯罪行为与刑罚处罚之间动态平衡的互动关系，这种互动关系是以刑罚对犯罪行为的亦步亦趋、互为因果为特征的。‘有罪必定’则从‘为何罚’的角度探讨了行为与定罪之间的因果关系，为‘罚当其罪’的动态平衡提供前提。”[1] 应当认为，上述观点并不全面：其一，“有罪必定、罚当其罪”与现代刑法的理念与制度不符。“有罪必定、罚当其罪”源自刑事古典学派的思想，“对于犯罪最强有力的约束力量不是刑罚的严酷性，而是刑罚的必定性……即使刑罚是有节制的，它的确定性也比联系着一线不受处罚希望的可怕刑罚所造成的恐惧更令人印象深刻”。[2] 刑事古典学派提出的上述思想发挥了巨大作用，为在刑法上全面发扬罪刑法定主义提供了思想基础。但上述观念在现代社会遭遇到较多挑战：如英美法系的辩诉交易、大陆法系的刑罚易科制度等，令“有罪必定、罚当其罪”并不完全成立。其二，“有罪必定、罚当其罪”难以适应现代社会犯罪的法律后果多元化的复杂现状。“有罪必定、罚当其罪”是设定的理想状态，定罪量刑与定罪是现实的复杂状态，从理想到现实要跨越巨大的鸿沟。就有罪必定而言，现实中存在情节显著轻微危害不大，不认定是犯罪的行为，因而我国《刑法》第 13 条对此作出了但书规定；就罚当其罪而言，被认定为犯罪后也不一定要受到刑罚处罚，如我国刑法中多处规定了免予刑事处罚的规定。

刑法对定罪及其法律后果的认识具有高度的理性属性，既

1. 向朝阳、莫晓宇：《牵连犯定罪量刑之价值定位与模式选择》，《中国刑事法杂志》2000 年第 3 期，第 27 页。
2. [意] 切萨雷·贝卡利亚：《论犯罪与刑罚》(增编本)，黄风译，北京大学出版社 2014 年版，第 73 页。

区别于神意，也区别于感性。在西方刑法史上，早期神学统治时期阿奎那将法律分为永恒法、人法、神法或自然法，“神法和自然法源自上帝的意志，人法则源于受理性统治的人的意志”，[1] 刑法属于人法中的“罪之法”。[2] 神意高于理性，则神法或自然法高于人法。文艺复兴初期的启蒙思想家们通过高扬理性主义旗帜来反抗宗教神学的非理性主义，洛克提出了新的自然法认识途径：天赋观念、传统和感觉经验（感性），并认为唯有通过感觉经验才能认识自然法。[3] 到了资产阶级革命后期，宣扬人类理性的启蒙运动达到了顶峰，并逐步由孟德斯鸠、贝卡利亚等定型在刑法中，成为后世西方刑法法治的思想基础。[4] 进入现代社会后，理性主义思想在中西法律体系中都具有重要的基础性地位，虽然偶有解构主义、非理性主义思潮对理性主义提出挑战，但难以撼动理性主义作为刑法思想重要基础的地位。因而，首先应当从理性认识中寻找定罪的根据。其次，应当从规范认识中寻找定罪的根据。“犯罪是刑事法的基石范畴，刑事法是围绕着犯罪而展开的实体或者程序的规范体系。同时，犯罪又是一种社会事实，对于犯罪的考察，局限于规范是片面的，应当透过规范对犯罪进行事实分析。规范与事实，作为考察犯罪的双重视角，具有各自的功能，因此而形成刑事法理论的不同语境。”[5] 刑法上的定罪依据应当是经过构成要件评

1. ［意］阿奎那：《论法律》，杨天江译，商务印书馆 2016 年版，第 115 页。
2. 同上书，第 13 页。
3. ［英］洛克：《自然法论文集》，李季璇译，商务印书馆 2014 年版，第 8 页。
4. 徐爱国：《西方刑法思想史》，中国民主法制出版社 2016 年版，第 48 页。
5. 陈兴良：《犯罪：规范与事实的双重视角及其分野》，《北大法律评论》2000 年第 2 期，第 204 页。

价后的某个规范事实，立法过程通过从事实到规范的进路来判断定罪的规范事实结构，司法过程通过从规范到事实的进路来判断定罪的规范事实建构。定罪涉及的规范与事实既可能被统一在规范事实的结构中，又可能存在彼此分离的矛盾。定罪的根据应当有助于维持刑法立法和司法过程中事实与规范的统一，也要有助于化解刑法立法和司法过程中事实与规范的矛盾。

“从社会的合理建构来看，正义无疑是其中最为重要的价值追求……法律正是一种为促进实现公平正义而形成的制度安排。自人类社会发明法治这一治理工具以来，‘法为公平正义而生’就成为一个不证自明的真理，代表着法律最为重要的社会职能；公平正义观念也就成为法的内在基质，推动着法律的不断革新与进化。”[1] 这要求定罪要符合公平正义的理念。“促进社会公平正义是政法工作的核心价值追求。从一定意义上说，公平正义是政法工作的生命线，司法机关是维护社会公平正义的最后一道防线。”[2] 定罪的处断是定罪的立法与司法过程的集中反映，是公平正义的价值观与获得感的焦点所在。首先，在具体个案的裁判过程中，人民群众可能看不到定罪的认识根据，也难以理解定罪的诸多学理问题，但是能够感受到定罪的处断是否公平、制度运行是否公正，因而定罪是实现公平正义的重要途径。其次，定罪应当能够适应两极化的立法规定或裁判实践。出于不同的具体立法目的的考虑，有时会出现有的立

1. 胡玉鸿：《新时代推进社会公平正义的法治要义》，《法学研究》2018 年第 4 期，第 39 页。
2. 习近平：《促进社会公平正义，保障人民安居乐业》，《习近平谈治国理政》第 1 卷，外文出版社 2018 年版，第 148 页。

法效果对被告人较轻，而有的立法效果却对被告人较重的情况。定罪的裁判实践也常常会呈现两极化的状态，即类似的定罪案件中可能会出现有的被告人处罚结果较轻而有的被告人处罚结果较重的状态。定罪的处断根据应当具有足够的包容力，其既能够解释定罪立法中的两极化现象，也要能够解释定罪司法中的两极化现象。

从我国草拟犯罪嫌疑人、被告人逃匿、死亡案件的违法所得单独没收程序之初，即有较多质疑，有学者认为未给被追诉人定罪即不加区分地没收其涉案财产，有侵犯其宪法上财产权的嫌疑，“独立的对物诉讼说”不足以回应没收合法涉案财产所面临的违宪质疑。[1] 总体看来，上述看法反映出学界对未定罪腐败资产追缴制度不正义的疑虑。上述疑虑虽不能说是多余的，但有的确实言过其实。上述看法存在两个问题，指出这两个问题，也是对未定罪腐败资产进行追缴具有正义性的释明。其一，传统看法将正义局限于对人的正义，而忽视了对物的正义。正义当然首先是对人的正义，应当实现人的权利的公正获得与公平行使。但是，现代社会除了对人的正义，越来越注重对人以外的正义的实现。例如近年来，越来越提倡所谓的“环境正义”“动物正义”等，而在未定罪腐败资产追缴领域，也可以提倡对物的正义。腐败分子所侵占的腐败资产，追根溯源都是本国人民群众心血、汗水的结晶，对其不彻底予以追缴或没收，而只考虑腐败分子个人处遇是否正义，难免失之迂腐。

1. 孙煜华：《涉案财产没收程序如何才能经受宪法拷问》，《法学》2012 年第 6 期，第 114 页。

其二，在对物的正义理念的指导下，开展未定罪腐败资产追缴，可能会遇到该正义只是功利主义正义的质疑。确实，在早已开展未定罪腐败资产追缴的西方发达国家，早有学者对此提出质疑。例如美国学者就质疑美国的民事没收制度带来了双重危险，即先在民事没收制度下对腐败资产进行了一次审理，再由刑事审判对腐败分子进行一次审理，违反了禁止双重危险原则。[1]对此应当认为，禁止双重危险原则的着眼点在于禁止对一个事项或一个罪行进行多次惩罚，而不是多次审判。对未定罪腐败资产进行追缴或没收，并不违反禁止双重危险原则。至于对未定罪腐败资产追缴可能造成功利主义化、工具化的担忧，可以通过对未定罪腐败资产进行追缴的正当程序保障与参与者诉讼权利救济等制度予以克服。从诉讼救济的角度而言，对处理错误的未定罪腐败资产进行纠正，比对处理错误的犯罪人进行救济，要容易得多。毕竟通过返还、补偿处理错误的腐败资产等方式，可以使其基本恢复到未受错误处理前的状态，而处理错误的犯罪人，若已被处以自由刑甚至生命刑，没有可能再恢复到未受错误处理前的状态。从这个角度而言，开展未定罪腐败资产追缴并不完全基于功利主义正义，而更趋向于理想主义正义，即以人的目的为目的，而不以物的目的为手段。

厘清未定罪与实现正义的关系，还需要辩证、全面地认识我国刑法中的罪刑均衡原则。我国《刑法》第 5 条对罪责刑相适应原则作出了规定："刑罚的轻重，应当与犯罪分子所犯罪

1. 王俊梅：《美国民事没收制度研究》，中国政法大学出版社 2013 年版，第 176 页。

行和承担的刑事责任相适应”，罪责刑相适应原则是我国刑法确立的三大原则之一，对定罪具有根本的指导意义。罪刑均衡原则是罪责刑相适应原则的重要组成部分，是对犯罪罪行轻重与刑罚轻重之间对应关系的描述。罪刑均衡原则中的“刑”指的是狭义的刑罚，罪责刑相适应原则中的“刑”指的是广义的刑事处罚，两者之间的区别在于后者在前者的基础上增加了非刑罚处罚方式、单纯宣告有罪但免于刑事处罚方式。另外，相较于罪责刑相适应原则，罪刑均衡原则表面上看在表述中缺少了“刑事责任”，但这并不代表贯彻罪刑均衡原则的过程中不考虑行为人的刑事责任。而罪刑均衡原则同样适用于未定罪腐败资产追缴领域，只不过其具体表现为对未定罪腐败资产的追缴程度应当与其涉嫌犯罪的情节相当。

我国有学者对罪刑均衡观念提出批判意见，张明楷教授指出：“首先，不能采取积极的均衡原则，也就是说我们不要积极追求与罪行的重大性相均衡，不可以因为犯罪很严重就对之处以很严重的刑罚。但是，在一般预防与特别预防的必要性较小时，不应当追求刑罚与罪行的重大性相均衡。其次，罪刑均衡中的罪，可以理解为责任，即刑罚不可以超出责任的程度。再次，只能采取非对称性的罪刑均衡原理。亦即，罪刑均衡中的均衡，虽然可能表现为轻罪轻判，但并不意味着重罪必须重判，而是指刑罚不得超出责任的上限。所以，即使罪行重大，也可能因为预防的必要性小，而科处较轻的刑罚。换言之，罪刑均衡，并不否认可以在责任刑的点之下判处刑罚。最后，受法定刑的制约，在没有减轻处罚的情况下，不得低于法定最低刑判处刑罚；在没有免予刑事处罚的情况下，不得免予刑事处罚。因此重罪重判、轻罪轻判只是量刑过程中的一个阶段性产物，按照点的理论，一个犯罪产生后，我们按照其责任去确定这个点，仅仅在这个点上，是罪刑均衡的，一旦到了宣告刑要考虑一般预防和特别预防必要性的大小时，就一定是在这个点之下，不可能做到罪刑均衡。”[1]“重刑观念也好，均衡观念、平衡观念也罢，都不是正义观念……只有当一个刑罚是应得或不应得时，我们才能说它是正义的或不正义的……如果我们不再考虑罪犯应得什么，而仅仅考虑什么可以治疗他或威慑别人，我们就默认地把他从整个正义领域中排除出去了……如果我们离开犯罪分子‘应得’的概念而追求罪刑均衡与平衡，必然导致刑罚缺乏正义性。”[2]有必要与持上述观点的张明楷教授商榷。其一，笔者难以赞成均衡观念不是正义观念的观点。当代著名哲学家罗尔斯在其被誉为第二次世界大战后最重要的哲学著作《正义论》中指出：“还不如举出那些诸如在司法诉讼程序中实际上歧视某些团体的细微的成见和偏心更有启发意义。我们可以把有规则的、无偏见的、在这个意义上是公平的执法成为‘作为规则的正义’，这个说法比‘形式的正义’的措施更具有启发性。”[3]罗尔斯所言“有规则的、无偏见的、在这个意义上是公平的执法”，明显指的是均衡执法，在刑事司法程序中的均衡执法当然包括罪刑均衡的执法。其二，难以赞成以点的理

1. 张明楷：《量刑的三大观念批判》，载梁根林主编：《当代刑法思潮论坛（第三卷）：刑事政策与刑法变迁》，北京大学出版社 2016 年版，第 50 页。
2. 同上书，第 55 页。
3. ［美］约翰·罗尔斯：《正义论》，何怀宏、何包钢、廖申白译，中国社会科学出版社 2009 年版，第 184 页。

论去批判罪刑均衡原则。“点的理论认为，与责任相适应的刑罚只能是正确确定的某个特定的刑罚（点），而不是幅度；不能认为在某种幅度内的各种刑罚都是适当的制裁、正当的报应；与责任相适应的刑罚常常是一种唯一的存在；刑罚与责任相适应，是指刑罚不能超出责任刑的点；在确定了与责任相适应的具体刑罚（点）之后，只能在这个点以下考虑预防犯罪的需要。”[1] 从评价标准上看，用一种观念作为标准去评价另一种观念是相当困难的事情，因为观念本身不涉及评价标准，实践才是检验真理的唯一标准。点的理论是一种观念，罪刑均衡原则也是一种观念，用点的理论观念作为标准去评价罪刑均衡观念是难以成立的。从我国刑法立法看，点的理论也不符合我国刑法的规定：我国刑法中规定的法定刑均是量刑幅度，而没有单一的“点”的法定刑。因而，罪刑均衡原则是值得肯定和坚守的刑法理念，也是值得肯定和坚守的认识未定罪法律后果的刑法理念。

（二）未定罪与法秩序相对统一

刑法理论上长期存在法秩序是否统一的争议。“所谓法秩序的统一性，是指由宪法、刑法、民法等多个法领域构成的法秩序之间互不矛盾，更为准确地说，这些个别的法领域之间不应作出相互矛盾冲突的解释……法秩序的统一性意指违法的统一性或者违法的一元性。”[2] 法秩序的统一性可分为严格统一与

1. 张明楷：《责任主义与量刑原理——以点的理论为中心》，《法学研究》2010 年第 5 期，第 133 页。
2. ［日］松宫孝明：《刑法总论讲义》，钱叶六译，中国人民大学出版社 2013 年版，第 81 页。

相对统一，前者源于早期法治国理念、认为“法无二解”，后者适应现代法治理念、认为违法性判断存在法领域的差异。早期法治国理念主张法治反对人治、主张规则反对肆意，强调以严格统一的法秩序来完成反对封建专制的使命，但进入现代社会以后，严格统一的法秩序观念日益受到冲击，法领域的不断细分、立法目的的多元化发展等造成不同法领域的解释相互矛盾，需要对法秩序进行相对统一的理解。“同一行为，受到刑法评价而承担刑责，并不影响兼负民事赔偿之责，两种责任不相冲突。”[1] 对此判断如从另一角度理解，“同一行为，受到民法评价而承担民事责任，并不影响兼负刑责”，同样可以成立。我国的民事立法中也有着类似内容。原《民法总则》第 187 条规定：“民事主体因同一行为应当承担民事责任、行政责任和刑事责任的，承担行政责任或者刑事责任不影响承担民事责任；民事主体的财产不足以支付的，优先用于承担民事责任。”其对违法责任设计了相对统一的多元结构，体现了法秩序相对统一的观念。刑法定罪量刑的逻辑起点是可罚的行为，需要从同一事实中抽取符合犯罪成立要件的内容进行认定；民法定分止争的逻辑起点是民事法律关系，需要从同一事实中抽取符合民事法律关系的内容进行认定，适用两种法律都存在从事实到规范的过渡。基于法律规定与规范的差异，对刑民交叉案件能够以法秩序相对统一为基准，合理分配刑民责任。

充分认识未定罪与法秩序相对统一的理念契合，需要辩证地、发展地看待我国刑法规定。《刑法》第 3 条规定：“法律明

1. 朱庆育：《民法总论》，北京大学出版社 2016 年版，第 16 页。

文规定为犯罪行为的，依照法律定罪处刑；法律没有明文规定为犯罪行为的，不得定罪处刑。”该条款即是对我国刑法 1997 年修订时明文规定的罪刑法定原则的规定，是我国刑法科学化发展的重要标志。在刑法适用过程中，罪刑法定原则是不可动摇的重要原则，具有刑事实体法和程序法的复合价值，追缴未定罪腐败资产必须符合罪刑法定原则，否则就失去了其在我国国内法体系中最可靠的合法性依据。

从我国目前的立法来看，追缴未定罪腐败资产与《刑法》第 3 条有着明显的矛盾，需要予以正视与解决。其一，追缴未定罪腐败资产的体系设计的合法性缺乏我国刑法的支持。包括针对腐败行为所得在内的犯罪收益的认定和处置机制至今还停留在我国加入的多边框架或者双边协议层面，在我国刑法中并没有得到明确规定。双边多边协议或者我国加入的国际公约中涉及追缴和分享腐败行为所得的条款，其适用不能脱离我国国内法律体系对其的认可与转化接纳，不宜认为该类型条款直接对我国发生法律效力。我国签订或者加入的有关追缴未定罪腐败资产机制的协议，特别是涉及认定和处置腐败行为所得的条款，必须得到我国刑法的采纳和转化才能够真正成为对我国发生法律效力的法律制度。其二，追缴未定罪腐败资产仍然不能脱离定罪前提，而我国加入的多边框架与双边协议中的某些内容与我国刑法的规定不一致，存在违反罪刑法定原则的可能。比如根据我国现行刑法，需要根据涉嫌腐败犯罪人的主体身份属于国家工作人员还是非国家工作人员来对贪污贿赂犯罪划分出不同构成要件与处罚结果，呈现出两元化的定罪模式。但在我国加入的《联合国反腐败公约》和其他有关多边或者双边刑事司法协议中，对贪污贿赂行为进行认定和处理时并没有因被指控者身份的不同而采用不同的认定标准和给予不同处罚，呈现出认定和惩罚贪污贿赂行为一元化、一体化的定罪模式。这就与我国加入的《联合国反腐败公约》中的规定存在许多不一致之处，造成了对贪污贿赂违法所得的刑法定性存在差异，我国对外提出的认定和处置要求可能会因此遭遇到拒绝。其三，追缴未定罪腐败资产的具体程序安排越来越倾向于不予定罪（未定罪）即可认定和处置腐败资产，这直接与罪刑法定原则发生冲突。我国目前追缴未定罪腐败资产的主要对象是被转移到境外的腐败行为所得，这些腐败行为所得多数是腐败行为嫌疑人潜逃境外、先行转移资产或者死亡、失踪、隐匿造成的，其中有些腐败行为没有经过司法机关审判，在法律上还是无罪的。如果对涉案的腐败行为所得进行未经过定罪程序即直接追缴、认定和处置，在法律上就直接违反了罪刑法定原则，存在着侵害犯罪嫌疑人或被告人以及第三人权益的重大隐患。目前我国签订的刑事司法多边或者双边协议中，对认定和处置腐败行为所得的制度安排基本上没有采纳我国法律体系区分民事、刑事或者行政法的处置模式，而是采用多元化、综合化的处置程序来对涉嫌腐败犯罪的资产进行扣押、核查、追缴、认定和处置，相比较我国目前刑民分离、非此即彼的刑事、民事实体法与程序法体系，这种制度设计显然与我国的罪刑法定原则存在较多的冲突。

要合理妥当地解决上述冲突，可以借鉴对物之诉的理念。"对物之诉"发源于罗马法，罗马法按起诉书的内容，把诉讼分成对人诉讼（actio in personam）和对物诉讼（actio in rem）以及补充性的混合诉讼（actio mixta）。[1]“对人的诉讼是我们据以针对某个因契约或者私犯行为而向我们负债的人提起的诉讼，也就是说，在提起该诉讼时我们要求‘应当给、做或履行’；对物的诉讼是我们据以主张某个有形物是我们的或者主张我们享有某项权利的诉讼。”[2]罗马法的这一分类方法深刻影响了德意志的潘德克顿学派，为对后世影响巨大的潘德克顿体系的形成奠定了思想基础。从其发展来看，对物之诉的出现远远早于物权，这可能意味着：通过程序来解决涉物纠纷的做法要远远早于相应的实体理念、做法。这对我国目前已经制定违法所得单独没收程序，而刑法的规定却没有进行修改的状态很有启发意义。开展未定罪腐败资产追缴，并不会损害法秩序的统一性，反而是增进法秩序统一性的契机。

二、规范上的未定罪法律理念变革

（一）未定罪与出罪

未定罪，或者称为不经定罪，需要与追缴或者没收联系在一起适用，一般难以单独运用。未定罪，指的是基于事实上的原因或者法律上的原因，不能对行为人启动刑事审判或者经审判认定其不构成犯罪。事实上的原因，指的是身体客观原因或者其他使行为人无法被纳入刑事审判的客观事实；法律上的原因，包括刑法和刑事诉讼法的原因。基于刑法原因的未定罪，

1. 冉昊：《对物权与对人权的区分及其实质》，《法学研究》2005年第3期，第100页。
2. ［意］盖尤斯：《法学阶梯》，黄风译，中国政法大学出版社1996年版，第288页。

与刑法上另一个概念“出罪”非常相似，其内涵、外延都存在一定的交叉融合之处，需要予以深入分析。

出罪是非常具有中华法系特色的用语，有据可考的最早出处当属秦律中的“出入人罪”规定，汉代《律说》已有规定：“出罪为故纵，入罪为故不直。”[1]作为中国封建法制最高峰的《唐律》中也明确规定了“官司出入人罪”的内容，《唐律疏议》指出：“‘官司入人罪者’，谓或虚立证据，或妄构异端，舍法用情，锻炼成罪。”“其出罪者，谓增减情状之徒，足以动事之类。或从重出轻，依所减之罪科断，从死出至徒、流，从徒、流出至笞、杖，各同出全罪之法，故云‘出罪者，各如之’。”[2]其后历朝历代所定刑律，都对出罪作了内容基本相同的规定，都指将有罪之人判处无罪或者重罪之人判处轻罪的情形。

到了现代社会，我国刑法学者对于出罪的理解与运用，主要从两个方面展开。其一是刑事立法意义上的“出罪”，此种出罪指的是立法者通过修订刑法使原本规定为犯罪的行为不再规定为犯罪，又称“除罪化”“非罪化”“非犯罪化”“去罪化”。如有学者主张：“将侮辱诽谤这一罪名从刑法中剔除，这类事件应该以民事纠纷论处，适用《侵权责任法》的范畴而不是《刑法》。”[3]其二是刑事司法意义上的“出罪”，此种出罪指的是审判者依据法律，行使自由裁量权将被告人判处无罪的诉讼过程。周光权教授主张：“罪刑法定原则只是限制法官对法无明文规定的行为入罪，但并不限制法官对法有明文规定的行为出

1. 班固：《汉书》（简体字本），中华书局1999年版，第549页。
2. 长孙无忌等撰，刘俊文点校：《唐律疏议》，中华书局1983年版，第563页。
3. 周光权：《应对“诽谤官员罪”出台司法解释》，《南方都市报》2010年3月8日。

罪。”[1] 张明楷教授主张：“刑法第 3 条前段既不是对罪刑法定原则的规定（不是所谓积极的罪刑法定原则），也不是对必罚主义的肯定，而是基于我国刑法分则的特点，禁止司法机关随意出罪、防止司法人员滥用自由裁量权。”[2]

就开展未定罪腐败资产的追缴而言，应当从司法意义上，而不是从立法意义上理解未定罪的含义，在有关腐败行为的犯罪构成的认定方面已形成普遍共识，分歧主要存在于具体的构成要件与处罚范围。司法上的出罪，指的是裁判者根据刑法的规定，在犯罪构成理论的指导下，将已经进入犯罪评价范围的行为从犯罪圈中排除并不再将其认定为犯罪的过程与结果，此时的未定罪与司法上的出罪在内涵上存在一致性。但是，未定罪与司法意义上的出罪具有竞合关系，并且这一竞合关系应当是交叉竞合，而不是包容竞合。首先，未定罪除了包括司法上的出罪，还包括尚未启动司法程序的未定罪，而司法上的出罪实际上指的是启动司法程序并对行为人是否构成犯罪作出法律评价的过程和结果。如果将出罪界定为对行为人的出罪，则该区别更为明显。例如，我国《刑事诉讼法》规定的违法所得单独没收程序就是针对违法所得展开的刑事程序，即使对违法所得决定没收，但是违法所得涉及的行为人因司法程序尚没有启动，仍属于未定罪状态，不能被视为已被出罪。其次，未定罪需要确定具体事由，出罪也需要确定具体事由。能够发生未定罪腐败资产追缴效果的未定罪事由，包括两个方面：事实上

1. 陈兴良：《入罪与出罪：罪刑法定司法化的双重考察》，《法学》2002 年第 12 期，第 31 页。
2. 张明楷：《司法上的犯罪化与非犯罪化》，《法学家》2008 年第 4 期，第 65 页。

的未定罪事由与法律上的未定罪事由。出罪事由则包括三个方面：刑事法律规范（包括刑法、立法解释司法解释等）的规定、学界通行实务界通用的学说理论（主要以超法规出罪事由为内容）以及刑法和司法制度所赋予裁判者的自由裁量权，例如《刑法》第13条但书的授权规定。[1]这两类事由之间存在较大的差异，例如我国《刑事诉讼法》规定的违法所得单独没收程序所确定的开展未定罪腐败资产追缴的两个事由分别是逃匿和死亡，就难以被认为出罪事由。再如，根据我国《刑法》第390条第2款“行贿人在被追诉前主动交待行贿行为的，可以从轻或者减轻处罚。其中，犯罪较轻的，对侦破重大案件起关键作用的，或者有重大立功表现的，可以减轻或者免除处罚”，行贿者可能被出罪，这也属于未定罪，但根据较多国家刑法的规定，对该未定罪的行为人的行贿款应当追缴或没收。

在刑法理论与某些国家刑法的规定，对出罪作广义理解，综合看来出罪的事由还包括正当化事由、违法阻却事由、责任阻却事由、辩护事由等。其中，正当化事由是我国刑法规定的或者被我国刑法理论认可的，表面上符合犯罪构成但在实质上被法律或伦理评价为正当的行为，一般包括正当防卫、紧急避险、义务冲突、法令行为、正当业务行为、自损行为、被害人承诺、安乐死、自救行为等。违法阻却事由与责任阻却事由是在德日刑法中规定或者被德日刑法理论认可的，符合构成要件该当性，但却不具有违法性或有责性的若干事由。在德国刑法中，违法阻却事由一般有正当防卫、阻却违法性的紧急避险，

1. 方鹏：《出罪事由的体系与理论》，中国人民公安大学出版社2011年版，第12页。

义务冲突、政府机构的许可（又称为官方的批准）、被害人的同意、推定同意、行使国家强制性命令的行为、职务行为、惩戒权（又称为责打权）、代替公共机关的行为（包括临时羁押、自助权）、合理利益的利用、艺术自由，被允许的危险等。[1] 在日本刑法中，违法阻却事由一般有法令行为、正当业务行为、劳动争议行为、自损行为、基于被害人承诺的行为、基于推定性承诺的行为、治疗行为、安乐死和尊严死、自救行为、义务冲突行为等。[2] 在德国刑法中，责任阻却事由一般有阻却责任的防卫过当、阻却责任的紧急避险、为了有利于别人和同时为了自己而妨碍刑事司法、为了家属而妨碍刑事司法，以及期待不可能等超法规阻却事由。[3] 日本刑法中也有类似的规定。除此以外，德日刑法还普遍将未达刑事责任年龄与精神状态作为责任阻却事由，有的学者认为客观处罚条件（不可罚事由）也应被考虑进去。英美法系刑法认为辩护事由指的是辩护方提出的否定犯罪成立的事由，主要包括实体性辩护事由、程序性辩护事由与不在场证明。实体性辩护事由包括自卫、为他人防卫、防卫住所和财产、紧急避险、执法行为、被害人同意，年幼、精神病、认识错误、非自愿醉态、受胁迫、无意识等，安乐死（部分州），激愤（挑拨）等。[4] 程序性辩护是指辩护方提

---

1. ［德］汉斯·海因里希·耶塞克、托马斯·魏根特:《德国刑法教科书》(上)，徐久生译，中国法制出版社 2017 年版，第 432 页。
2. 参见［日］大塚仁:《刑法概说（总论）》，冯军译，中国人民大学出版社 2003 年版，第 321 页。
3. ［德］克劳斯·罗克辛:《德国刑法学（总论）》，王世洲译，法律出版社 2005 年版，第 680 页。
4. 储槐植:《美国刑法》，北京大学出版社 2005 年版，第 64 页。

出检控方在刑事诉讼的过程中没有恰当地遵守司法程序，或者被告人在司法程序中遭遇了歧视，导致通过非法程序获得的证明不被采用，或使控诉因司法不公而无效。程序性辩护主要包括："警察圈套"、一事不再理、间接再诉禁止、遭受选择性起诉、超期审判、检控方偏袒或偏见、警察欺诈或栽赃等。[1]不在场证明指的是证明被告人在相应时间内并不在犯罪现场，不可能亲身完成罪行，或证明当犯罪行为发生时，被告人身处其他地方的事实或状态。由于英美法系的国家的法律非常重视保障程序正义，因而程序性辩护与不在场证明一旦成立，则实际上产生与实体出罪类似的效果。

从上述内容可以看出，不同法系的国家的刑法对于广义出罪的情形规定较为复杂，彼此之间有交叉，但更多的是差异。不考虑其具体事由如何，就广义上出罪的效果而言，其对未定罪的效果，尤其是对开展未定罪腐败资产追缴的影响则需要予以分析，否则将难以在规范上作出清晰的界分。最为棘手的问题是：如果具有上述情形的腐败行为人不构成犯罪，对其违法所得是否可以追缴。例如，不满 16 周岁的甲，按照甲父的安排，收受他人贿款达 30 余万元，将其全部用于打赏主播，对于该 30 余万元是否需要追缴；乙贪污本单位资金达 300 余万元，23 年后被发现已超过追诉时效期限，是否可以追缴其 300 余万元的资金等。我们认为，未定罪的效果与有关事实上、法律上的原因之间的关系，可分为以下三种情形：其一，基于事实上的原因，不能对行为人启动刑事审判的，应当对行为人的

1. 方鹏：《出罪事由的体系与理论》，中国人民公安大学出版社 2011 年版，第 133 页。

违法所得进行追缴。事实上的原因，主要包括行为人逃匿、死亡或因重病无法接受审判等。其二，基于刑事实体法上的原因，行为人无法被纳入刑事审判或者经审判认定不构成犯罪的，如果该原因属于正当化事由，则不能对其违法所得进行追缴；如果该原因不属于正当化事由，则可以对其违法所得进行追缴。腐败行为尤其应当如此处理。所以，对于上述甲获得的30余万元贿款，应当予以追缴。其三，基于《刑事诉讼法》上的原因，行为人无法被纳入刑事审判或者经审判认定不构成犯罪的，对其违法所得应当进行追缴。所以，在上述乙的情形中，虽然乙因超过追诉时效期限，而不能被定罪，但是对其违法所得的300余万元应当予以追缴。

（二）未定罪与免予刑事处罚

未定罪除了与出罪有着密切联系，同时与刑法中的另一种现象——免予刑事处罚也有着密切的联系。免予刑事处罚，从狭义上理解，仅仅指的是我国《刑法》第37条规定的“对于犯罪情节轻微不需要判处刑罚的，可以免予刑事处罚”。但是从广义上理解，其范围要广泛得多，包括我国刑法以否定方式完成的对行为人责任的规定，例如“可以不予追究”“不认为是犯罪”“不负刑事责任”“不予追究刑事责任”“不以犯罪论处”“不予处理”“免除处罚”等。

通过对我国刑法中有关广义免予刑事处罚的规定的梳理，可以将免予刑事处罚的情形分为以下三种情形：其一，从根本上否定构成犯罪的情形。包括规定为“不是犯罪”，例如：《刑法》第16条对不可抗力和意外事件的规定，规定为“不认为是犯罪”“不以犯罪论处”；《刑法》第13条但书的规定；《刑法》第449条对犯轻罪的军人允许其戴罪立功的规定，规定为“不是……（行为）”；《刑法》第389条第3款对行贿的排除规定。其二，在构成上成立犯罪，但不予追究的情形。包括规定为“不予追究”；例如《刑法》第7条第1款对属人管辖权的规定、《刑法》第201条第4款对已补缴应纳税款和缴纳滞纳金，并受过行政处罚的逃税人的规定。其三，在构成上成立犯罪，但免除处罚的情形。我国刑法主要规定为“免除处罚”，例如《刑法》第22条对于犯罪预备的规定，《刑法》第24条对于没有造成损害的中止的规定。

有学者认为，那种有意将“刑事责任”（这里的“刑事责任”指犯罪后果）与“刑罚”区隔开来，认为“刑罚”不是“刑事责任”（犯罪后果）的观点，可能有待商榷。在司法实践中，根据“免除处罚”等“免”字规范判决行为人无罪，是一种审判常态，免刑事由也可以成为出罪的理由。“免”字规范起到的效果与“不”字规范是相似的，即都是将已进入犯罪评定圈的行为出罪而认定为不构成犯罪。[1] 该观点笔者难以赞成，不能将刑罚等同于刑事责任，更不能将免除刑罚等同于免除刑事责任，否则将造成理论上的混乱，也将对开展未定罪腐败资产追缴造成较大的理论障碍。根据我国刑法的规定，以及我国刑法理论的通说，刑罚只是施加刑事责任的一种方式，其他方式包括非刑罚方式，以及未定罪追缴方式。免除处罚，只是对行为人不再予以刑罚处罚，并不排除对其予以非刑罚处罚以及

1. 方鹏：《出罪事由的体系与理论》，中国人民公安大学出版社2011年版，第40页。

开展未定罪的追缴。例如，对贪污罪的从犯，应当根据其在贪污犯罪中所起作用的大小，决定从轻、减轻或免除处罚。如果决定对其免除处罚，意味着对其不能判处刑罚，但可以对其予以训诫或者责令具结悔过、赔礼道歉、赔偿损失，或者由主管部门予以行政处罚或者行政处分，抑或是禁止其自刑罚执行完毕之日或者假释之日起从事相关职业，也可以追缴其违法所得。上述观点，即对其免除处罚，就意味着免除刑法规定的一切处理措施，显然不符合刑法的目的。

第二节 未定罪腐败资产追缴的法律理念变革

我国刑法就违法所得、违禁品和供犯罪所用之物等多种腐败资产，规定了追缴、责令退赔、没收等资产处置措施，对这些处置措施在刑事法理论上究竟属于何种法律性质，学术界一直存在争议。主要观点有如下四种：其一，刑罚说。该说认为，违法所得没收是对犯罪行为人非法所得的没收，具有鲜明的刑罚色彩，将违法所得没收视为刑罚措施，有利于依罪刑法定原则保障当事人的权益。体现该观点的主要是日本、韩国等国的刑法。其二，保安处分说。该说认为，若将违法所得没收视为一种刑罚措施，就不能将其用于案外第三人，为此就会限制违法所得没收的适用范围，因此将违法所得没收视为一种保安处分更为合理。立法中体现该观点的主要有意大利与希腊等国的刑法。其三，单列法律措施说。该说认为，违法所得没收在本质上是对违法所得及所生之物或利益的没收，以行为整体为适用客体，因而其定位不应当是一种刑罚，而是一种与刑罚并行的独立法律效果。体现该观点的主要有德国、瑞士、瑞典等国的刑法。其四，多元说。该说认为，违法所得没收具有多元性。例如有学者认为，违法所得没收兼具刑罚与保安处分性质；有学者认为，违法所得没收属于独立的刑事制裁手段，兼具刑罚与保安处分的性质；还有学者认为，违法所得没收的最终目标在于使违法所得归国家所有或将其返还被害人，没收部分具有财产刑的性质，而返还被害人部分具有保护法益的性质。[1] 上述从不同角度出发提出的刑罚说、保安处分说、单列法律措施说、多元说，从其在不同国家或地区的立法中的体现而言，具有各自的合理性。但就我国已经制定的违法所得单独没收程序，以及完善未定罪腐败资产追缴的未来发展而言，单列法律措施说更为合理。其他观点属于特定时期的观点，具有各自的历史局限性，也不符合我国未来开展未定罪腐败资产追缴的需要。由于多元说实际上是刑罚说与保安处分说的混合的产物，故以下对刑罚说、保安处分说、单列法律措施说三种观点予以分析。

一、传统阶段：基于刑罚说的法律理念

刑罚说认为，对供犯罪所用的财物、违法所得以及违禁品的处置，都属于财产刑或者从刑（附加刑）。该学说认为，没

1. 参见吴光升：《刑事涉案财物处理程序研究》，法律出版社 2018 年版，第 7 页。

收与犯罪相关的物品，是行为人对自己过去的恶行所应承担的一种责任形式。没收犯罪者的违法所得与犯罪工具，将造成犯罪者财产上的损失，具有鲜明的刑罚色彩。有观点认为："《联合国反腐败公约》建立的引渡机制包括对人的引渡和对物的引渡……在对物的引渡上，《联合国反腐败公约》将'物的移交'从传统引渡制度中独立出来，通过资产追回，不仅有利于请求国挽回因腐败犯罪给请求国造成的各种物质性损失，也使犯罪分子企图在国外挥霍犯罪所得的意图难以得逞，有利于有效地惩治和预防腐败犯罪。"[1] 该"对物的引渡"的观点实质上也符合刑罚说的理念。

在开展未定罪腐败资产追缴的情况下，行为人尚未被定罪或者经过审理确认不构成犯罪，对其的任何处理都无法按照刑罚来理解，因为各国刑法立法与理论都公认刑罚的前提是被确定构成犯罪。但由于构成犯罪与未定罪之间的界限在很多情形下并不非常明晰，因而对在定罪情形下的资产处置的性质进行探讨，仍有十分重要的意义。

其一，就我国刑法规定的违法所得而言，将对违法所得的追缴的性质认定为刑罚并不妥当。对违法所得的追缴是没收行为人通过违法行为获得的非法利益的措施，将对违法所得的追缴界定为一种刑罚措施，则相当于对其违法所得合法性的认可。如果将违法所得的追缴视为刑罚措施，则意味着使犯罪人丧失其既得的合法利益。同时，作为刑事惩罚方式，刑罚只能

1. 刘志伟等：《中国贯彻〈联合国反腐败公约〉的措施》，《南都学坛》2011 年第 1 期，第 83 页。

对犯罪行为人本人以及共犯人适用，不能适用于其他人员，并且同时受到罪刑相适应原则的约束。如果将对违法所得的追缴界定为一种刑罚措施，就意味着对于犯罪行为人以外的第三人所占有或控制的违法所得不得予以追缴或没收，这显然不符合不让任何人从犯罪行为获得任何利益的自然道理，也不符合刑法的一般预防与特别预防的目的。

就目前我国《刑法》第59条规定的没收财产刑而言，将追缴违法所得认定为刑罚也明显不合适。根据《刑法》第59条的规定，没收财产是没收犯罪分子个人所有财产的一部或者全部。而根据相关司法解释，所谓没收犯罪分子个人所有财产的一部或者全部，指的是没收犯罪分子个人“合法”所有财产的一部或者全部。如果认为违法所得的追缴的性质属于刑罚，则会造成同一个概念“没收”，针对的内容既包括犯罪分子个人“合法”所有的财产，也包括犯罪人的违法所得，这显然造成了没收概念的内在混乱。换言之，我国的刑法并没有将违法所得的追缴作为一种刑罚的规定，刑法规定的财产刑只包括罚金刑、没收财产刑两类刑罚。违法所得的追缴在刑法总则上独立于刑罚之外，对刑罚内容的规定并不包括违法所得的追缴，从立法上看，违法所得的追缴不属于刑罚方法。

比较违法所得的追缴与财产刑的功能，可看出对违法所得的追缴也不具有刑罚性质。财产刑通过剥夺犯罪人所有的合法财产，使其丧失原有的对财产享有的正当权利，达到惩罚犯罪人，同时实现一般预防和特殊预防的目的。对违法所得进行追缴，则是将犯罪人通过违法手段获得的财产返还给被害人或者通过追缴，使因受犯罪侵害的财产权利恢复原有状态，并不是对犯罪人合法财产权利的剥夺，两者之间具有明显差别。

其二，就我国刑法规定的违禁品和供犯罪所用的本人财物而言，对其没收也不具有刑罚性质。违禁品是法律禁止和未经特定许可不得持有的物品，违禁品因其本身的物质属性而对社会具有危险性，没收违禁品将防止行为人利用该物品从事犯罪活动，具有特别预防的性质，似乎与刑罚的目的比较契合。但是，对违禁品的没收，完全可以不依靠刑事程序来实施，例如行政执法中发现的违禁品、民事纠纷中发现的违禁品，都可以依法直接没收。由此，认为依照刑法对违禁品的没收具有刑罚性质，显然无法解释按其他法律进行的违禁品没收的区别。

将对供犯罪所用的本人财物的没收视作刑罚，该观点具有一定的影响力，也得到一些国家的立法的支持。例如，日本《刑法》第 9 条规定“没收为附加刑”，第 19 条规定“对于下列之物，可以没收：一、组成犯罪行为之物；二、供犯罪行为使用或者将供犯罪行为使用之物；三、犯罪行为产生之物或犯罪行为取得之物，或者作为犯罪行为的报酬所得之物”。[1] 但是，从没收供犯罪所用的（本人）财物的目的、功能等角度分析，这一观点并不妥当。

就没收供犯罪所用的（本人）财物的立法目的而言，将没收供犯罪所用的（本人）财物定位为一种刑罚措施，不利于实现没收供犯罪所用的（本人）财物的立法目的。将没收供犯罪所用的（本人）财物定位为一种刑罚措施，就意味着没收来的

---

1. 参见张凌、于秀峰编译：《日本刑法及特别刑法总览》，人民法院出版社 2017 年版，第 9、11 页。

供犯罪所用的（本人）财物只适用于被定罪的犯罪行为人，对于那些逃匿、死亡的犯罪行为人以及其他明知他人使用自己财物从事犯罪行为而不加制止的第三人并不能适用，这无疑会妨碍没收供犯罪所用的（本人）财物目的的实现。相反，如果将没收供犯罪所用的（本人）财物定位为一种非刑罚制裁措施，就可避开这种限制。当前，很多国家对立法进行了修改，在包括没收供犯罪所用的（本人）财物在内等方面全面转向单列法律措施说，上述情形就是其修改的重要原因之一。

就没收供犯罪所用的（本人）财物的功能而言，将没收供犯罪所用的（本人）财物定位为一种刑罚措施，不利于实现没收供犯罪所用的（本人）财物的功能。没收供犯罪所用的（本人）财物的功能，主要在于预防与惩罚。一是预防犯罪功能：一方面通过将供犯罪所用的（本人）财物移除出犯罪圈，避免其再次成为供犯罪所用的（本人）财物；另一方面通过使犯罪行为人遭受财物上的不利后果而消除其实施犯罪的动力，同时也威慑其他人不将自己的财物交给他人用于犯罪。二是惩罚功能：在供犯罪所用的（本人）财物所有人系犯罪行为人时，没收供犯罪所用的（本人）财物具有惩罚犯罪行为人的功能；在供犯罪所用的（本人）财物所有人是其他人时，具有惩罚该财物所有人有过错地使其财物被他人用于犯罪行为的功能。供犯罪所用的（本人）财物没收的预防功能实际上属于一种间接功能，是供犯罪所用的（本人）财物没收惩罚功能所带来的客观效果。这种预防功能的大小，以及发挥与否，主要取决于惩罚功能的发挥情况。而且，犯罪预防的必要性与个人的人身危险性存在密切联系，对于那些另有合法用途的供犯罪所用的（本人）财物而言，其危险性只有在与具有人身危险性之人相结合时才会出现，一旦其被转让给第三人，这种危险性就会降低甚至不复存在，此时再从犯罪预防的角度没收该供犯罪所用的（本人）财物就会面临正当性层面的质疑。但是与此同时，没收供犯罪所用的（本人）财物的惩罚功能相当有限。供犯罪所用的（本人）财物没收的基本内涵是将某人所有的合法财物当作供犯罪所用的（本人）财物来加以剥夺，并将其收归国家所有。对财物所有人来说，这是对其有过错地使其财物被用作犯罪之用的行为的一种惩罚，是其本来就应当承担的相应的责任，该种惩罚功能的发挥较为有限。

综上所述，刑罚说的观点并不妥当。

二、过渡阶段：基于保安处分说的解释理念

（一）保安处分说的基本思路

保安处分是以消除社会安全隐患、预防犯罪、保护社会安全为目的，在证明有危险的行为人尚未实施危害行为之前，对其事先予以人身拘束或资产剥夺的处分措施。保安处分是具有预防犯罪、保护社会安全性质的刑事处分措施，侧重于对社会危害的事先预防。张明楷教授认为：我国刑法中除了没收财产刑以外的追缴或没收都具有保安处分性质，“没收供犯罪所用的本人财物，虽然具有没收财产刑的内容，但只能归入保安处分”、“没收违禁品属于保安处分，而不是刑罚”、“只有将没收违法所得作为保安处分或者行政措施，才能没收任何人的违法

所得，从而实现刑法的公平正义”。[1]从刑法解释而言，上述观点具有合理性，但总体上其属于过渡阶段的理念。

为准确、合理地适用刑法规范，在制定刑法后，需要在司法实施过程中对其进行解释，由于各自解释立场、方法与理由的差异，在刑法理论和司法实践过程中大体上存在刑法形式解释与实质解释的分野：形式解释是指根据刑法条文的字面规定对刑法含义所作的解释，强调刑法明文规定对于犯罪认定的限制功能；而实质解释则是指根据价值、内容对刑法条文进行实质性的解释。[2]我国《刑法》第64条使用了“一切财物”“应当予以追缴”“应当及时返还”“一律上缴国库”“不得挪用和自行处理”等非常清晰甚至于严厉的表达，客观上将认定和处置腐败财产在现行刑法中的合法性空间压缩到近乎零。在难以对现行刑法作必要修改的情况下，认定和处置腐败财产就只有通过合理的刑法实质解释来进行。对此，有学者认为，可行的解释路径即是引入保安处分概念，建立起对物的保安处分制度，以对追缴、认定和处置腐败行为所得进行不违背现行刑法的实质解释。引入保安处分概念来对未定罪腐败资产进行刑法实质解释的主要出发点是：刑罚需要与责任相适应，或者说必须与有责的违法行为相适应，而保安处分则不存在与责任相适应的问题。[3]在传统刑事立法或者理论上，保安处分主要是针对犯罪人设立的刑法制度，“是国家为预防犯罪从而达到控制犯罪、

1. 张明楷：《论刑法中的没收》，《法学家》2012年第3期，第55、59、64页。
2. 陈兴良：《修订版序》，载邓子滨：《中国实质刑法观批判》，法律出版社2017年版，第2页。
3. 张明楷：《论刑法中的没收》，《法学家》2012年第3期，第46页。

维护社会秩序的目的，通过立法形式制定的，在刑罚以外，对犯罪人和有犯罪危险性的人灵活采取的旨在消除该人犯罪危险性，而非对该人的行为作出法律上的否定评价或法律价值判断的各种矫正、治疗措施的总和”。[1]曾在我国存在过的或者正在存在的具有保安处分色彩的措施主要有：劳动教养、强制医疗（治疗）、强制戒毒、工读学校、收容教育、收容教养、收容遣送、留场作业、醉酒约束、专门矫治教育等。综合看来，运用发展的理念和国际化视角，针对未定罪腐败资产设置对物的保安处分制度，既能够有效满足对未定罪腐败资产进行追缴、认定和处置的客观需求，又能够采用争议较少的理论框架来解决未定罪腐败资产在刑法上的合法性问题。

如果我国立法在未来没有对刑法作出修改并明确将对未定罪腐败资产的追缴、处置单列为强制措施，那么只能通过刑法解释的方式将其理解为保安处分予以适用，满足过渡阶段的需要。

其一，将未定罪腐败资产的追缴、认定和处置界定为对物的保安处分，能够较好地使坚守罪刑法定原则对形式正义的要求与恢复被腐败损害的实质正义的两方面内容达到有机的契合。在刑法领域的立法、司法过程中，坚守理念与实现正义在许多时候存在着矛盾和冲突。造成未定罪腐败资产产生的直接原因通常是涉嫌腐败犯罪的嫌疑人潜逃、转移资产或者死亡、失踪、隐匿，通常国家机关已经掌握了可以证明应当追究其刑事责任的大量证据，但往往出于上述原因难以全方面地实现正义，这不啻是对刑事法治的重大损害。将对未定罪腐败资产的

1. 董振宇：《中国保安措施要论》，吉林大学博士学位论文，2009 年。

追缴、认定和处置界定为对物的保安处分，能够同时兼顾刑事法治的形式正义与实质正义。

其二，将对未定罪腐败资产的追缴、认定和处置界定为对物的保安处分，能够将对人的责任追究与对物的状态归正进行适当的分离并作出合理、合法的安排，也能够更好地满足现代社会的需求。坚持先定罪后处罚、先定罪后追缴没收有关财产，将追缴、没收有关财物视为定罪的后续责任承担方式，在近代社会是限制公权、保障人权的重要方式，自然有其重大的合理性。在现代社会中，众多罪行甚至是极其严重的罪行由于种种原因难以实现先定罪后处罚、先定罪后追缴没收有关财产，比如恐怖主义犯罪、跨国毒品犯罪以及跨国腐败犯罪等，正所谓“世易时移变法宜矣”。

其三，将对未定罪腐败资产的追缴、认定和处置界定为对物的保安处分，适用独立的刑事制度和刑事程序法制度，将有利于对腐败犯罪嫌疑人的责任追究及对腐败犯罪的根本预防。腐败犯罪是典型的贪利型犯罪，不择手段地攫取利益是腐败犯罪的根本动力。将未定罪腐败资产的追缴、认定和处置界定为对物的保安处分，在对腐败犯罪嫌疑人进行责任追究之前就先对其腐败行为所得予以处置，压缩腐败犯罪嫌疑人的生存空间、切断腐败犯罪嫌疑人的心理支撑，有利于对腐败犯罪嫌疑人的追逃、劝返、遣送、移管等人身责任追究，从而做出有力的法治展示，令潜在腐败分子打消幻想，实现对腐败犯罪的根本预防。

（二）具有浓厚过渡性质的保安处分说解释理念

在历史上特别是第二次世界大战期间，保安处分制度被法西斯主义恶意利用，给人类历史留下了惨痛的教训，导致保安处分的名誉一落千丈，后来世界各国对保安处分制度的适用进行了更加严格的控制。在我国的刑法发展历程中，是否设置保安处分特别是针对人身权利进行剥夺和限制的对人的保安处分制度尚存在很多争议。在构建包括分享、追缴和返还未定罪腐败资产在内的境外追赃机制时，比较理想的状态是国际司法合作与国内立法齐头并进，即一方面更多地缔结多边、双边司法合作互助协定或者专项协定比如认定和处置被追缴资产的协定等，另一方面在国内立法另行制定新法、修订旧法。但就刑法领域而言，可能后者的困难更多。与分享、追缴和返还未定罪腐败资产关系更密切的刑法，则修改难度更大。在刑法暂未修改的情况下，构建与刑法现行规定不相冲突的分享、追缴和返还未定罪腐败资产规则，较为可行的路径是在理论上深化对物的保安处分原理和适用规则及在刑事司法实践中运用实质解释方法对涉及未定罪腐败资产的刑法有关规定进行合理化解释。但总体上看，基于保安处分说的刑法解释理念具有浓厚的过渡性质，不能从根本上解决追缴未定罪腐败资产的法理根据问题，原因在于：

其一，刑法理论上尚未就物的保安处分原理和适用规则达成共识。首先，在刑法理论上，关于保安处分的理论定位，历来存在一元化与两元化的争论，即保安处分与刑罚在刑法上是分开规定还是一体规定，是不同类型的责任方式还是同等的责任方式。由此展开，需要深入分析对物的保安处分与刑罚特别是其与没收财产刑、罚金刑之间的关系。其次，关于保安处分的设置原则，是让保安处分继续遵循罪刑法定原则还是另行制定处分法定原则？由此展开，需要深入分析对物的保安处分的设置原则。罪刑法定原则诞生已有三百余年，其被固定到刑法中也有近两百年，作为与封建专制作斗争的犀利武器，罪刑法定原则无愧为刑法现代化、科学化的基石。但是在信息化、全球化的新时代，对罪刑法定原则进行机械的理解将难以解释和应对新的时代课题。需要对罪刑法定进行与社会发展新变化相适应的能动理解，同时处分法定原则是否能够与罪刑法定原则和谐共处于我国未来的法律体系中，尚需要观察。

其二，在刑事司法实践中，对未定罪腐败资产的实质解释尚需深化。“实质刑法观主张，利用刑法规范之外的价值要素调和刑法文本的僵化，对个案正义给予积极关注，缓和因坚守形式正义带来的张力。”[1] 运用实质解释对《刑法》第64条进行合理化解释，对物的没收、追缴、分享、返还合理的定位解释，仍存在较多争议。首先，《刑法》第64条规定的“追缴”与“没收”不具有同等的刑法价值，适用规则也不同：追缴应当适用于动产形式的腐败所得，没收应当适用于不动产形式的腐败所得。其次，《刑法》第64条中的“违法所得”不完全与犯罪构成相对应，还可以涵盖未定罪的所得。同时，《刑法》第64条规定中的“违法所得”需要与刑事诉讼法相关规定相协调，需要通过独立的对物的刑事司法程序予以确认，而不能依附于对人的刑事司法程序。最后，《刑法》第64条规定中的“一律上缴国库”，可以实质解释为认定和处置腐败行为所得的

1. 赵运锋：《论刑法类推解释的第三种立场》，《社会科学战线》2017年第2期，第229页。

国内法阶段性程序，而不是最终的法律结局。确认、追缴、没收涉嫌腐败行为所得刑事司法程序设计及相关的公告、权利异议、错误救济等程序仍是空白。

综上，将对未定罪腐败资产的追缴或没收当作保安处分来理解，只能是过渡阶段的权宜之计，仍有较多弊端。较为理想的发展方向，是单列法律措施对其进行规定。

三、发展阶段：基于单列法律措施说的变革理念

将对未定罪腐败资产的追缴或没收的发展方向界定为单列法律措施，具有较为深刻的法理基础。其源于“无犯罪亦可受处罚”或者“无犯罪者亦需要承担法律后果”，以及“不让任何人从犯罪中获利”等观念，此种观念似乎与经典刑法理论体系格格不入：其不仅在形式层面背离了犯罪与刑罚的依存模式，也在实质层面消解了刑事正义的逻辑基础。如果认可“法律的生命不在于逻辑，而在于经验”，[1] 则刑法法理的生命亦在于经验即应对犯罪的立法、司法经验。对未定罪腐败资产的追缴或没收之所以具有单列的刑事法律效果，甚至能与历史悠久的刑罚相并列，其重要理由是“任何人都不得保有违法所得”的自然道理在现代社会仍具有重大的现实意义。

首先，将对未定罪腐败资产的追缴或没收的法律性质定位于单列法律措施，有利于整合定罪没收与未定罪没收。所谓定

1. [美] 霍姆斯：《法律的生命在于经验》，明辉译，清华大学出版社 2007 年版，第 82 页。

罪没收，指的是《刑法》第59条规定的“没收财产是没收犯罪分子个人所有财产的一部或者全部”，即作为附加刑的“没收财产刑”。没收财产刑以个人合法财产剥夺对象，不利于财产权的基本保障，也不利于发挥刑罚的预防功能，更不利于我国开展未定罪腐败资产的跨境追缴刑事司法协助，并且实践中判决率低、执行率更低。有的学者建议直接废除“没收财产刑”。[1] 有的学者给出了两套方案，即要么废止，要么改造后维持没收双轨制，即继续保留作为附加刑的没收财产以及《刑法》第64条规定的追缴、没收措施，但对作为附加刑的“没收财产”给予必要的法律限制，将其适用范围与违法所得及其产生的收益挂钩，废止“没收个人全部财产”的做法。[2] 笔者认为，维持没收双轨制的方案并不可取，理想方案是直接废止没收财产刑，并对现有的追缴与没收进行完善。其主要理由是：没收双轨制没有从根本上解决没收财产的刑罚性质与《刑法》第64条规定的没收（追缴）的法律性质之间的矛盾；没收双轨制没有从根本上解决没收财产针对个人合法财产进行没收的严重弊端；没收双轨制没有从根本上解决没收财产与罚金的矛盾。而将对未定罪腐败资产的追缴或没收的法律性质定位于单列法律措施，在废止没收财产刑后，我国刑法中的没收就具有了单一属性与单一内涵，针对刑事违禁品和供犯罪所用的财物，法律性质定位与法律制度便能实现良好契合。

其次，将对未定罪腐败资产的追缴或没收的法律性质定位

1. 参见姚贝：《没收财产刑研究》，中国政法大学出版社2011年版。
2. 黄风：《论“没收个人全部财产”刑罚的废止：以追缴犯罪资产的国际合作为视角》，《法商研究》2014年第1期，第53页。

为单列法律措施，有利于与《刑事诉讼法》的对接。我国《刑事诉讼法》已经针对犯罪嫌疑人、被告人逃匿、死亡案件的违法所得规定了特别没收程序，但该程序至今在理论上还有争议，在司法实践中实施得并不理想。从立法理念来看，我国《刑事诉讼法》规定的违法所得单独没收程序在国际上都属于领先位置，我国在开展未定罪腐败资产的追缴或没收的起步上并不比其他发达国家慢，但其在理论上还有争议、在司法实践中实施的并不理想的重要原因就是刑法与《刑事诉讼法》的规定脱节，《刑事诉讼法》已经初步建立了在未定罪的前提下开展追缴与没收的制度体系，而刑法仍然固守自1979年以来已经成型的《刑法》第64条，其所代表的是20世纪以定罪为前提的追缴与没收制度。如前所述，从21世纪的各大法系的发展趋势看，开展不以定罪为前提的追缴与没收已是大势所趋。有必要对刑法有关规定进行修改完善，并适时增加新的制度规定，而将对未定罪腐败资产的追缴或没收的法律性质定位于单列法律措施，将是为此做出努力的重要理论准备。

最后，将对未定罪腐败资产的追缴或没收的法律性质定位为单列法律措施，有利于我国开展未定罪腐败资产的跨境追缴或没收以及相关的国际刑事司法协助。如果我国将本应当进行未定罪腐败资产的追缴或没收定位为刑罚，若该腐败资产已经流出境外或者犯罪嫌疑人、被告人已经逃匿境外，则我国在开展跨境资产追缴与返还的时候，境外有关国家必定要求我国提供对该犯罪嫌疑人、被告人的定罪判决，但由于腐败资产已经流出境外或者犯罪嫌疑人、被告人已经逃匿境外，我国法院实际上难以作出定罪判决，也就无法开展切实的跨境追缴或没收，这给我国的国际刑事司法协助带来了不必要的困扰。如果我国将本应当进行未定罪腐败资产的追缴或没收定位为保安处分，而该腐败资产已经流出境外或者犯罪嫌疑人、被告人已经逃匿境外，那么我国在开展跨境资产追缴与返还的时候，境外有关国家必定要求我国提供证明该犯罪嫌疑人、被告人有人身危险性或者该腐败资产有财产上的危险性等相关材料。但由于腐败资产已经流出境外或者犯罪嫌疑人、被告人已经逃匿境外，实际上难以提供相关材料，也就无法开展切实的跨境追缴或没收，这也会给我国的国际刑事司法协助带来不必要的困扰。如果将对未定罪腐败资产的追缴或没收的法律性质定位为单列法律措施，那么在需要开展跨境追缴或没收的相关国际刑事司法协助时，只需要提供腐败资产本身的证明材料，以及该腐败财产高度源于有关腐败犯罪的证明材料，这将大大有助于开展未定罪腐败资产的跨境追缴或没收国际刑事司法协助。

第四章

未定罪腐败资产追缴的刑事实体制度发展

我国涉及追缴未定罪腐败资产的制度，主要规定在《刑法》第64条和分散在刑法其他条文中的某些未定罪事由，以及刑法分则对洗钱罪的规定中。未定罪事由是开展未定罪腐败资产追缴的刑事实体法前提之一，在众多的未定罪事由中，有的属于所有犯罪罪行都可能适用的未定罪事由，有的则是只有在腐败犯罪中才可能使用的未定罪事由。从1979年制定的我国第一部刑法开始，第64条的内容基本保持至今。作为20世纪理念的产物，该条规定已经大大落后于21世纪的世界，也大大落后于我国经济与社会的快速发展，必须要紧跟《刑事诉讼法》的步伐，对其作出彻底而有效的修改、完善。在开展未定罪腐败资产追缴有关的刑法分则中，关于洗钱罪的内容是其中最为关键的部分。对洗钱罪进行完善，不仅仅是完善国内法有关洗钱罪规制的需要，更是开展未定罪腐败资产的跨境追缴或没收国际刑事司法协助的重要基础。

第一节　未定罪腐败资产追缴与刑法中的未定罪事由

未定罪事由是不能对行为人启动刑事审判或者经审判认定其不构成犯罪的事实上或者法律上的具体原因。未定罪事由与未定罪类型不同，前者是具体事实或原因，后者是概况的种类描述或情节。例如，《刑法》第 13 条但书具有认定某人不构成犯罪的功能的作用，但是其不是未定罪事由，而是刑法总则规定的对一切犯罪认定具有意义的规范种类。未定罪事由包括事实上的未定罪事由与法律上的未定罪事由，前者如犯罪嫌疑人、被告人逃匿、死亡或患有丧失意识的重病或精神病，事实上的未定罪事由与法律规范无关，不以法律为转移。因而，我国最高人民法院、最高人民检察院颁布的《关于适用犯罪嫌疑人、被告人逃匿、死亡案件违法所得没收程序若干问题的规定》(以下简称《违法所得没收程序规定》）将下落不明，本应当依法宣告为死亡的犯罪嫌疑人、被告人，按照逃匿处理，即出于此种区别考虑。法律上的未定罪事由包括刑法上的未定罪事由与刑事诉讼法上的未定罪事由，前者是法律上的未定罪事由内容最多的部分，将在下文着重分析；后者则主要包括撤销案件、不起诉、终止审理、宣告无罪、撤回亲告等未定罪事由。

一、刑法中的未定罪事由

刑法中的未定罪事由，在我国刑法中主要表现为导致“可以不予追究”“不认为是犯罪”“不负刑事责任”“不予追究刑事责任”“不以犯罪论处”“不予处理”“免除处罚”等结果的内容。

按照“可以不予追究”“不认为是犯罪”“不负刑事责任”“不予追究刑事责任”“不以犯罪论处”“不予处理”等来处理的，主要有下列未定罪事由：①《刑法》第7条规定，中国公民在中国领域外犯刑法规定之罪，法定最高刑为3年以下有期徒刑的，可以不予追究。②《刑法》第8条规定，外国人在中国领域外对中国国家或者公民犯罪，按刑法规定最低刑为3年以上有期徒刑的，可以适用本法，但是按照犯罪地的法律不受处罚的除外。也就是说，外国人在中国领域外对中国犯罪，最低刑为3年以下有期徒刑的，或者按照犯罪地的法律不受处罚的，不能适用中国刑法。③《刑法》第12条规定，刑法实施前完成的行为，当时的法律不认为犯罪；或者当时法律认为是犯罪，现行法律不认为是犯罪的，不认为是犯罪。④《刑法》第16条规定，行为在客观上虽然造成了损害结果，但不是出于故意或者过失，而是由于不能抗拒或者不能预见的原因所引起的，不是犯罪。⑤《刑法》第17条规定，已满16周岁的人犯罪，应当负刑事责任。已满14周岁不满16周岁的人，犯故意杀人、故意伤害致人重伤或者死亡、强奸、抢劫、贩卖毒品、放火、爆炸、投放危险物质罪的，应当负刑事责任。已满12周岁不满14周岁的人，犯故意杀人、故意伤害罪，致人死亡或者以特别残忍手段致人重伤造成严重残疾，情节恶劣，经最高人民检察院核准追诉的，应当负刑事责任。也就是说，不满 12 周岁的未成年人以及已满 14 周岁不满 16 周岁的未成年人，对实施法定八种行为以外的行为，不应当负刑事责任。⑥《刑法》第 18 条规定，精神病人在不能辨认或者不能控制自己行为的时候造成危害结果，经法定程序鉴定确认的，不负刑事责任。⑦《刑法》第 20 条规定，正当防卫不负刑事责任。⑧《刑法》第 21 条规定，紧急避险不负刑事责任。⑨《刑法》第 87 条规定，超过追诉时效的犯罪，不再追诉。⑩《刑法》第 201 条第 4 款规定，纳税人逃税的，经税务机关依法下达追缴通知后，补缴应纳税款，缴纳滞纳金，已受行政处罚的，不予追究刑事责任。⑪《刑法》第 243 条第 3 款规定，不是有意诬陷，而是错告，或者检举失实的，不适用诬告陷害罪规定。⑫《刑法》第 306 条第 2 款规定，辩护人、诉讼代理人提供、出示、引用的证人证言或者其他证据失实，不是有意伪造的，不属于伪造证据。⑬《刑法》第 367 条第 2 款、第 3 款规定，有关人体生理、医学知识的科学著作不是淫秽物品，包含有色情内容的有艺术价值的文学、艺术作品不视为淫秽物品。⑭《刑法》第 389 条第 3 款规定，因被勒索给予国家工作人员以财物，没有获得不正当利益的，不是行贿。⑮《刑法》第 449 条规定，在战时，对被判处 3 年以下有期徒刑没有现实危险宣告缓刑的犯罪军人，允许其戴罪立功，确有立功表现时，可以撤销原判刑罚，不以犯罪论处。

我国刑法中包含“免除处罚”的规定，主要涉及下列事由：①《刑法》第 10 条规定，凡在中华人民共和国领域外犯罪，依照本法应当负刑事责任的，虽然经过外国审判，仍然可以依照本法追究，但是在外国已经受过刑罚处罚的，可以免除或者减轻处罚。②《刑法》第 19 条规定，又聋又哑的人或者盲人犯罪，可以从轻、减轻或者免除处罚。③《刑法》第 20 条第 2 款规定，正当防卫明显超过必要限度造成重大损害的，应当负刑事责任，但是应当减轻或者免除处罚。④《刑法》第 21 条第 2 款规定，紧急避险超过必要限度造成不应有的损害的，应当负刑事责任，但是应当减轻或者免除处罚。⑤《刑法》第 22 条第 2 款规定，对于预备犯，可以比照既遂犯从轻、减轻处罚或者免除处罚。⑥《刑法》第 24 条第 2 款规定，对于中止犯，没有造成损害的，应当免除处罚；造成损害的，应当减轻处罚。⑦《刑法》第 27 条第 2 款规定，对于从犯，应当从轻、减轻处罚或者免除处罚。⑧《刑法》第 28 条规定，对于被胁迫参加犯罪的，应当按照他的犯罪情节减轻处罚或者免除处罚。⑨《刑法》第 37 条规定，对于犯罪情节轻微不需要判处刑罚的，可以免予刑事处罚，但是可以根据案件的不同情况，予以训诫或者责令具结悔过、赔礼道歉、赔偿损失，或者由主管部门予以行政处罚或者行政处分。⑩《刑法》第 67 条第 1 款后半句规定，对于自首，犯罪较轻的，可以免除处罚。⑪《刑法》第 68 条第 1 款后半句规定，有重大立功表现的，可以减轻或者免除处罚。⑫《刑法》第 164 条（对非国家工作人员行贿罪）第 4 款规定，行贿人在被追诉前主动交待行贿行为的，可以减轻处罚或者免除处罚。⑬《刑法》第 276 条（拒不支付劳动报酬罪）第 3 款规定，有前两款行为，尚未造成严重后果，在提起公诉前支付劳动者的劳动报酬，并依法承担相应赔偿责任的，可以减轻或者免除处罚。⑭《刑法》第

351 条（非法种植毒品原植物罪）第 3 款规定，非法种植罂粟或者其他毒品原植物，在收获前自动铲除的，可以免除处罚。⑮《刑法》第 383 条（贪污罪、受贿罪）第 1 款第 3 项规定，犯第一款罪，在提起公诉前如实供述自己罪行、真诚悔罪、积极退赃，避免、减少损害结果的发生，有第一项规定情形的（即贪污数额较大或者有其他较重情节的），可以从轻、减轻或者免除处罚。⑯《刑法》第 390 条（行贿罪）第 2 款规定，行贿人在被追诉前主动交待行贿行为的，可以从轻或者减轻处罚。其中，犯罪较轻的，对侦破重大案件起关键作用的，或者有重大立功表现的，可以减轻或者免除处罚。⑰《刑法》第 392 条第 2 款（介绍贿赂罪）规定，介绍贿赂人在被追诉前主动交待介绍贿赂行为的，可以减轻处罚或者免除处罚。

二、与未定罪腐败资产追缴有关的未定罪事由及其发展

由上述内容可知，就其与开展未定罪腐败资产追缴的关系而言，刑法中的未定罪事由可以分为三类：其一，与开展未定罪腐败资产追缴基本上不可能发生联系的未定罪事由，比如说：非法种植罂粟或者其他毒品原植物，在收获前自动铲除的可以免除处罚。其二，与开展未定罪腐败资产追缴有可能发生联系的未定罪事由，例如犯罪情节较轻的犯罪人自首，可以免除处罚。对于实施腐败情节较轻，被认定为自首，免除处罚的，对其腐败资产仍然可以追缴或没收。其三，与开展未定罪腐败资产追缴肯定会发生联系的未定罪事由，例如介绍贿赂人在被追诉前主动交待介绍贿赂行为，被免除处罚的，对其介绍贿赂的佣金等违

法所得，按照未定罪腐败资产追缴的原则应当予以追缴。由此，可以将与未定罪腐败资产追缴有关的未定罪事由分为下列两类：

其一，与开展未定罪腐败资产追缴有可能发生联系的未定罪事由。主要有：①《刑法》第7条规定，中国公民在中国领域外犯刑法规定之罪，最高刑为3年以下有期徒刑的，可以不予追究。②《刑法》第8条规定，外国人在中国领域外对中国犯罪，最低刑为3年以下有期徒刑的，或者按照犯罪地的法律不受处罚的，不能适用中国刑法。③《刑法》第12条规定，刑法实施前的行为，当时的法律不认为犯罪；或者当时法律认为是犯罪，现行法律不认为是犯罪的，不认为是犯罪。④《刑法》第17条规定，不满12周岁的未成年以及已满14周岁不满16周岁的未成年人，对实施法定八种行为以外的行为，不应当负刑事责任。⑤《刑法》第87条规定，超过追诉时效的犯罪，不再追诉。⑥《刑法》第449条规定，对于在战时犯罪的军人，判处较轻的徒刑，宣告战时缓刑，并且戴罪立功后确有立功表现的，不以犯罪论处，并撤销原判决的刑罚。⑦根据《刑法》第10条，依照本法对于在我国领域外犯罪，依法应当承担刑事责任的，即使经过外国审判，也可依照本法追究，对于已经受过外国刑罚处罚的，可以免除处罚或减轻处罚。⑧《刑法》第19条规定，又聋又哑的人或者盲人犯罪，可以从轻、减轻或者免除处罚。⑨《刑法》第22条第2款规定，对于预备的犯罪人，可以比照既遂犯罪人从轻、减轻处罚或免除处罚。⑩《刑法》第24条第2款规定，对于没有造成损害的中止犯，应当免除处罚；对于造成损害的中止犯，应当减轻处罚。⑪《刑法》第27条第2款规定，对于从犯，应当从轻、减轻处罚或免除处罚。⑫《刑法》第28条规定，对于胁从犯，应当按照被胁迫的情节减轻处罚或者免除处罚。⑬《刑法》第37条规定，犯罪情节轻微且不需要判处刑罚的，可以免予刑事处罚，只是应当根据案件的不同情况，分别给予训诫、责令具结悔过、赔礼道歉、赔偿损失等处罚，或者由有关部门给予行政处罚或处分。⑭《刑法》第67条第1款后半句规定，对于自首，犯罪较轻的，可以免除处罚。⑮《刑法》第68条第1款后半句规定，有重大立功表现的，可以减轻或者免除处罚。

其二，与开展未定罪腐败资产追缴肯定会发生联系的未定罪事由。主要有：①《刑法》第389条第3款规定，因被国家工作人员勒索而给予财物，但没有取得不正当利益的，不是行贿。②《刑法》第164条第4款规定（对非国家工作人员行贿罪），对于在被追诉前主动交待的行贿人，可以减轻处罚或者免除处罚。③《刑法》第383条第1款第3项规定（贪污罪、受贿罪），犯贪污罪、受贿罪，在提起公诉前如实供述自己罪行、真诚悔罪、积极退赃，避免、减少损害结果的发生，贪污、受贿数额较大或者有其他较重情节的，可以从轻、减轻或者免除处罚。④《刑法》第390条第2款规定（行贿罪），对于在被追诉前主动交待行贿行为的行贿人，可以从轻或者减轻处罚。犯罪较轻的行贿人，其交代对侦破重大案件起关键作用的，或者有重大立功表现的，可以减轻或者免除处罚。⑤《刑法》第392条第2款规定（介绍贿赂罪），对于在被追诉前主动交待介绍贿赂行为的介绍贿赂人，可以减轻处罚或者免除处罚。

具有上述两类未定罪事由的行为人，虽然不能被认定有罪，或者被免除刑罚处罚，但是应当对其腐败资产进行追缴或没收，其中对其腐败违法所得及其收益应当予以追缴，对其腐败行为涉及的违禁品或供违法行为所用的财物应进行没收。相应的，在将来条件成熟时，应对我国《刑事诉讼法》“违法所得单独没收程序”进行修改，扩大单独没收的适用，即当犯罪嫌疑人、被告人逃匿、死亡或依法未被定罪、处罚时，都可以予以没收或追缴。

第二节　未定罪腐败资产追缴与刑法总则

我国《刑法》第64条规定：“犯罪分子违法所得的一切财物，应当予以追缴或者责令退赔；对被害人的合法财产，应当及时返还；违禁品和供犯罪所用的本人财物，应当予以没收。没收的财物和罚金，一律上缴国库，不得挪用和自行处理。”该条规定源于我国1979年第一部《刑法》，是20世纪以定罪为前提的追缴或没收的体现，因而与我国现行《刑事诉讼法》中规定的“违法所得单独没收程序”存在明显冲突。相较于当今世界主要法系的有关立法，在立法技术上颇显简陋。相较于我国司法实践而言，也存在较多的滞后性，需要对此进行深入分析，并提出完善的思路与建议。

一、关于违法所得

从我国《刑法》第64条的规定而言，其立法语言非常清晰，比如“一切财物”“应当予以追缴”“应当及时返还”，也有些措辞非常严厉，比如“一律上缴国库”“不得挪用和自行处理”等，其客观上使通过不经定罪的方式来追缴未定罪腐败资产的合法性空间可能性，在现行刑法中被无限压缩。其一，《刑法》第64条中的“追缴”，可以被解释为对违法所得的扣押、冻结、返还、收缴的过程的规定，包含了程序和实体的双重意义。就腐败犯罪而言，第64条中的“犯罪分子违法所得的一切财物”，通常指的是通过贪污罪行非法占有的国有财产、通过受贿罪行非法占有的贿赂财物、通过私分国有资产罪行非法占有的国有财产、通过渎职罪行而造成的公共财产损失等。由此可见，我国刑法的规定并没有考虑上述腐败行为所得在国外流转的情况，特别是因洗钱而涉及第三人的表面正当化情形，这造成了我国追缴该资产的重大障碍。其二，《刑法》第64条中的“责令退赔”指的是违法所得已经被挥霍、灭失时，由司法机关责令被告人以替代物或者按财物的价值折价向被害人赔偿。《刑法》第64条中的“返还”指的是行为人通过违法行为取得被害人的合法财产及其收益权属确定无误，有关事实已经查证属实的，司法机关经过认定后，将其退还给被害人。

从规范表述来看，违法所得是一个跨部门法的概念，民法、行政法和刑法对此都有所规定。因此，从严格区分的角度来看，可以将违法所得分为民法意义上的违法所得、行政法意义上的违法所得和刑法意义上的违法所得。民法意义上的违法所得，指的是行为人通过民事侵权行为所获得的非法财物。[1]行政法意义上的违法所得，指的是行为人通过行政违法手段获取的非法财物。刑事法意义上的违法所得，是指犯罪分子通过

1. 竹莹莹:《违法所得问题研究》,《西南政法大学学报》2005年第1期，第90页。

违法犯罪行为直接或者间接取得的财物或财产性利益。《刑法》第 64 条所指的违法所得显然是刑事法意义上的违法所得。通过违法手段获得的财物，就刑法而言，属于准不当得利，行为人不能享有该财物所有权。对违法所得可作如下理解：

其一，关于违法所得的生成来源。该问题实际上包括两个问题：一是违法所得是来自一般违法行为还是来自犯罪行为；二是违法所得生成来源的具体情形。

关于违法所得是来自一般违法行为还是来自犯罪行为，就我国现行《刑法》第 64 条的规定而言，其表述为“犯罪分子违法所得的一切财物，应当予以追缴或者责令退赔”。其规定了“违法所得”来自一般违法行为的结论，但同时又对“违法所得”加以“犯罪分子”的限制，则又使违法所得与犯罪行为联系在一起。张明楷教授认为：应对《刑法》第 64 条的“犯罪分子”作扩大理解，其包括犯罪的自然人、犯罪组织以及犯罪单位。此外，“违法所得”指的是具备构成要件的违法所得，不要求满足有责性要件。[1] 该观点的结论合理，但其分析思路还需要细化。其认为违法所得是指符合犯罪构成要件的违法行为所得，但更妥当的说法应当是违法所得来源于已经符合犯罪成立条件，本应当构成犯罪但却依法不承担责任或者不予刑事处罚的行为。否则，依照我国刑法理论通说与立法体系，符合犯罪构成要件的行为构成犯罪。

违法所得生成来源的具体情形一般包括三种：①违法行为制造物，或者违法行为所生物，如伪造货币行为制造出的伪造

1. 张明楷：《刑法学》（第 5 版），法律出版社 2016 年版，第 643 页。

货币等。②违法行为占有物，如贪污行为占有的国有资产、受贿行为获得的贿赂款或贿赂物。③违法行为回报物，如介绍贿赂的佣金、委托将腐败资产洗钱的代理费等。就腐败资产追缴而言，比较常见的违法所得来源于后两种情形。

其二，关于违法所得的计算。关于违法所得的计算，存在三种观点：一是纯利说；二是总额说；三是折中说。持纯利说的学者认为："对行为人有责的行为，作为附加刑对犯罪行为的毛利予以追缴；行为人无责的行为……罪责原则禁止将超过纯利部分予以追缴，因此必须在扣除所生费用后，将追缴限制在实际获得的利益上……行为人在原因行为或来源行为上的罪责没有得到证实的，追缴只能适用纯利原则。"[1]有学者认为：如采总收入原则，就会使没收违法所得变为惩罚，从而不符合要求犯罪行为人不得占有违法所得、恢复合法财产状态的宗旨。[2]有学者认为：就没收违法所得而言，只能采取纯益主义。纯益以外的犯罪成本，可以解释为供犯罪所用的本人财物。[3]持总额说的学者认为：当今国际社会普遍认可追缴违法所得不扣除犯罪成本，这表明追缴违法所得的目的不仅在于没收行为人的违法收获，更在于对违法行为和违法人进行制裁。[4]折中说认为：在计算违法所得时，既不能采扣除违法成本后的纯利

1. ［德］汉斯·海因里希·耶塞克、托马斯·魏根特：《德国刑法教科书》(下)，徐久生译，中国法制出版社2017年版，第1070—1073页。
2. 刘清生：《论刑事违法所得的认定与追缴》，《湖南社会科学》2009年第2期，第53页。
3. 张明楷：《刑法学》(第5版)，法律出版社2016年版，第643页。
4. 张磊：《论我国经济犯罪收益追缴制度的构建》，《政治与法律》2009年第5期，第39页。

说，也不能采不扣除违法成本的总额说，而是应当从违法所得中扣除合法的边际成本，但应当由提出扣除要求的一方承担证明其合法的举证责任，如果不能证明，就按违法所得的总额来追缴其违法所得。[1] 司法实践中也存在纯利说与总额说的分歧，前者认为，“违法所得”是指获利数额，该看法得到2012年最高人民法院法律政策研究室答复有关部门的征求意见的支持。后者认为，“违法所得”无需扣除生产、销售成本，包括通过实施犯罪直接或间接获得的任何财物。[2]

针对我国《刑法》第64条的规定，参考前述各国对未定罪腐败资产追缴的立法变革，应当认为对违法所得的计量采取总额说更为合理。首先，总额说更符合我国《刑法》第64条的立法表达方式。该条规定表述为“犯罪分子违法所得的一切财物，应当予以追缴或者责令退赔”，其强调的是“一切财物”。按照立法的常规用语，此处所列的“一切财物”似乎有些画蛇添足，如果将该条规定改为“犯罪分子违法所得的财物，应当予以追缴或者责令退赔”，在逻辑上也完全成立。可见，立法者在此使用“一切财物”的表述，明显是突出其计算上的要求，是对违法所得中包括违法行为成本、违法行为成本外的获利在内的全部内容的强调。其次，符合当今各国对未定罪腐败资产追缴的立法变革。就前述各国对未定罪腐败资产追缴的立法而言，当今各国立法普遍认可对违法所得的追缴采取总额说，例如德国立法在1992年之前采取纯利说，而在1992

1. 吴光升：《刑事涉案财物处理程序研究》，法律出版社2018年版，第24—25页。
2. 刘晓虎、赵靓：《“违法所得”概念的界定和司法认定》，《人民法院报》2018年7月4日，第6版。

年之后采取总额说，在2017年修改《德国刑法典》时更加强调对未定罪的处置也采取总额说，而英美法系的国家在其对判例法的运用中早已承认总额说。同时，以《联合国反腐败公约》为代表的国际公约也都普遍认可了总额说，该公约在其第2条中明确规定"'犯罪所得'是指通过实施犯罪而直接或间接产生或者获得的任何财产"，通过对"任何财产"的强调来肯定追缴的违法所得包括违法行为成本、违法行为成本外的获利等全部内容。最后，对违法所得的计量采取总额说更为合理。纯利说的不合理之处在于将违法行为的成本排除在违法所得之外并不具有正当性与合理性，违法行为的成本在司法实践中普遍表现为实施违法行为的预备之物，完全不具有正当性，依照刑法理论和多数国家立法，对此应当依法没收。就现实的操作而言，将违法行为的成本排除在违法所得之外，不具有合理性。在司法实践中，违法行为的成本经常出现与违法行为的获利混同、合并的情况，在客观上无法分离排除，在诉讼中也难以提供充分证据证明二者的界限，徒增讼累。折中说的不合理之处在于：其试图对纯利说与总额说进行调和，但其调和方式却增加了不必要的条件，也无法实现。其主张：从总收入中扣除合法的边际成本，边际成本概念来源于经济学，一般指的是额外一单位产量所引起的总成本的增加。其是否能够直接运用到刑法中暂且不论，就是在经济学界内部，边际成本的概念也存在很大争论，并不适宜作为排除违法所得一部分内容的标准。[1] 并且其主张由提出扣除边际成本要求的一方承担相应的

---

1. [美] 曼昆：《经济学原理（微观经济学分册）》（第7版），梁小民、梁砾译，北京大学出版社2015年版，第286页。

证明责任。这既不合理，也不具有可操作性。要求扣除边际成本的一方通常是犯罪嫌疑人、被告人或者第三人，要求其承担证明边际成本合法的责任，超出了其参与诉讼的法定责任，该责任对于司法机关、专业经济学家都难以承担，要求一般的普通人承担该责任，更加不具有可操作性。因而，对违法所得的计算采取总额说是妥当的。

其三，关于违法所得是否包括财产性利益。对此，有肯定说与否定说两种看法。肯定说认为，《刑法》第 64 条规定的财物，必须是财物、物品，但不限于有体物，还包括财产性利益。[1] 否定说认为，非物质性利益不能被纳入违法所得的范围。否定说缺乏法律依据，刑法没有对非物质财物作出规定；否定说也缺乏可操作性，现实中各种各样的种类繁多的非物质性利益也难以把握。[2] 应当认为，肯定说更为合理。从前述各国有关立法和国际公约可以看出，大多数国家普遍将违法所得解释为包含财产性利益在内的资产。少数国家虽然没有在刑法中明确肯定违法所得包含财产性利益，但是通过特别立法予以认可。例如，日本在 1991 年制定的《麻醉药品及精神药物取缔特例法》中规定，某些特定的财产性利益也可能成为没收对象，比如存款的债权、专利权等。[3] 财产性利益，指的是能够用财产进行衡量或者以确定对价支付的利益。依照该思路进行处理，既有利于堵住腐败问题处理的漏洞，也有利于发挥追缴

1. 张明楷：《诈骗罪与金融诈骗罪研究》，清华大学出版社 2006 年版，第 13 页。
2. 乔宇：《刑事涉案财物处置程序》，中国法制出版社 2018 年版，第 29 页。
3. [日] 金光旭：《日本刑法中的不法收益之剥夺：以没收、追缴制度为中心》，钱叶六译，《中外法学》2009 年第 5 期，第 784 页。

违法所得的预防功能。

其四，关于违法所得的间接性。违法所得的间接性包含两层含义：一是违法所得间接产生的收益，可否追缴；二是违法所得的物或利益灭失的，可否采取其他方式追缴。

关于违法所得的间接收益，各国刑法立法与理论上基本上达成了共识，都认可应当对其予以追缴，但对于间接受益的间接性延伸到何种程度，则存在较大争议。英美法系对其采取无限追溯的看法，其认为：只要是能够归因于犯罪行为的收益均可视作违法所得予以追缴，即能否作为违法所得追缴，关键看其是否与犯罪行为存在因果关系，而不需要关注违法行为与违法所得之间的环节层数。[1]德国、日本等大陆法系国家对此采取有限回溯的看法，其认为：对这种因果关系，也不能无穷尽地回溯。[2]我国司法实务多数主张：违法所得可以包括直接利用违法所得或其替代物产生的收益，但间接产生的违法所得则不能追缴。[3]我国法学界有学者认为，从违法所得没收目的来看，将违法所得限定为犯罪直接违法所得与该违法所得的收益，很值得商榷，其认为：对某些产生于间接违法所得的收

1. 参见吴光升：《刑事涉案财物处理程序研究》，法律出版社 2018 年版，第 15 页。
2. [日]金光旭：《日本刑法中的不法收益之剥夺：以没收、追缴制度为中心》，钱叶六译，《中外法学》2009 年第 5 期，第 786 页。
3. 参见 2015 年《关于审理掩饰、隐瞒犯罪所得犯罪所得收益刑事案件适用法律若干问题的解释》第 10 条："上游犯罪行为人对犯罪所得进行处理后得到的孳息、租金等，应当认定为刑法第三百一十二条规定的'犯罪所得产生的收益'。"以及 2017 年《关于适用犯罪嫌疑人、被告人逃匿、死亡案件违法所得单独没收程序若干问题的规定》第 6 条第 3 款："来自违法所得转变、转化后的财产收益，或者来自已经与违法所得相混合财产中违法所得相应部分的收益，应当视为第一款规定的'违法所得'。"

益，也应当予以追缴。对将违法所得间接用于合法经营获得的收益，应将其予以扣除。[1]我们认为，上述主张都不尽合理：无限追溯将伤害到不知情的第三人利益，损害正常的交易秩序；有限回溯说没有给出有限的界限与基准；合法收益扣除说与上述扣除违法行为成本的主张具有类似的弊端。对违法所得间接收益应当采取对收益进行实质判断后再行追缴的主张，即若违法所得的间接收益与违法所得的性质直接相关，并属于违法所得本身的价值衍生，则应当追缴；如果违法所得间接收益与违法所得的性质没有直接关联，也不属于违法所得本身的价值衍生，不应当予以追缴。例如：腐败分子将收受的1000万元贿赂款，投资股市，获利300万元，将该300万元再次用于购买债券，又获利200万元，又将该获利投资企业，获经营收益100万元。在这种情况下，应当将其直接收受的1000万元和300万元与200万元的获利予以追缴，但对其经营收益的100万元不需追缴。

违法所得的物或利益灭失的，应当对其进行替代物的追缴或者价值追缴。如果违法所得的物或利益灭失，各国刑事立法与理论普遍认可应对其采取其他方式来追缴。我国刑法规定应当“责令退赔”，德国、日本刑法规定对与违法所得价值相等的金额进行追缴，美国判例为由法院决定将被告人的其他财产当作替代物进行追缴，加拿大刑法规定可用罚金替代对违法所得原物的追缴，如果罚金刑也无法履行，可用对被告人的监禁替代。笔者认为，我国刑法规定的“责令退赔”，含义不清，

1. 参见吴光升：《刑事涉案财物处理程序研究》，法律出版社2018年版，第17页。

与追缴违法所得的关系不明，在司法实践中执行得较为混乱，应当予以废止，改用替代物追缴或价值追缴的方法，即在违法所得的物或利益灭失的情形下，优先采取替代物追缴的办法，追缴替代物的价值明显低于违法所得的，再等值追缴违法所得价值的不足部分。这既有利于对违法行为人故意毁损违法所得物或违法所得利益进行预防和控制，也有利于公平追缴违法所得。因为在司法实践中，经常遇到违法所得物贬值或违法所得利益缩水的情形，例如腐败分子将收受的金条丢入江河，致使部分金条无法打捞，[1] 对此应对腐败分子以个人财产购买的等值金条予以追缴；腐败分子将用贿款购买的股票，在被逮捕前抛售的，若该股票难以用替代物进行追缴，应当对其等值的其他财产进行追缴。对此，近几年来有关司法解释也予以认可。比如，2018 年最高人民法院、最高人民检察院、公安部、司法部在《关于办理黑恶势力犯罪案件若干问题的指导意见》中指出："依法应当追缴、没收的财产无法找到、被他人善意取得、价值灭失或者与其他合法财产混合且不可分割的，可以追缴、没收其他等值财产。"

其五，关于推定的违法所得。在腐败犯罪中，参与人往往行踪诡秘、资金或财物往来隐蔽，受贿行为更是号称"天知地知你知我知，其他一概不知"。按照追缴违法所得的常规思路来证明违法所得源于具体的腐败行为，在司法实践中非常难以做到。为此，如前所述，越来越多的国家在立法中规定了推定

1. 参见王菁：《涉案资金超 1 亿！ 25 公斤黄金扔河里》，《上海法治报》2020 年 7 月 29 日，第 5 版。

的违法所得制度，只要符合一定条件，就可推定某些财物属于违法所得，如果财物持有人未能说明合法来源，即使不能认定财物持有人构成犯罪，也可将此财物视作违法所得予以追缴。例如，美国的民事没收推定制度、英国的“犯罪生活方式”推定制度、德国的扩大违法所得推定制度等。当然，关于推定的违法所得制度也历来存在争议。虽然一般来说，法律都将违法所得制度的适用限制在特定案件范围之内，要求以较为充分的证据证明被告人没有合法依据而占有大量不合情理的财物，即具有高度的违法所得可能性。但是，这并不能完全排除将合法财产作为违法所得处理的可能性。因而，有学者主张废除该制度，其理由是：一是只需要有理由相信被告人实施了特定违法行为，且没收对象来源于该违法行为，即可作出这种证明要求降低的推定，很难符合“事实不明有利被告”的原则；二是被告人如果要继续占有该所得财物，就要强制其对该财物的合法性予以陈述，这就明显违反了“不得强迫自证其罪原则”。[1] 笔者认为，采取推定的违法所得制度就开展未定罪腐败资产追缴而言更具有可行性。目前我国已在相关司法解释中认可了推定的违法所得制度，比如 2017 年《违法所得没收程序规定》第 17 条指出，申请没收的财产具有高度可能的，应当认定为其属于违法所得及其他涉案财产，同时规定：如果没有其他人对该财物主张权利，或者主张权利的相关证据没有达到相应标准的，应当视为属于违法所得及其他涉案财产。上述司法解释对

1. 樊文：《德国刑法上的追缴与没收：规范的基础、结构及其适用》，中国法学网：http：//www.iolaw.org.cn/showArticle.aspx?id=1544，访问时间：2019 年 9 月 7 日。

追缴推定的违法所得作出了重要的探索，有必要参照上述司法解释，在我国刑法分则有关腐败犯罪的规定中对推定的违法所得制度进行特别规定。就开展未定罪腐败资产追缴而言，建立推定的违法所得制度的可行性表现在：①腐败犯罪案件因其特点适合建立推定的违法所得制度。腐败犯罪案件属于违法所得与犯罪行为的联系比较难以证明的案件。推定的目的在于解决推定的事实难以证明的难题，如果违法所得与犯罪行为的联系比较容易证明，就无推定的必要性与正当性。同时，腐败犯罪案件属于谋利型犯罪案件。违法所得推定的最终目的在于没收违法所得，而不在于定罪判刑。如果犯罪行为不是出于谋利的目的，亦无适用违法所得推定的必要性。②腐败犯罪案件具有持续性，其证据链不易中断。腐败犯罪具有持续性的特点，其违法所得与犯罪行为的联系可以形成证据链。同时，此类案件的犯罪行为人具有巨额合法财产来源的可能性比较低，其所持有财产属于违法所得的可能性比较高，推定事实存在错误的概率比较低。③腐败犯罪案件中的基础事实证明不易出错。在腐败犯罪案件中，由控诉方证明两个方面的基础事实：财产持有人实施了特定犯罪行为，这种犯罪行为只具有三阶层意义上的违法性，因而即使财产持有人最后因为某种原因不承担刑事责任，也可推定其持有的财产属于违法所得而对其加以没收；以及财产持有人持有的财产超出其合法收入，且数额较大。该基础事实证明相对简单，不易出错。

其六，关于第三人取得的违法所得。此处的第三人指的是除了共同犯罪人以外的其他第三人，对于参与犯罪的共同犯罪人，即使其没有在同一个诉讼中受到起诉，也应当对其违法所得进行追缴。

当今世界各国普遍认可对第三人取得的违法所得可以进行追缴，但适用条件各不相同。例如，《德国刑法典》在第73b条中规定，对在定罪的追缴中，如果第三人无偿地或没有法律根据地接受转让，或其知道或应当知道该资产源自违法行为，则其应当被追缴。该法在第74a条中规定，第三人明知违法所得可能被追缴而仍然不当取得的，应当追缴。该法在第74b条中规定，如果违法所得危及公共安全，或可能被用于实施违法行为，即使其为第三人所有，也可以予以追缴，但要给予适当补偿。《日本刑法典》第19条第2款也规定，对于属于犯罪人以外的人所有之物，第三人在犯罪以后知情并取得的，也可以没收。英美法系国家普遍认为，在民事没收中，对于第三人不知情，同时也无合理理由知道争议财产属于违法所得，且以合理对价购买所得的，不能没收，在刑事没收中也有类似规定。

我国法学界对于该问题存在较多争议，主要分为否定说、肯定说、有条件肯定说三种。比较有趣的是：持否定说的，多数为刑法学者；持肯定说的，多数为民法学者。我国立法机关对此则持回避态度，例如我国在2007年前后制定《物权法》草案时，物权法草案的前三次审议稿均有“盗窃物”或“被盗、被抢的财产”等善意取得的规定，但在四审稿后被删除，该规定最终没有被写入《物权法》，立法机关对此的解释是：“对被盗、被抢的财产，可以通过司法机关依照有关法律追缴后退回。在追赃过程中的保护善意受让人权益、维护交易安全和社会经济秩序，可以通过进一步完善有关法律规定解决，物权法对此可以不作规定。”[1]我国司法实务则对此多持有条件肯定的立场，比如最高人民法院、最高人民检察院、公安部在2016年《关于办理电信网络诈骗等刑事案件适用法律若干问题的意见》中指出：“他人善意取得诈骗财物的，不予追缴。”

综合看来，对第三人善意取得的违法所得，可以不予追缴，这既有利于维护公平的交易秩序，也有利于维护国家登记制度的权威，更有利于保护第三人权益。判断第三人属于善意取得，应当符合以下条件：一是第三人不知情，即第三人获得违法所得时，不知道或不可能知道该财物属于应当追缴的违法所得；二是第三人获得该违法所得时支付了合理对价。判断第三人是否不知情，应当根据社会一般人的认知标准来进行，但是如果第三人具有一定专门知识，并且取得该违法所得与该专门知识有关，则应当适用该专门人士标准。判断第三人的对价是否合理，可以参照2021年最高人民法院《关于印发〈全国法院贯彻实施民法典工作会议纪要〉的通知》的第9条规定，即“人民法院应当以交易当地一般经营者的判断，并参考交易当时交易地的物价部门指导价或者市场交易价，结合其他相关因素综合考虑予以认定。转让价格达不到交易时交易地的指导价或者市场交易价百分之七十的，一般可以视为明显不合理的低价；对转让价格高于当地指导价或者市场交易价百分之三十的，一般可以视为不合理的高价。当事人对于其所主张的交易时交易地的指导价或者市场价承担举证责任”。

1. 参见胡康生主编：《中华人民共和国物权法释义》，法律出版社2007年版，第244页。

二、关于违禁品和供犯罪所用的本人财物

我国《刑法》第64条还规定，“违禁品和供犯罪所用的本人财物，应当予以没收”。该条规定也适用于非定罪腐败资产追缴领域，并且具有更高的优先级。尤其是对违禁品的没收，属于最早出现的未定罪追缴形态，因为对违禁品的没收，完全不需要以定罪为前提，甚至都不需要以立案或诉讼为前提，只要在执法过程中发现违禁品，确认无误后就可以立即进行没收。

其一，关于违禁品。违禁品，一般指国家规定禁止生产、制造的淫秽物品、假币、毒品或者限制生产、购买、运输和持有的枪支弹药、刀具、爆炸物品等。违禁品有可能是行为人通过违法行为获得的违法所得，比如专门盗窃贪官的窃贼，用窃取来的贪官收受的贿赂买来的海洛因。违禁品也可能是犯罪行为构成要件的内在条件物，比如使变造货币罪成立的变造货币。违禁品还有可能是本属于行为人本人的合法财物，但由于违法行为的实施而成为违禁品，比如猎人合法持有的枪支，持枪证到期而没有续期的，即成为非法持有的违禁品。违禁品、违法所得、供犯罪所用的财物的界限是相对的，司法实践中，有些财物同时具有多重属性。比如，实施贿赂行为中的贿赂款，对于受贿者来说，属于违法所得，对于行贿者来说则属于供犯罪所用的财物。如果行贿者用走私文物向他人行贿，则对于受贿者来说，该文物属于违法所得，对于行贿者来说，则属于供犯罪所用的财物，对于双方来说，又都属于违禁品。

其二，关于供犯罪所用的本人财物。供犯罪所用的本人财物有的理论认为就是犯罪工具，该认识并不全面。供犯罪所用

的本人财物，除了包括本人财物用于犯罪的犯罪工具，还应当包括构成犯罪不可缺少的本人财物。就开展未定罪腐败资产追缴领域而言，供犯罪所用的本人财物应当做广义理解，其既包括已被定罪的，也包括符合构成要件但不符合责任要件的本人财物，还可能包括维持犯罪后果的本人财物，但没收维持犯罪后果的本人财物时，则需要考虑没收的适当性与比例性，尤其是没收对犯罪后果进行维持的本人房产时。例如，我国经常发生腐败分子买房藏钱的案例，当腐败分子收受贿赂，并将贿赂款藏于本人购买的房产时，是否可以没收该房产，值得深入分析。关于供犯罪所用的本人财物是否包括不动产，有关理论对此见解并不一致，有学者认为除法律有特别规定外，应以动产为限；有学者认为从规范文字的角度并没有办法将不动产排除于物的概念外，不动产是否得为没收标的，仍应从没收的适当性与比例性来考量。[1] 如果该房产是腐败分子本人或其共同生活的人的生活必需品，则不应当没收。进而，应当综合以下因素考虑是否没收：一是供犯罪所用的本人财物所涉及的犯罪行为的严重程度，包括犯罪行为所侵害的权益、所造成的社会影响、所可能判处的刑罚等因素；二是供犯罪所用的本人财物对犯罪行为的促进作用，包括该财物有无其他合法用途，该财物被用于危害行为的停止形态的类型，被用于危害行为的次数以及使用的空间等因素等。[2]

关于供犯罪所用的本人财物，是否包括过失犯罪行为所用

1. 黄荣坚：《基础刑法学（上）》（第三版），中国人民大学出版社 2009 年版，第 61 页。
2. 参见吴光升：《刑事涉案财物处理程序研究》，法律出版社 2018 年版，第 63 页。

的本人财物。从我国刑法的规定来看，其并没有排除供犯罪所用的本人财物不包括过失行为人所用本人财物的可能性。但是，就探讨立法设置没收供犯罪所用的本人财物的意图而言，其主要是基于预防主义的考虑，兼顾刑事证据功能需要。由于过失行为的主观不法程度显然要低于故意行为，就没收供过失犯罪使用的本人财物而言，其预防效果显然大为降低。就语义而言，“供犯罪所用的本人财物”也可以理解为过失行为人实际上欠缺对相关物品属于“供犯罪所用的”的主观认识，也就难以对其进行没收，从而排除对过失犯罪适用没收供犯罪所用的本人财物的可能性。

其三，关于供犯罪所用的第三人财物能否没收。在理论上有学者对此持否定立场，张明楷教授认为，供犯罪所用的他人财产，不得没收，如果财物已由第三人善意所有，则不应当没收。[1] 上述观点值得商榷。如果第三人对于其财物被用于犯罪并不知情，当然不应当没收。但是如果第三人对其所有财物被用于犯罪，知道或应当知道，但是又不构成故意犯罪的共同犯罪，此时没收也具有必要性与合理性。对此，前述的《德国刑法典》作出了明确规定。就开展对未定罪腐败资产的追缴而言，如果第三人对于自己的财物被用于行贿，持无所谓的态度，或者出于重大过失，难以构成共同犯罪，不能按照没收共犯人所有的财物原则没收其财物，但此时有必要对其财物进行没收，这也属于在第三人没有被定罪的情形下展开的未定罪腐败资产追缴。

1. 张明楷：《刑法学》(第5版)，法律出版社2016年版，第644页。

三、关于追缴、没收与责令退赔

我国《刑法》第64条中“追缴”“责令退赔”和“没收”三者的含义不清，在实践中的适用颇为混乱。该条规定违法所得应当追缴或者责令退赔，但是违法所得有相当一部分被没收上缴国库，这就导致了追缴与没收在概念上的含混，还有部分违法所得应当退还被害人，这又导致追缴与责令退赔出现了概念上的交叉重叠。责令退赔是对被害人财产权利的救济，而该条同时又规定了对被害人合法财产应当返还，从而引起了责令退赔和返还被害人财产的争论。责令退赔的表述内既有“退”又有“赔”，究竟其应作赔偿理解，还是意味着既退还原物又赔偿损失，立法也没有给出明确的答案。因此，关于追缴、责令退赔、没收的概念，学术界和实务界的分歧很大。关于追缴，有学者认为其仅指将违法所得上缴国库，有学者认为其仅为一种保全性扣押措施，有学者认为其既包括上缴国库也包括返还被害人财产，有学者认为只有在原物存在的情况下才适用追缴，还有学者认为追缴既包括保全财产也包括处分财产；对于责令退赔，有学者认为其既包括退还原物也包括赔偿被害人损失，有学者认为其仅指原物不存在时赔偿被害人损失，有学者认为退赔的财产范围仅限违法所得的数额，还有学者认为用于退赔的财产只能是犯罪人的合法财产；关于没收，有学者认为没收仅指处分性措施而不包括保全性措施在内，有学者认为没收和追缴可以通用。[1]

1. 乔宇：《刑事涉案财物处置程序》，中国法制出版社2018年版，第12页。

我国《刑法》第64条含义不清，内在结构存在矛盾，这也给司法实践带来了困扰，令司法人员适用时也容易发生偏差。例如，有学者认为，追缴或者责令退赔均针对被告人的违法所得，即其通过犯罪行为所获得的财产，这种财产有可能是被害人的合法财产，如被害人被盗窃、诈骗的财产。有些案件中也存在需要予以没收的财产，如非法经营的获利、受贿所得等。从文字上理解，追缴是一种行为方式，从犯罪分子处追回的相关财产一般理解为原物原款。刑法及相关规定都要求司法人员在办案过程中，要采取措施追缴犯罪分子的违法所得，具体方式包括查封、扣押、冻结等。违法所得仍在犯罪分子处的，从犯罪分子处追缴，流失到他处的，从他处追缴。追缴只是一种工作方式，而不是最终的处理结果，追缴财物到案之后，应区分财物性质分别发还被害人或者没收。所以追缴更多的是在办案过程中的行为方式，不是判处的处理结果。[1] 该观点代表了司法实践的看法，但其值得商榷。首先，将追缴认为是一种工作方式，而不是法律的最终处置手段，明显不符合我国《刑法》第64条的立法目的。该条的第一句明显是对违法所得最终处理结局的规定。至于其后规定的第二句，完全是一种提示性规定，而并不是追缴后的处置手段。换言之，刑法即使对此不作规定，我们对被害人的合法财产也应当及时返还，这是超出刑法规定以外的正义要求。其次，所谓“有些案件中也存在需要予以没收的财产，如非法经营的获利、受贿所得

1. 臧德胜：《法官如此裁判：刑事审判要点解析》，中国法制出版社2019年版，第210页。

等”，混淆了违法所得与供犯罪所用的本人财物的界限。非法经营的获利、受贿所得，属于典型的（犯罪）违法所得，依法应当追缴，而不是没收。能够进行没收的，只能是违禁品和供犯罪所用的本人财物。当然，有时我国立法机关自己也会出现混用的情形，例如我国《刑事诉讼法》第四章特别程序，名为“犯罪嫌疑人、被告人逃匿、死亡案件违法所得的没收程序”，与我国刑法规定相协调的用语应当为“犯罪嫌疑人、被告人逃匿、死亡案件违法所得的追缴程序”，这表明立法者有时也难免混用，何况司法者乎。

由上述关于《刑法》第64条理解与适用的分歧与问题可见，在与刑事案件有关的资产的处理方面，还没有形成统一的概念，缺乏一致的理论共识，这制约了未定罪腐败资产追缴的理念与制度的未来发展，以下内容分析其问题症结，并提出合理重构的应对思路。

四、应对思路

从前述分析可以看出，目前我国《刑法》第64条的规定存在较多问题，综合看来主要有：对违法所得的界定不清晰，对供犯罪所用的本人财物界定不清晰，对各种犯罪有关的资产处置方式规定较为随意，对资产处置范围规定较为保守，不符合现代社会对开展未定罪腐败资产追缴的发展趋势。同时，我国刑法中的没收财产刑以及《刑法》第64条将国家行使权力的追缴或没收，与国家对被害人的救济途径混为一谈，造成了较多的混乱。对此，结合有关法系立法规定和刑法理论，建议适时出台有关司法解释，待时机成熟时修改刑法，建议依照如下的应对思路来完善我国的未定罪腐败资产追缴制度：

其一，统一适用对象。建议将《刑法》第64条第一句中涉及的对象，解释为或者修改为“违法所得及其直接收益、与实施罪行有关的间接收益”。建议将“违禁品和供犯罪所用的本人财物”，解释为或者修改为“违禁品、供实施罪行所用的本人财物以及第三人出于故意或重大过失供实施罪行所用的财物”。

其二，统一适用方式。建议将“犯罪分子违法所得的一切财物，应当予以追缴或者责令退赔”，解释为或者修改为“违法所得及其直接收益、与实施罪行有关的间接收益，应当予以追缴。违法所得及其直接收益、与实施罪行有关的间接收益灭失、因混同无法分割的，应当追缴其等值替代物或等值金额的现金”。建议将“违禁品和供犯罪所用的本人财物，应当予以没收”解释为或者修改为“违禁品、供实施罪行所用的本人财物以及第三人出于故意或重大过失供实施罪行所用的财物，应当予以没收；没收供实施罪行所用的财物，应当与其罪行相适应”。在刑法中删除“对被害人的合法财产，应当及时返还”与“没收的财物和罚金，一律上缴国库，不得挪用和自行处理”的规定，将该部分内容修改充实后，另行规定在其他法律中。

其三，建议对腐败资产处理作出特别规定。建议在《刑事诉讼法》中增加涉及未定罪腐败资产追缴的特别规定，突出未定罪追缴的制度特色，淡化定罪追缴的传统思维。建议对有关“违法所得单独没收程序”的司法解释进行总体完善，建议增加“对于贪污贿赂犯罪案件中，犯罪嫌疑人、被告人因法定原因未受到刑罚处罚，依照刑法规定应当追缴或没收有关财物或收益的，适用《刑事诉讼法》第五编第四章的规定”。建议增加“对于贪污贿赂犯罪案件中，犯罪嫌疑人、被告人对有关财物或收益不能提出正当性证明的，推定其属于依照刑法规定应当追缴或没收的有关财物或收益”。建议增加“对于贪污贿赂犯罪案件中，依照刑法规定应当追缴或没收有关财物或收益，利害关系人对其主张合法权利的，适用《刑事诉讼法》第五编第四章的规定”。

第三节　未定罪腐败资产追缴与刑法分则

纵观世界各国国内立法与国际公约的规定，就惩治腐败犯罪，对洗钱罪进行认定与规制可以称得上是最大公约数。腐败存量的犯罪链条的终端多数表现为洗钱行为，因而各国刑法对腐败存量的规制主要集中于刑法分则有关洗钱罪的规定中。由于立法疏漏和理论惯性，我国刑法关于洗钱罪的规定存在列举式上游犯罪规定模式不周延、行为方式规定不全面、自洗钱情形界定不清、广义洗钱罪内在界限不清晰等问题，导致刑法分则洗钱罪在减少腐败存量方面的现制功能尚未充分发挥出来，需要通过刑法分则规定的完善予以改进。完善刑法分则有关罪名定罪处罚的要件规定，是发挥刑法分则维度优势，推进未定罪腐败资产追缴制度形成体系合力的直接而有力的方式。刑法总则与刑法分则承担不同的立法功能，具有相对独立但又互相依存的规范作用。基于稳健的立法思路，在直接修改刑法总则有关没收追缴违法犯罪所得规定的时机尚不成熟之前，可以先考虑修改刑法分则有关腐败犯罪的罪名的构成要件或处罚内容，制定有关未定罪腐败资产追缴的拟制规定。如果直接修改刑法总则有关没收追缴违法犯罪所得的规定的时机成熟，在修改刑法总则有关规定之后，也可以修改刑法分则有关腐败犯罪的罪名的构成要件或处罚内容，使之成为有关未定罪腐败资产追缴的注意规定。结合对未定罪腐败资产追缴的横向比较和纵向预判，其中最为紧迫的任务，是对我国刑法分则中的洗钱罪进行修改和完善。

一、《刑法修正案（十一）》实施前对洗钱行为的规制困境

（一）列举式上游犯罪规定模式的困境

1979 年我国刑法中并没有规定洗钱罪，1990 年全国人大常委会颁布的单行刑法《关于禁毒的决定》中规定“掩饰、隐瞒出售毒品获得财物的非法性质和来源的，处七年以下有期徒刑、拘役或者管制，可以并处罚金”，这一规定被认为是我国首次在法律上规定“洗钱罪”。1997 年刑法专门规定“明知是毒品犯罪、黑社会性质的组织犯罪、走私犯罪的违法所得及其产生的收益，为……认定为洗钱罪”。2001 年《刑法修正案（三）》第 7 条对 1997 年刑法中的狭义洗钱罪所在的第 191 条作了首次修改，其将 1997 年刑法修订时规定的洗钱罪的上游犯罪类型由三种扩大为四种，即“毒品犯罪、黑社会性质的组织犯罪、恐怖活动犯罪、走私犯罪的违法所得及其产生的收益”；2006 年《刑法修正案（六）》进一步将洗钱罪上游犯罪的类型由四种扩大为七种，为“明知是毒品犯罪、黑社会性质

的组织犯罪、恐怖活动犯罪、走私犯罪、贪污贿赂犯罪、破坏金融管理秩序犯罪、金融诈骗犯罪的所得及其产生的收益”。纵观我国对洗钱罪的规定的变迁历程可以发现，立法机关根据惩治犯罪的现实需要，采用列举上游犯罪类型的立法模式来不断扩大洗钱罪的适用范围，然而该模式存在的内在类型不周延、上游犯罪范围不清晰等内在弊端，造成了现实司法适用的困境。

首先，列举式上游犯罪规定模式的内在类型不周延。由上述立法历程可以看出：立法者在不到10年的时间内两次修改刑法、将三种上游犯罪类型增加为七种，该种列举式立法模式本身即存在列举难以穷尽、被动适应惩治洗钱犯罪现实需要的困境。有学者指出，我国关于洗钱犯罪的立法和司法已出现明显的异化倾向，偏离了原本的立法逻辑。[1]在立法初期，运用列举式立法模式规定洗钱罪的上游犯罪类型具有指向较为明确、针对意义突出的优点，但随着司法实践的不断变化，该种列举式立法模式的内在类型不周延的弊端日益显现，如近年来较为突出的对《刑法》第191条规定的类型的理解差异所引起的非国家工作人员与国家工作人员共同实施利用其职务便利的犯罪所得收益是否可适用洗钱罪规定的争议。

其次，列举式上游犯罪规定模式的范围不清晰。从《刑法》第191条的规定可知，法律条文明确规定构成洗钱罪的前提是“明知是毒品犯罪……犯罪的所得及其产生的收益”，对

1. 参见赵秉志、袁彬：《中国洗钱犯罪的基本逻辑及其立法调整》，《江海学刊》2018年第1期，第139页。

此可以顺理成章地将该条文理解为构成洗钱罪的前提应当是上游行为构成犯罪，然而司法解释对此的理解与此并不一致。其一，2009 年 11 月最高人民法院发布了《关于审理洗钱等刑事案件具体应用法律若干问题的解释》。该解释第 4 条第 1、2 款规定："刑法第一百九十一条、第三百一十二条、第三百四十九条规定的犯罪，应当以上游犯罪事实成立为认定前提。上游犯罪尚未依法裁判，但查证属实的，不影响刑法第一百九十一条、第三百一十二条、第三百四十九条规定的犯罪的审判。""上游犯罪事实可以确认，因行为人死亡等原因依法不予追究刑事责任的，不影响刑法第一百九十一条、第三百一十二条、第三百四十九条规定的犯罪的认定。"其二，最高人民法院 2015 年 5 月发布的《关于审理掩饰、隐瞒犯罪所得、犯罪所得收益刑事案件适用法律若干问题的解释》第 8 条规定："认定掩饰、隐瞒犯罪所得、犯罪所得收益罪，以上游犯罪事实成立为前提。上游犯罪尚未依法裁判，但查证属实的，不影响掩饰、隐瞒犯罪所得、犯罪所得收益罪的认定。""上游犯罪事实经查证属实，但因行为人未达到刑事责任年龄等原因依法不予追究刑事责任的，不影响掩饰、隐瞒犯罪所得、犯罪所得收益罪的认定。"由此可见，上述两个司法解释规定的洗钱罪的上游"犯罪事实"等同于《刑法》第 191 条规定的上游"犯罪"，这从侧面反映出司法机关认识到《刑法》第 191 条规定的不足，而从司法解释层面对其进行了一定程度的补充。

（二）行为方式规定不全面

我国刑法目前对洗钱罪的行为方式规定为五种情形：提供

资金账户的；协助将财产转换为现金、金融票据、有价证券的；通过转账或者其他结算方式协助资金转移的；协助将资金汇往境外的；以其他方法掩饰、隐瞒犯罪所得及其收益的来源和性质的。总体而言，我国刑法规定的这些洗钱罪行为方式都属于传统洗钱方式，即洗钱的方式是对赃款的传统“转换”与隐藏，这与其他国家立法或者国际公约的规定存在较大差异。[1]以我国加入的《联合国反腐败公约》为例，其规定洗钱罪的犯罪客观行为即洗钱行为的表现形式有四类，包括隐瞒，转换、转移，获取、占有、使用或参与实施洗钱行为，几乎涵盖了全部新型的洗钱方式。“转换”与“转移”的区别在于财产所有权流转方向不同，行为方式也不同。“转换”指通过更换财产所有权人的方式非法侵占他人的合法财产所有权，将别人的换成自己的。有观点认为，“转换”侧重“换”，并非完全占有他人财物。笔者对此难以赞同。这里的转换应该是指通过“合法”形式非法占有他人财物。此外，这里的“转换”还有另外一层意思，指改变财产性质，比如将现金通过交易等方式转变成财物。而“转移”则是指财产被转给第三人。“隐瞒”即隐藏、隐匿，是指明知事实真相并且有义务公开事实真相而出于非法目的不予公开，主观方面是故意，客观方面是不作为。分析“掩饰”的词源可知，其具有掩盖本来事实真相或者通过修饰等外在手段使事实不被发现的特征。主观方面是故意，客观方面是作为。“获取”是指通过购买、交换、受赠等方式获得

1. 陈雷：《惩治与预防国际腐败犯罪理论与实务》，中国检察出版社2005年版，第75页。

或取得财产并成为财产所有人的行为。“占有”含有持有、控制财产之意，是指以各种方式，对可能成为财产的客体物进行保管、支配和控制。“使用”含有利用、运用、受益之意，包括行为人通过经营、居住、利用等方式，对财产进行实际运用并从中获得相关的财产利益。[1]《联合国反腐败公约》中规定的洗钱行为方式明显多于我国刑法规定的五种行为方式。《联合国反腐败公约》规定的行为方式除将个人洗钱的行为全部包括在内外，同时考虑到了犯罪形态的具体呈现，可以说比较全面。

（三）自洗钱行为界定不清

自洗钱行为指行为人在实施上游犯罪之后，对犯罪所得以及其收益进行“清洗”，使不合法的变成合法的行为。在我国自洗钱行为并未独立成罪，通常被视作上游犯罪的一个构成部分和延伸行为而已，是在量刑时加以考虑的一个情节。但立法上的这一规定及实践中的惯常做法已不能适应时代发展的需要，带来了一些司法困境。

首先，不利于惩治腐败犯罪的国际司法合作。实践中自洗钱行为主要的上游犯罪，如贪污、受贿、挪用公款等犯罪行为通常发生在国内，但是犯罪分子将腐败犯罪所得转移至国外是通常做法。于是对腐败犯罪所得进行“清洗”的自洗钱行为往往发生在国外。在这种情况下，难以对流入国的腐败犯罪资产

1. 外交部条法司编译：《〈联合国反腐败公约〉及相关法律文件》，法律出版社 2004 年版，第 56 页。

进行任何刑事处置，很可能造成国有资产的流失。因为我国并未将自洗钱行为单独入罪。同样，如果外国人在境外实施腐败犯罪的上游犯罪后选择我国为自洗钱地，我国法律也难以管辖此类案件，不能回应外国提出的刑事司法协助请求。

其次，自洗钱行为的社会危害性大。自洗钱行为多发，但通常具有较强的隐匿性、跨境性。立法却不单独入罪，这在一定程度上培养了犯罪分子的经济土壤，妨害了我国经济管理秩序。

（四）广义洗钱罪内在界限不清晰

在刑法学理论上，对洗钱罪的理解存在广义和狭义之分，广义的洗钱罪包括三种类型：除刑法上专门以“洗钱罪”为名的犯罪之外，还包括一般意义上具有洗钱性质的销赃类犯罪，即我国《刑法》第312条与第349条规定的特定赃物犯罪。狭义的洗钱罪仅仅指我国《刑法》第191条规定的以“洗钱罪”为名的犯罪类型。该三种类型都能体现“洗钱”的本质特征，只是立法技术以及以往对“洗钱”行为的认识的发展，才导致了罪名上的重合现象。我国立法机关的认识亦大体如此，如2006年在对《刑法》第312条的修正的讨论过程中，有关立法机关认为有必要将《刑法》第312条的适用扩大到涉及洗钱方面的所有罪名，只是根据上游犯罪的差异而适用不同的条文、罪名。[1]但这并不能解决司法实践中存在的三种广义洗钱罪内在结构不清晰导致的此罪与彼罪认定的竞合困境。

---

1. 参见王新：《反洗钱：概念与规范诠释》，中国法制出版社2012年版，第176页。

二、对有关国际公约和其他国家立法的借鉴

为更好地完成减少腐败存量的重大使命，完善刑法对洗钱行为的规制功能，同时也为更好地履行国际公约义务，有必要借鉴已对我国生效的《联合国反腐败公约》的有关规定。

《联合国反腐败公约》第 23 条第 1 款详细规定了洗钱罪的行为方式，同时肯定了洗钱对象均为犯罪所得。同时用尽可能周延的概括方式，对洗钱罪的行为方式进行了明示，同时考虑到了犯罪形态，也规定了洗钱罪共同犯罪和停止形态的问题，规定洗钱罪为“明知财产为犯罪所得……或参与、合伙或共谋实施，实施未遂，以及协助、教唆、便利和参谋实施本条所确立的任何犯罪”。根据该公约以及国际社会实践，洗钱罪已被作为一种独立的犯罪来处理。“依照本条确立的洗钱罪，应理解为独立和自主犯罪。”[1] 另外，各国对犯罪主体也达成了共识，洗钱罪的犯罪主体为一般主体，自然人和单位均可构成洗钱犯罪。

在洗钱犯罪的认定和处理中，有一个与其犯罪构成的认定和处理不同、但又有联系的问题，即上游犯罪问题。对这一问题，我国司法实践中争议较多。根据《联合国反腐败公约》第 2 条第 8 项的规定，公约对与洗钱罪紧密联系的上游犯罪的界定采“宽松”态度，目的在于涵盖一切可能的上游犯罪。只要前后两个行为都被认定为犯罪行为，并且后一个是以前一个的成立为条件，那么前一个就是后一个的上游罪。[2] 根据《联合

1. 外交部条法司编译：《〈联合国反腐败公约〉及相关法律文件》，法律出版社 2004 年版，第 55 页。
2. 杨宇冠、吴高庆主编：《〈联合国反腐败公约〉解读》，中国人民公安大学出版社 2004 年版，第 34 页。

国反腐败公约》第 23 条第 2 款的规定，该公约对上游犯罪的规定采取了最广泛的界定，以此减少因上游犯罪范围受限而对洗钱罪难以认定的尴尬境地。该公约还对上下游犯罪与双重犯罪原则之间的关系进行了规定。该公约指出：在一个缔约国的管辖内外都可以成立上游犯罪，但在某一个缔约国管辖权范围之外的犯罪要成立上游犯罪，则必须要符合双重犯罪原则，即在主张管辖的国家与行为发生地国家同时构成犯罪。双重犯罪原则也被称为双方可罚性原则或双方可罚主义原则，是指依据犯罪地国的法律与犯罪人国籍国（审判国）法律均构成犯罪的行为应当受到处罚的原则。这种情况通常发生在引渡等国际刑事司法合作中，也可以说是指引渡请求涉及的行为，必须是根据请求国法律和被请求的法律，都具有可罚性的行为。该公约第 23 条第 2 款第 3 项就涉及两个或两个以上的国家对上游犯罪的管辖权及其国际刑事司法合作的问题，根据国际刑法的一般原理，犯罪行为是两个缔约国（即请求国与被请求国）的法律都规定为犯罪，犯罪地国（即请求国）与犯罪人国籍国（被请求国）都有管辖权的行为，如果被请求国行使了管辖权，请求国应当予以尊重。对缔约国管辖权范围内外的上游犯罪进行认定时也是如此。当然，双重犯罪是以行为的性质来确定的，不以罪名、犯罪类别及术语是否完全一致或相同为前提。根据《联合国反腐败公约》的规定，各国可根据本国的具体情况，规定上游犯罪的主体不构成洗钱罪。这也就表明，各国可以自主立法决定洗钱罪的主体是否与上游犯罪主体属于同一主体，这一规定的初衷是尊重各国司法主权和大陆法系刑法规定的传统。公约的规定正顾及了“事后不可罚行为”的法律基本原则的要求，表现出充分尊重各国国内法立法权的倾向，[1]但是随着国际刑事合作的发展以及“自洗钱”行为的跨境性凸显等，越来越多国家开始寻求更统一的规定。

三、《刑法修正案（十一）》实施前完善洗钱行为规制的思路

通过对上述《联合国反腐败公约》和其他国家立法的借鉴，同时结合我国刑法的发展实际，在《刑法修正案（十一）》实施前，就完善洗钱罪规制从而减少腐败存量，提供以下若干思路。

（一）采用概括型立法模式规定洗钱罪的上游范围

如前所述，采用列举式的立法模式来规定成立洗钱罪的上游犯罪存在较多的内在弊端，同时也不能适应司法实践的现实需求，并且其规定实际上已被某些司法解释所改变，因而采用概括式立法模式规定洗钱罪的上游犯罪较为妥当，可以考虑将洗钱罪的上游犯罪规定为“所有法定最低刑在 6 个月以上有期徒刑的罪行”。[2]同时结合我国《刑事诉讼法》中有关刑事缺席审判制度的规定，作出如下解释：“对涉嫌洗钱犯罪，同时符合其他法定条件的，可以适用刑事缺席审判”，以便能够最大限度地压缩腐败犯罪存量的存在空间。

---

1. 陈雷：《惩治与预防国际腐败犯罪理论与实务》，中国检察出版社 2005 年版，第 106 页。
2. 参见刘宪权、吴允锋：《论我国洗钱罪的刑事立法完善》，《政治与法律》2005 年第 6 期，第 6 页。

（二）扩大洗钱客观行为入罪类型

为更加全面妥当地惩治洗钱犯罪，有效遏制腐败存量对腐败违法犯罪行为的潜在刺激，应当考虑适度扩大洗钱客观行为的入罪类型，建议增加：①经查证属实，明知是法定最低刑在6个月以上有期徒刑的罪行所得及其收益（包括广义腐败罪行），而非法转让的；②经查证属实，明知是法定最低刑在6个月以上有期徒刑的罪行所得及其收益（包括广义腐败罪行），而非法持有的；③经查证属实，明知是法定最低刑在6个月以上有期徒刑的罪行所得及其收益（包括广义腐败罪行），而非法掩饰、隐瞒其所在地、处置信息或权利信息的；④经查证属实，明知是法定最低刑在6个月以上有期徒刑的罪行所得及其收益（包括广义腐败罪行），而非法获取或使用的。

（三）将“自洗钱”情形纳入刑法规制范围

为更好地减少腐败存量，尤其是减少转移到海外的腐败存量，亟须将自洗钱的情形纳入刑法规制范围，将腐败行为人亲自实施、指挥、策划、组织转移、转化、持有、使用腐败违法所得及其收益的行为，另行规定或者一并规定为洗钱罪，对此有两种立法思路：其一，较为简便的方式是删除《刑法》第191条中“提供”“协助”等表达，在规范逻辑上肯定自洗钱行为入罪的合法性；其二，在《刑法》第191条中增加一款，对上游犯罪人亲自实施、指挥、策划、组织转移、转化、持有、使用腐败犯罪所得及其收益的行为单独定罪，予以惩罚。

（四）更加合理区分广义洗钱罪之间的界限

未来洗钱罪的发展方向应当是统合广义洗钱罪和狭义洗钱

罪，具体目标是实现洗钱罪刑法规定的一体化，即在一个刑法条文中统一规定针对不同犯罪所得及其收益的洗钱罪，通过同条不同款的立法模式对不同上游犯罪所衍生的洗钱罪进行惩罚。但是需要注意的是，在未来统一的洗钱罪中，上游犯罪类型的存在对下游洗钱罪而言并不具有定罪意义，而只具有量刑意义，例如针对贪污贿赂犯罪所得及其收益的洗钱与针对非国家工作人员的职务侵占所得及其收益的洗钱均可能构成洗钱罪，但区分两者的上游犯罪是为了区分量刑而不是影响定罪。

四、《刑法修正案（十一）》对洗钱行为规制的新发展

已于 2021 年 3 月 1 日实施的《刑法修正案（十一）》(以下简称《刑修（十一）》)，总体上呈现出“重刑化为主”的立法修改趋势。[1] 具体来看，在修正案着重针对金融犯罪有关的 9 个条文里，其中 8 个的修改表现为或增加入罪行为类型、或增加入罪行为对象类型、或提高法定刑。而针对涉及的第 9 个金融犯罪罪名洗钱罪，立法者除了同时运用上述三种情况修改方式，还额外运用了优化主观要件立法表述的修改方式，这充分凸显了立法者对洗钱罪刑法规制的高度重视。《刑修（十一）》对洗钱罪条文的修改，不仅对完善我国金融犯罪刑法规制体系具有重大意义，同时对完善违法所得全面追缴刑法规制体系、深化刑法与刑诉法违法所得特别没收程序的对接适用具有重大意义。

1. 参见刘宪权:《金融犯罪最新刑事立法论评》,《法学》2021 年第 1 期。

(一)重点增设自洗钱行为类型等入罪

现行《刑法》第191条规定的洗钱行为类型，包括以下几种：提供资金账户，协助将财产转换为现金、金融票据、有价证券，通过转账或者其他结算方式协助资金转移，协助将资金汇往境外，以及以其他方法掩饰、隐瞒犯罪所得及其收益的来源和性质的行为。根据最高人民法院《关于审理洗钱等刑事案件具体应用法律若干问题的解释》，所谓“其他方法”主要包括：“(一)通过典当、租赁、买卖、投资等方式，协助转移、转换犯罪所得及其收益的；(二)通过与商场、饭店、娱乐场所等现金密集型场所的经营收入相混合的方式，协助转移、转换犯罪所得及其收益的；(三)通过虚构交易、虚设债权债务、虚假担保、虚报收入等方式，协助将犯罪所得及其收益转换为‘合法’财物的；(四)通过买卖彩票、奖券等方式，协助转换犯罪所得及其收益的；(五)通过赌博方式，协助将犯罪所得及其收益转换为赌博收益的；(六)协助将犯罪所得及其收益携带、运输或者邮寄出入境的。”从上述内容可见，现行《刑法》第191条的规定以及相关司法解释界定洗钱行为的核心要素是“协助”，即上游行为人在获得违法所得后，其对上游犯罪违法所得进行掩饰、隐瞒的帮助行为，本质上是依附于上游犯罪人的附属行为。由此，现行《刑法》第191条从入罪行为类型入手，客观上排除了上游犯罪人构成洗钱罪的可能，上游犯罪人自行洗钱的行为不构成洗钱罪，洗钱罪只能由上游犯罪本犯以外其他人构成的定罪模式由此形成。

针对现行《刑法》第191条规定的模式，理论界形成了肯定说与否定说两种对立的看法。前者认为，现行《刑法》第

191 条的规定是妥当的，不应当将自洗钱行为纳入洗钱罪的惩罚范围。持该观点的理由主要有两种，其一是认为惩罚自洗钱行为违反了正当法律程序原则，“以刑法的手段威胁，要求犯罪人主动交出犯罪所得，等于要求犯罪人向司法机关自行承认犯罪，也等于要求犯罪人自证己罪”，并且“藏匿自己的黑钱，乃天经地义之事”。[1] 其二是认为我国刑法惩罚自洗钱行为没有必要。有学者指出，“自洗钱行为的罪责可以与先前实施的上游犯罪进行同步的一次性评价，对上游犯罪人的自洗钱行为没有必要考虑独立构成洗钱犯罪，对其罪责只依其所实施的具体上游犯罪予以追究即可”。[2] 还有学者指出：“依据刑法理论中重罪吸收原则，洗钱罪的主体若为上游犯罪的本犯，后罪被前罪吸收，应仅以上游犯罪一罪论处，自洗钱罪名并不会得到使用。”[3] 该观点认为，现行《刑法》第 191 条的规定并不妥当，应当将自洗钱行为纳入洗钱罪惩罚范围。持该观点的理由也主要有两种，其一是认为上游犯罪并不必然导致自洗钱行为，自洗钱是独立于上游犯罪的行为，对上游犯罪的评价并没有包含对自洗钱行为的评价；[4] 其二是认为惩罚上游犯罪只包含自洗钱行为，“无法通过惩治上游犯罪对特定涉及跨境的自洗钱行为予以惩治……对于在国外或境外实施了我国不能行使刑事管辖权的上游犯罪后入境自行洗钱的犯罪行为，我们既不能以洗钱

1. 林东茂：《一个刑法知识论上的刑法学思考》（增订 3 版），中国人民大学出版社 2009 年版，第 265 页。
2. 参见姚兵：《我国自洗钱行为不独立成罪的原因分析》，《河北法学》2012 年第 6 期。
3. 参见贾宇、舒洪水：《论洗钱罪的主体》，《国家检察官学院学报》2005 年第 6 期。
4. 参见王新等：《自洗钱行为立法的争议、理论与实践依据》，《当代金融研究》2020 年第 2 期。

罪对其起诉，也不能以洗钱罪的上游犯罪罪名对其追究刑事责任”，[1] 此时就出现了惩罚漏洞。

近几年来，我国经济社会情况发生了众多新变化，现行《刑法》第 191 条越来越跟不上形势发展，主要表现有三方面：其一，金融犯罪日趋猖獗、洗钱手段日益隐蔽、被洗资产规模日益扩大，为此我国又专门制定了《反洗钱法》，不断完善反洗钱制度体系，但仍未能有效遏制洗钱违法犯罪问题，导致洗钱与反洗钱斗争呈胶着局面。其二，我国陆续加入的联合国《打击有组织犯罪公约》和《联合国反腐败公约》等国际公约，都对缔约国实施反跨国洗钱措施提出了更高要求，尤其是要求缔约国尽量采取最大程度的洗钱方式与洗钱上游罪行的规定，对我国的履约能力和机制提出了新的挑战。其三，我国反腐败斗争已经取得压倒性胜利，但彻底清除腐败存量的任务仍很艰巨，打击洗钱犯罪以清除腐败存量是其中最为重要的手段，然而现行《刑法》第 191 条并不利于充分发挥该手段的功能。因而，近几年来学界越来越多学者开始支持将自洗钱行为纳入洗钱罪予以规制，并明确指出“应将我国《刑法》规定的洗钱罪犯罪主体扩展到包括上游犯罪的犯罪分子本人”。[2] 我国有关部门在 2017 年也曾颁布意见，明确指出要“按照我国参加的国际公约和明确承诺执行的国际标准要求，研究扩大洗钱罪的上游犯罪范围，将上游犯罪本犯纳入洗钱罪的主体范围”。[3] 可见，

1. 参见龙在飞：《自洗钱行为独立定罪问题省察》，《人民检察》2015 年第 8 期。
2. 刘宪权：《金融犯罪刑法学原理》（第二版），上海人民出版社 2020 年版，第 450 页。
3. 参见《国务院办公厅关于完善反洗钱、反恐怖融资、反逃税监管体制机制的意见》（国办函〔2017〕84 号）。

理论界与实务界对修改现行《刑法》第191条已有了较多共识。

《刑修（十一）》将现行《刑法》第191条第1款涉及行为部分修改为“（一）提供资金帐户的；（二）将财产转换为现金、金融票据、有价证券的；（三）通过转帐或者其他支付结算方式转移资金的；（四）跨境转移资产的；（五）以其他方法掩饰、隐瞒犯罪所得及其收益的来源和性质的”。对比修改前后的内容可见，上述修改主要有三个特点：其一，修改重点是将自洗钱行为入罪，其修改方式是将原《刑法》第191条第2、3、4项中的“协助”删除，保留第1、5项。修改后的条文将除了第1项之外的多数洗钱方式不再限定在“协助”，意味着通过上游犯罪获得违法所得的行为人，再自行实施上述五种行为，而不再借助他人协助掩饰、隐瞒违法所得来源和性质的，也可以构成洗钱罪，即自洗钱入罪。

关于自洗钱入罪的理解，主要有以下三点。其一，关于第1项“提供资金帐户”，应当认为其本质仍属于“协助”，即只有上游犯罪人本犯以外的其他人才能够实施该行为，倘若上游犯罪人本犯提供本人资金帐户进行使用，其性质属于上游犯罪完成后，对违法所得进行事实上控制、占有的自然延伸状态，而不能评价为掩饰、隐瞒行为，也就不能成立洗钱罪。在我国全面实行资金帐户实名制的背景下，即使上游犯罪人借用、冒用、实际操纵他人资金帐户，在他人没有主观罪过的情况下，也不宜评价为掩饰、隐瞒行为。其二，修改原《刑法》第191条第4项的行为表述。《刑修（十一）》将第4项“协助将资金汇往境外”修改为“跨境转移资产”，该修改的特点在于：除了删除“协助”，同时将单向行为修改为双向行为。按照修改前的规定，只能惩罚协助将资金汇往境外的行为，而不能惩罚将协助资金汇往境内的行为，导致惩罚漏洞的出现。按照修改后的规定，不仅可以惩罚上游犯罪人本犯自行将资金汇往境外的行为，也可以惩罚其他人协助将资金汇往境外的行为，还可以惩罚上游犯罪人本犯自行或其他人协助将资金汇往境内的行为，从而实现了对跨境转移资产双向行为的全面惩罚。其三，调整若干立法表述。此类调整分为两种情形：一是在形式上对两处立法表述进行调整，即，将“账户”修改为“帐户”及将“转账”修改为“转帐”。该修改是否有意义，尚需要讨论。目前《刑法》第182条中仍使用“账户”,《反洗钱法》《商业银行法》中也使用“账户”。从字面意思上理解，“账户”可无障碍地理解为与金融有关，而“帐户”则似乎难与金融发生直接关系。二是在实质上对两处立法表述进行调整，即将“其他结算方式”修改为“其他支付结算方式”及将“协助将资金汇往境外”修改为“跨境转移资产”。将“其他结算方式”修改为“其他支付结算方式”，实质是增加了可入罪转移资金的方式。修改前原《刑法》第191条第3项规定的“通过转账或者其他结算方式协助资金转移”，根据《中国人民银行支付结算办法》第3条的规定“本办法所称支付结算是指单位、个人在社会经济活动中使用票据、信用卡和汇兑、托收承付、委托收款等结算方式进行货币给付及其资金清算的行为”，总体上属于传统狭义的结算方式，不能涵盖近年来出现的第三方支付等广义支付结算方式，不利于对洗钱行为的监管与处罚，因而有必要作出实质修改。将“协助将资金汇往境外”中的“资金”修改为“跨境转移资产”中的“资产”，是更加具有里程碑意义的实质修改，其既增加了洗钱罪行为对象类型，也是我国与反洗钱世界立法潮流同步的重要表现。

（二）增加入罪行为对象类型

在洗钱行为对象类型的界定方面，当今世界多数国家以及有关国际公约总体上采取以事实认定为主、兼顾规范认定，并尽可能扩大认定范围的模式。例如，《联合国反腐败公约》第2条规定："'财产'系指各种资产，不论是物质的还是非物质的、动产还是不动产、有形的还是无形的，以及证明对这种资产的产权或者权益的法律文件或者文书。"《法国刑法典》第324条规定："为适用第324-1条（洗钱罪），当某项财产或收入的投资、隐匿或兑换活动之物质、法律或财务条件仅能用于隐匿该财产或收入的来源或实际受益人而无其他解释时，该财产或收入被认定为重罪或轻罪的直接或间接收益。"[1]我国《刑法》第191条中规定的行为对象类型，主要是资金帐户、现金、金融票据、有价证券、转帐等，其中现金、金融票据、有价证券、转账等范畴均在刑法或其他法律、行政法规中有明确规定，属于行为对象的规范认定；而资金范畴则缺少法律、行政法规的明确规定，属于行为对象的事实认定。对比两者可以发现，我国刑法对洗钱罪行为对象类型的界定，总体较为传统，并不能适应上游犯罪新形势与洗钱犯罪新变化。

有鉴于此，《刑修（十一）》将第191条第1款原第4项"协助将资金汇往境外"中的"资金"修改为"跨境转移资产"

---

1. 朱琳：《最新法国刑法典》，法律出版社2016年版，第181页。

中的“资产”，通过修改洗钱行为对象类型的立法表述，我国迈出了与反洗钱世界立法潮流合拍的重要一步。当然，立法者只在第 191 条第 1 款第 4 项中作出此种修改，而没有将其他项中的“资金”统一修改为“资产”，这在形式上显然是一个疏漏，将对《刑修（十一）》带来适用上的若干矛盾：行为人跨境转移上述资产的，将构成洗钱罪；倘若行为人在境内转移第 4 项以外的其他资产，反而不能构成洗钱罪。上述行为的区别仅在于发生的空间有所不同，其危害并无实质差别，但认定结果却大相径庭，对此需要予以妥当解释。或许立法者认为跨境转移资产的洗钱行为，相对于在境内转移资产而言，其造成资产流失而难以追缴的风险更大，需要予以重点立法规制，但这可能与《刑法》第 6、7 条规定的原则发生冲突。

针对“跨境转移资产”中的“资产”，应当采取以事实认定为主、兼顾规范认定，并尽可能采取最大化范围认定的立场。坚持这一立场的根源在于：不能让任何人从犯罪中获利。首先，针对涉嫌资产，以事实认定为主。综合各国立法和有关国际公约的规定，判断某资产是否应当纳入洗钱刑法规制的资产，其首要标准是该资产是否源自上游犯罪违法的所得，而不论该资产形式是否被明确规定在法律中。例如，近几年来跨国转移资产经常采取购买艺术品进行洗钱的方式，艺术品资产作为新型洗钱方式，具有较强的隐蔽性和认定难度。其特点在于：①相比较现金、金融票据、有价证券等传统洗钱资产方式，艺术品体积小、价值高、易携带、显低调，更适合掩饰、隐瞒违法所得。②艺术品能够进行公开拍卖、买卖、代售等，可以更为方便地变现，也可以通过不公开的地下钱庄黑市进行“洗白”。③艺术品的真伪鉴定、价值评估，具有极强的专业性，客观上造成涉嫌洗钱的书画等艺术品难以被认定为犯罪资产。我国法律并没有明确规定艺术品可成为跨境转移资产的形式，但艺术品事实上早已成为国际洗钱资产的热门选项。艺术品涉嫌跨境转移资产的，应当根据其是否源自上游犯罪违法所得，确定其是否属于洗钱资产，而不论其是否为法律所明确规定。其次，涉嫌资产需要兼顾规范认定。涉嫌资产以事实认定为主，这不意味着所有来自上游犯罪违法所得的物或者利益都可以直接评价为跨境转移资产，其还需要受到规范的基础限制，即该资产应当具有合法性。如果被跨境转移的资产不具有合法性，可以按以下两种情形处理：一是涉嫌资产已被变换为违禁品。上游犯罪的违法所得被行为人用于购买毒品、枪支、文物等违禁品，并跨境转移的，应当按照《刑法》第64条规定予以没收，而不能按照第191条处理。两者之间的差异在于：对于跨境转移的违禁品资产产生的收益，依照《刑法》第64条规定不能没收，而依照第191条的规定则可以没收。二是涉嫌资产已被变换为合法性不明的物或利益。例如，近几年来，比特币等数字货币日趋兴盛，由于比特币等数字货币具有去中心性、离线性、高增值性、无痕性等特点，逐渐成为跨境转移资产的多发形式。当上游犯罪的违法所得被上游犯罪本犯或其他人兑换为比特币等数字货币进行跨境转移时，该比特币等数字货币在事实上来源于上游犯罪违法所得，本应认定为反洗钱规制的资产内容，但由于我国法律尚未明确比特币等数字货币的合法性地位，不宜将其直接认定为刑法处置的资产形式。最后，涉嫌资产应采取最大化范围认定。当前，洗钱犯罪日趋复杂，上游犯罪人及其协助者将违法所得“洗白”的方式，早已不呈现为单一的掩饰或隐瞒，而是采取多步骤、多渠道的洗白方式。因而，被跨境转移的资产在经过多步骤转移、多主体交易之后，最终将不得不面临第三人或者善意第三人的抗辩，这导致追缴洗钱违法所得遭遇极大困难。为此，有关国际公约与各国立法逐步采取对涉嫌资产进行最大化范围认定的办法，广泛采取推定规则来认定洗钱资产。例如，英国在《2002年犯罪收益追缴法》中设立了“污点资产”制度，[1]德国在2017年修改刑法时设立了“第三人资产推定没收制度”。[2]将来在适用修改后《刑法》第191条的有关规定时，可以借鉴上述立法，对“跨境转移资产”中的“资产”予以适当扩大解释。

对“跨境转移资产”中的“资产”予以适当扩大解释，既具有司法实践的必要性，也具有理论上的可行性。

首先，关于司法实践的必要性。当代洗钱行为涉及的资产已具有前所未有的新特点，对反洗钱刑事司法实践提出了新挑战，这凸显了在司法实践中对“资产”进行扩大解释的必要性。这些新特点主要表现在：其一，境内外法律的差异加剧了资产与上游犯罪人本犯的形式上的分离。被洗钱资产必定会与上游犯罪人本犯发生形式上的分离，转移到境外的资产在境内外不同法律体系下的认定差异加剧了这一趋势。认定被转移到境外的资产属于洗钱资产，需要符合“双重认定”原则，即同时符合境内外法律的规定，但由于各国各地区在洗钱规定上的

1. 参见张磊、梁文钧、罗海珊译：《英国2002年犯罪收益追缴法》，中国政法大学出版社2010年版，前言。
2. 参见徐久生译：《德国刑法典》，北京大学出版社2019年版，第56页。

差异，往往难以做到。例如，如果上游行为人与某日本公司签订买卖合同，将违法所得以货款的形式汇入日本公司账户，实际上是跨境转移资产。由于日本法普遍认可存款的形式占有，在不能认定买卖合同实质违法的情况下，难以认定跨境转入的存款属于被洗钱资产。[1]其二，资产与共同犯罪人的形式上的分离更为突出。在跨境转移资产的场合中，境外参与人通常是洗钱罪共同犯罪的从犯，但其在资产控制方面却处于主要位置。由于境外共同犯罪人通常难以追诉到案，在涉案人员尚未到案的情况下，也就难以对被跨境转移的资产采取法律措施直至其被追诉到案。其三，资产与涉案第三人的形式上的分离更为突出。在跨境转移资产的洗钱方式中，我国大陆地区通常属于资产流出地区，境外通常属于资产流入地区。不考虑资产的来源或法律属性，对于资产流入地区而言，该类资产都是该地区的资产流入净值，能够推动该地区的经济与社会发展。因而，境外地区在认定和追缴跨境转移资产时通常持消极态度，其主要表现就是以保护被转移到境外的资产实际控制第三人的利益为借口，不愿配合我国执法机关的调查与司法协助。涉案第三人也往往乐意利用本地区对交易安全和物权稳定的保护规定，竭力对涉嫌洗钱资产具有合法性进行抗辩，加剧资产与涉案第三人的形式上的分离。上述三方面的特点对反洗钱刑事司法实践构成了严峻的新挑战，迫切需要运用适当扩大解释“资产”的方法予以应对。

1. 参见［日］山口厚：《从新判例看刑法》（第 3 版），付立庆、刘隽、陈少青译，中国人民大学出版社 2019 年版，第 278 页。

其次，关于理论上的可行性。所谓适当扩大解释“资产”，即采取依法推定的规则对“资产”进行解释，其适当性表现为依照法律的规定进行，其扩大性表现为推定。适用依法推定的规则解释“资产”，具有以下三方面的理论可行性：

其一，符合刑事正义理念。“从社会的合理建构来看，正义无疑是其中最为重要的价值追求……自人类社会发明法治这一治理工具以来，‘法为公平正义而生’就成为一个不证自明的真理，代表着法律最为重要的社会职能。”[1]采取推定规则对“资产”予以扩大解释，可能被认为过于功利而缺乏正义性，因为“正义……是避免贪婪，亦即避免通过攫取属于另一个人的东西……而为自己谋利”，[2]因法律适用困难，难以对被转移的洗钱资产予以没收，这反而严重损害了刑事正义。对此，需要扬弃以“人”为重心的传统刑事正义观，补充建立起对“物”的刑事正义观。传统看法将正义局限于对人的正义，而忽视了对物的正义。实现正义，当然首先要实现对人的正义，应当实现人的权利的公正获得与公平行使。但是，在现代社会里，除了对人的正义，我们也越来越注重对人的正义以外的实现。例如近几年来，越来越提倡的“环境正义”“动物正义”等，而在反洗钱资产领域，也应当提倡对物的正义。洗钱行为人所侵害的资产，追根溯源都是本国人民群众心血、汗水的结晶，对其不予以彻底调查与追缴，而只顾及考虑洗钱行为人个人处遇是否正义，难免失之迂腐。

1. 参见胡玉鸿：《新时代推进社会公平正义的法治要义》，《法学研究》2018 年第 4 期。
2. 参见［美］约翰·罗尔斯：《正义论》，何怀宏、何包钢、廖申白译，中国社会科学出版社 2009 年版，第 9 页。

其二，符合刑事一体化原理。我国《刑事诉讼法》第1条明确规定，《刑事诉讼法》的立法目的是“保证刑法的正确实施”，这表明《刑事诉讼法》是配套刑法实施的程序法，刑法是需要刑事诉讼法予以保障的法律，同时表明刑事一体化是刑事法律体系运行的重要原则，也是推进刑事司法领域改革发展的重要指导原则。[1]严格来说，在规制洗钱资产这一问题上，《刑事诉讼法》走在刑法之前。我国早在2012年修改《刑事诉讼法》时，已经新增“犯罪嫌疑人、被告人逃匿、死亡案件违法所得的没收程序”，该程序突破了传统以犯罪嫌疑人、被告人为重心的对人刑事责任追究模式，部分创设了以未定罪违法所得为重心的新型对物刑事责任追究模式，总体上是《刑事诉讼法》的重大进步，[2]对于追究洗钱违法所得更具有独特意义。新增该程序时，我国刑法尚没有与之对应的实体制度，出现了刑事程序法与刑事实体法不相配套的局面。《刑修（十一）》增加的“跨境转移资产”的规定，有助于落实上述刑事诉讼特别程序的刑法根据，推进反洗钱刑事一体化建设。

其三，具有刑事司法解释基础。采用依法推定的规则解释“资产”，并不是纯粹的理论方法，我国司法机关已在专门刑事司法解释中作出相关规定，这为适用《刑修（十一）》奠定了良好基础。这些规定主要有两方面内容，一是刑事实体法解释，主要是最高人民法院《关于审理洗钱等刑事案件具体应用法律若干问题的解释》。该解释第1条规定：“具有下列情形

1. 参见储槐植等：《刑事一体化践行》，《中国法学》2013年第2期。
2. 参见黄风：《建立境外追逃追赃长效机制的几个法律问题》，《法学》2015年第3期。

之一的，可以认定被告人明知系犯罪所得及其收益，但有证据证明确实不知道的除外：（一）知道他人从事犯罪活动，协助转换或者转移财物的；（二）没有正当理由，通过非法途径协助转换或者转移财物的；（三）没有正当理由，以明显低于市场的价格收购财物的；（四）没有正当理由，协助转换或者转移财物，收取明显高于市场的‘手续费’的；（五）没有正当理由，协助他人将巨额现金散存于多个银行账户或者在不同银行账户之间频繁划转的；（六）协助近亲属或者其他关系密切的人转换或者转移与其职业或者财产状况明显不符的财物的；（七）其他可以认定行为人明知的情形。被告人将刑法第191条规定的某一上游犯罪的犯罪所得及其收益误认为刑法第191条规定的上游犯罪范围内的其他犯罪所得及其收益的，不影响刑法第191条规定的‘明知’的认定。”该解释第4条规定：“刑法第191条、第312条、第349条规定的犯罪，应当以上游犯罪事实成立为认定前提。上游犯罪尚未依法裁判，但查证属实的，不影响刑法第191条、第312条、第349条规定的犯罪的审判。上游犯罪事实可以确认，因行为人死亡等原因依法不予追究刑事责任的，不影响刑法第191条、第312条、第349条规定的犯罪的认定。上游犯罪事实可以确认，依法以其他罪名定罪处罚的，不影响刑法第191条、第312条、第349条规定的犯罪的认定。”该解释从判断行为人主观认识的角度，采取适当推定规则来认定涉案财物的违法性。当行为人满足上述司法解释规定的六种情形时，即可认定涉案财物属于被洗钱的对象，也即对涉嫌洗钱的财物违法性采取了推定规则。二是刑事程序法解释，主要是最高人民法院、最高人民检察院《违法所得单独没收程序规定》。该规定第17条指出：申请没收的财产具有高度可能属于违法所得及其他涉案财产的，应当认定为本规定第16条规定的“申请没收的财产属于违法所得及其他涉案财产”。同时规定：如果没有利害关系人对违法所得及其他涉案财产主张权利，或者利害关系人对违法所得及其他涉案财产虽然主张权利但提供的相关证据没有达到相应证明标准的，应当视为“申请没收的财产属于违法所得及其他涉案财产”。于2021年3月1日实施的修改后的最高人民法院《关于适用〈中华人民共和国刑事诉讼法〉的解释》对此也作出完全相同的规定。上述规定从刑事程序法的证明标准与证明责任分配的角度，运用“高度可能属于”以及“没有达到相应证明标准”等规范表述，设立了对涉嫌洗钱的财产推定规则。上述司法解释在《刑修（十一）》之后仍然有效，将继续对《刑修（十一）》有关规定的适用发挥重要的指引作用。

（三）优化洗钱罪的主观要件表述

《刑修（十一）》对《刑法》第191条涉及的洗钱罪的主观要件表述也予以了修改，主要有两处：一是删除了原规定第1款句首的“明知是”三字，二是将原规定第1款句中的“为掩饰、隐瞒”调整至规定之首。这两处修改内容不多，但具有较强的理论意义和司法适用意义。

首先，在理论意义方面，《刑修（十一）》删除原规定第1款句首的“明知是”三字，并不意味着取消明知的主观构成要件要素。我国刑法将“明知自己的行为会发生危害社会的结果”规定为故意犯罪的构成条件之一，这表明“明知”属于故意犯罪成立的主观要件要素。“在存在犯罪对象的故意犯罪中，行为人对犯罪对象的明知应当是成立犯罪的必要条件”，[1] 洗钱罪是典型的存在犯罪对象的故意犯罪，因而行为人只有对源自上游犯罪的洗钱对象具有明知，才能构成洗钱罪，反之则不能构成。修改前的《刑法》第 191 条明确规定，需要行为人具有“明知是七类犯罪所得及其收益”的认识，该认识的存在需要司法机关予以证明。而现实中的洗钱犯罪日益复杂，司法机关证明行为人具有“明知是七类犯罪所得及其收益”的认识，越来越难以做到。因而，删除原规定第 1 款句首的“明知是”三字，具有降低司法机关工作难度的效果。但是，这并不意味着取消明知作为主观构成要件要素的地位，也不意味着司法机关无需证明行为人对洗钱对象的认识。适用修改后的《刑法》第 191 条时，仍然需要行为人具备对洗钱对象是来自七类犯罪所得及其收益的主观认识，只是该认识已不再处于相对独立且认识程度较高的“明知”状态，而是依附于明知自己的行为是掩饰、隐瞒行为的认识并成为其中的一部分。因而，该修改也可以说是实现了使洗钱对象认识的主观要件要素，从分则的专门规定回归到总则的一般规定。

立法删除原规定第 1 款句首的“明知是”三字，这实际上表明立法者不再强调成立洗钱罪的故意主观要件要素中，对行为对象的认识必须达到“明知”的程度，这为司法实践中适用“推定认识”洗钱对象预留了空间。我国学界通说一般认

1. 参见刘宪权：《性侵幼女构成强奸仍应以明知为前提》，《青少年犯罪问题》2014 年第 1 期。

为,《刑法》第14条的规定包含了“认识因素”与“意志因素”。有学者对此提出质疑，认为该条规定还应当包含“对象因素”。[1]本书认为，该观点并不妥当，其不妥当之处在于没有准确界定刑法总则规定的故意犯罪主观要件要素与刑法分则规定的特定故意犯罪主观要件要素之间的关系，导致用刑法分则规定的特定故意犯罪主观要件要素替代刑法总则规定的故意犯罪主观要件要素的不当看法的出现。具体有以下三点：其一，我国刑法对犯罪故意的规定模式难以支持上述观点。我国刑法在总则与分则中都对犯罪故意作出了规定，但是其规定方式与规范功能并不是完全匹配。《刑法》总则仅在第14条对犯罪故意作出了规定，该条通过规定行为人对行为与结果的认识和态度，较详细地表述了故意犯罪的主观要件，对全部故意犯罪的成立均具有适用意义。截至《刑修（十一）》,《刑法》分则（包括一个单行刑法）在42处对犯罪故意主观要件要素作出规定，该42个规定仅对某个故意犯罪的成立具有适用意义。从规范功能上看,《刑法》总则第14条具有根本性的指导功能，而刑法分则的42处规定是对刑法总则规定的具体展开，其仅具有提示的功能，当两者之间出现冲突时，应当适用《刑法》总则第14条的规定。例如，我国《刑法》第138条规定，“明知校舍或者教育教学设施有危险，而不采取措施或者不及时报告，致使发生重大伤亡事故的”，构成教育设施重大安全事故罪。此处虽规定了“明知”，但实际上属于对过失犯罪的规定，而不属于对故意犯罪的规定。该条规定明显与《刑法》总则第

1. 参见陈可倩:《论犯罪故意的对象因素》,《法学》2015年第12期。

14 条有冲突，并且该冲突难以调和，只能在犯罪故意或者犯罪过失之间二选一。为了保持犯罪构成的稳定，应当适用刑法总则的规定，将该条的“明知”解释为犯罪过失的“预见”，而不能认为属于犯罪故意的“明知”。其二，刑法分则 42 处对犯罪故意的具体规定，也不完全是对犯罪对象的认识的规定。该 42 处规定，按照“明知”的内容，可以分为对特定物、特殊物的“明知”，对特定事实状态的“明知”，对特定人、特殊人（身份特征）的“明知”以及对特定行为的“明知”等四种情形，上述观点所称犯罪故意的“对象因素”只包含其中一部分而不能涵盖刑法分则规定的犯罪故意全部具体内容。其三，如果在犯罪故意中引入上述观点所称的“对象因素”，将导致犯罪故意的内在结构紊乱。刑法总则对犯罪故意的构建是通过描述行为人对危害行为及其结果的认识和态度而形成的，其规定中的“明知自己的行为会发生危害社会的结果”，所谓“明知自己的行为”，当然也包含明知自己行为的对象内容。如果将“对象因素”引入犯罪故意结构，则刑法分则里其他三种犯罪故意的具体内容也应当被纳入其中，这显然是难以想象的。况且，刑法总则对犯罪故意的规定中还包括对结果发生的已知态度，包含直接故意与间接故意两种情形。将“对象因素”引入犯罪故意结构，仅能说明直接故意的部分情形，却不能妥当处理间接故意的认识结构。综上所述，刑法分则对犯罪故意具体内容的规定，总体上是不必要的。确有规定必要的，也无需将其规定为主观要件“明知”的具体内容，完全可以将其规定为客观要件的行为内容。《刑修（十一）》删除原第 191 条第 1 款句首的“明知是”三字，同时将原第 191 条第 1 款句中的“为掩饰、隐瞒”调整至规定之首，正是对刑法理论原理的有力回应。

其次，在司法适用方面，《刑修（十一）》将原规定第1款句中的“为掩饰、隐瞒”调整至规定之首，加强了法律指示的效果。刑法条文中有关“为了……”或“为……”的表述，一般被公认为属于目的范畴。在三阶层犯罪论体系中，存在着目的是否可作为主观构成要件要素的争议。[1] 我国刑法在某些分则条文中明确了目的可作为某些犯罪成立的条件，理论界总体上认可目的属于主观构成要件的要素。修改前原《刑法》第191条第1款句中规定了“为掩饰、隐瞒其来源和性质”，由于《刑修（十一）》删除了原规定第1款句首的“明知是”三字，为保持立法表述通顺严谨，将原规定第1款句中的“为掩饰、隐瞒”调整至规定之首，最终修改为“为掩饰、隐瞒毒品犯罪、黑社会性质的组织犯罪、恐怖活动犯罪、走私犯罪、贪污贿赂犯罪、破坏金融管理秩序犯罪、金融诈骗犯罪的所得及其产生的收益的来源和性质”。从修改前后的比较而言，上述变化并未对构成洗钱罪的目的要素认定构成实质影响，主要起到了加强适用该条的法律指示的效果，旨在提示司法机关在认定洗钱罪时，不能忽视对行为人掩饰、隐瞒犯罪所得及其收益的认识把握。

在刑法的司法逻辑上，客观主义成为近年来的有力学说，该学说主张客观优先、分层次判断和实质判断，主张客观要件绝对重要，坚持先客观后主观，建立判断主观要素的客观

1. 参见陈家林：《外国刑法理论的思潮与流变》，中国人民公安大学出版社、群众出版社2017年版，第136页。

标准。[1]从刑法方法论的角度推而广之，客观主义在刑法立法论上也具有较强说服力，在刑法修正时应当予以考虑。遗憾的是，《刑修（十一）》将原《刑法》第191条第1款句中的“为掩饰、隐瞒”调整至规定之首，并没有在实质上贯彻客观主义的要求。《刑修（十一）》如能将原《刑法》第191条第1款作如下修改，其司法适用效果将更为理想，即“有下列行为之一，掩饰、隐瞒毒品犯罪、黑社会性质的组织犯罪、恐怖活动犯罪、走私犯罪、贪污贿赂犯罪、破坏金融管理秩序犯罪、金融诈骗犯罪的所得及其产生的收益的来源和性质的”。一个“为”字的差异，凸显了立法论上主观主义与客观主义的重大差别。“为掩饰、隐瞒”属于洗钱罪的主观要件，“掩饰、隐瞒”则属于洗钱罪的客观要件，两者相比较，显然后者的证明难度较小，更符合刑事司法需要。《刑修（十一）》没有对洗钱罪目的要素作出实质修改，却对洗钱行为方式作出了重大修改，意味着司法机关在证明行为人具有“为掩饰、隐瞒”的目的方面，面临更多困难，需要司法机关更多地运用推定规则来认定洗钱对象，进而判断行为人是否具有“为掩饰、隐瞒”的洗钱目的。

（四）修改后《刑法》第191条的理解与适用

修改后《刑法》第191条的理解与适用，主要涉及四个方面的问题：一是由于删除了“协助”的内容，需要全面讨论上游犯罪人参与洗钱的罪数的认定问题；二是由于删除了“协

1. 参见周光权：《刑法客观主义与方法论》（第二版），法律出版社2020年版，第23页。

助”的内容，需要重新讨论协助实施洗钱的行为人的罪数的认定问题；三是由于创设了无限额罚金刑，该条在适用时与《刑法》第312条、第349条的法条竞合问题更为突出；四是由于增设了“跨境转移资产”，需要考虑该条与《刑事诉讼法》违法所得特别没收程序的衔接问题。

首先，关于上游行为人的罪数认定问题。在《刑修（十一）》生效后，上游行为人在获得特定犯罪所得后，为掩饰、隐瞒其非法来源和性质，有可能另行触犯洗钱罪。但由于上游行为人在获得犯罪所得后，对犯罪所得及其收益的占有、控制等后续行为不一定属于掩饰、隐瞒，因而上游行为人的后续行为是否能够构成洗钱罪，是否能够与上游犯罪进行数罪并罚，需要结合刑法共同犯罪与罪数原理综合分析。具体可以分为四种情形：一是上游行为人没有参与对犯罪所得及其收益的掩饰、隐瞒行为，对犯罪所得及其收益的占有、控制也没有构成其他犯罪的，按上游犯罪一罪处理。二是上游行为人没有参与对犯罪所得及其收益的掩饰、隐瞒行为，但对犯罪所得及其收益的占有、控制构成掩饰、隐瞒犯罪所得、犯罪所得收益罪以外的其他犯罪的，按上游犯罪与其他犯罪数罪并罚。三是上游行为人参与对犯罪所得及其收益的掩饰、隐瞒行为，掩饰、隐瞒行为构成洗钱罪的，则将其上游犯罪与洗钱罪数罪并罚。四是上游行为人参与对犯罪所得及其收益的掩饰、隐瞒行为，掩饰、隐瞒行为符合《刑法》第312条规定，却不构成洗钱罪的，则将其上游犯罪与掩饰、隐瞒犯罪所得、犯罪所得收益罪数罪并罚。

除此以外，上游行为人还可能涉及一种特殊情形，即行为人实施的上游行为，由于证据或者程序进程问题，尚未定罪或者无法定罪，但其实施的洗钱行为，事实清晰、证据确实充分，应当定罪。对于尚未定罪的，无需等待上游行为被定罪后，再处理洗钱罪行；对于无法定罪的，不能因为上游行为无法定罪，便据此认为后续的洗钱行为可以不再处理。应当认为，《刑修（十一）》生效后，洗钱罪的认定已更加独立于上游犯罪，洗钱罪的成立已不需要依赖上游犯罪的成立。认清并把握这一特点，对于理解、适用《刑修（十一）》中“跨境转移资产”的处置与追缴尤其具有独特意义。适用刑法以及《国际刑事司法协助法》追缴转移到境外的洗钱资产，需要符合“双重犯罪原则”，即境内外的法律均认为行为人转移资产、洗钱的行为构成犯罪。由于境内外认定上游犯罪的法律存在较大差异，对上游行为的认定往往很难达成一致。但对于洗钱行为的认定，境内外法律则基本一致。在《刑法》第 191 条的适用中，将行为人的洗钱罪行与上游行为进行充分脱钩，将更加有利于我国刑法的域外适用。

其次，关于协助实施洗钱的行为人的罪数的认定问题。《刑修（十一）》删除了有关“协助”的内容，但这不意味着协助实施修改后《刑法》第 191 条第 1 款的各项行为，就不构成洗钱罪。如果上游行为人在完成上游犯罪以后，其他人参与实施对犯罪所得及其收益的掩饰、隐瞒行为，并符合《刑法》第 191 条其他构成要件的，仍然可以构成洗钱罪。其他人与上游行为人具有共同故意，共同实施对犯罪所得及其收益的掩饰、隐瞒行为，并符合《刑法》第 191 条其他构成要件的，应当按照洗钱罪共同犯罪论处，上游行为人同时成立数罪并罚。

除此以外，上游行为人本犯以外的其他人也可能单独构成洗钱罪，尤其是《刑修（十一）》新增的“通过……其他支付结算方式转移资金的”，针对的就是职业化、产业化的地下钱庄洗钱罪行。地下钱庄实施的洗钱行为，已成为独立的、专门的犯罪产业，地下钱庄通常已不是协助上游行为人，而是独立、自主实施洗钱行为，对此应当将其认定为单独构成洗钱罪，不宜认为地下钱庄与上游行为人构成共同犯罪。

再次，关于《刑法》第 191 条与第 312 条、第 349 条的适用的协调问题。《刑法》第 191 条在适用过程中历来存在与第 312 条的协调问题，主要有以下两个方面：一是掩饰、隐瞒犯罪所得及其收益的法条竞合问题。掩饰、隐瞒犯罪所得及其收益的行为的认定主要涉及《刑法》第 191 条与第 312 条，特殊情形下涉及第 349 条。根据刑法原理通说，一个掩饰、隐瞒犯罪所得及其收益的行为触犯数个罪名的，属于法条竞合，要按照从一重罪处罚，其实质是罪刑均衡问题。《刑法》第 191 条的法定刑要重于第 312 条、第 349 条的法定刑，特别是《刑修（十一）》又在第 191 条中创设了无限额罚金刑，更加重了第 191 条的法定刑，因而一个掩饰、隐瞒犯罪所得及其收益的行为触犯数个罪名的，通常要认定为洗钱罪。二是三个条文涉及上游犯罪的法条竞合问题。从《刑法》第 191 条与第 312 条、第 349 条制定或修改至今，始终存在着涉及上游犯罪的法条竞合问题。我国立法机关曾在汇报关于《刑修（十一）》（草案）修改情况时指出：“作上述修改以后，我国刑法第一百九十一条、第三百一十二条等规定的洗钱犯罪的上游犯罪包含所有犯罪。”[1]但在正式公布的《刑修（十一）》中，《刑法》第191条涉及上游犯罪的范围仍然局限于七类犯罪，《刑法》第191条与第312条、第349条涉及上游犯罪的法条竞合问题，在立法上仍然没有得到妥当解决。

具体而言，其适用思路可以分为以下三种：其一，发现掩饰、隐瞒犯罪所得及其收益的行为时，先判断该犯罪所得及其收益是否源于《刑法》第191条规定的七类犯罪，然后判断其洗钱行为是否属于《刑法》第191条规定的五种行为类型，再依照该条规定进行认定处理。其二，该犯罪所得及其收益源于《刑法》第191条规定的除走私、贩卖、运输、制造毒品犯罪以外的其他七类犯罪，但是掩饰、隐瞒行为不属于《刑法》第191条规定的五种行为类型，也不属于《刑法》第349条规定的行为类型的，则适用《刑法》第312条认定处理。其三，该犯罪所得源于走私、贩卖、运输、制造毒品犯罪，实施的掩饰、隐瞒行为属于《刑法》第349条规定类型的，则适用《刑法》第349条认定处理。犯罪所得收益源于走私、贩卖、运输、制造毒品犯罪而实施掩饰、隐瞒行为的，根据其行为的性质，分别按照《刑法》第191条或第312条认定处理。

最后，关于完善刑事诉讼法违法所得特别没收程序的实体法根据适用。我国2012年修改刑事诉讼法，增设了没收犯罪嫌疑人、被告人逃匿、死亡案件违法所得的特别程序。对于该违法所得特别没收程序，社会各界予以高度评价，期待其能够

---

1. 参见《全国人民代表大会宪法和法律委员会关于〈中华人民共和国刑法修正案（十一）(草案）〉修改情况的汇报》，全国人大网站网址2020年12月28日，http://www.npc.gov.cn/npc/c30834/202012/5f7b2d0e41ef44f6ba84ed6eda5cf6c3.shtml。

对追缴违法所得尤其是追缴跨境转移的洗钱资产起到有力的推动作用。然而，从 2013 年 1 月修改后的刑事诉讼法生效实施到 2018 年这一段时间内，我国司法机关适用该程序的案件仅有 45 件；从 2018 年到 2019 年，我国司法机关适用该程序的案件也仅有 17 件。[1] 造成这一现象的原因很多，但其中之一可能是刑法的适用理念和具体规定滞后，例如在刑事诉讼法中规定的“违法所得”在《刑法》第 191 条、第 312 条、第 349 条均规定为“犯罪所得”，两者差异明显。在洗钱犯罪中，经常发生嫌疑人潜逃境外、转移资产后死亡、失踪、隐匿的现象，按照传统刑法“定罪为先、罚当其罪”的适用理念，如果不能认定行为人构成犯罪，则涉案资产也就不能认定为犯罪所得，这无疑将造成认定洗钱行为人刑事责任的程序的搁置甚至终止，显然不利于打击洗钱犯罪。对此，应当采取合理使用推定规则、有限追缴第三人资产等办法，将《刑修（十一）》落到实处。对跨境转移资产采取合理使用推定规则，指的是满足如下条件的跨境转移资产，应当被视为洗钱资产：其一，跨境转移资产与上游犯罪已建立稳定的事实联系，并有证据链予以证明。其二，实际控制者获得该跨境转移资产的对价明显不符合市场规律。其三，没有第三人对该资产提出事实确凿的异议。有限追缴第三人资产，指的是对第三人无偿或没有法律根据地获得的涉嫌洗钱资产，应当认定为应当追缴的涉嫌洗钱资产并予以追缴；第三人善意取得涉嫌洗钱资产的，不应当予以追缴，但符合上述推定规则的除外。

1. 参见《2018 年最高人民检察院工作报告》与《2019 年最高人民检察院工作报告》。

总之，通过上述理解与适用，将能够充分发挥《刑修（十一）》生效后三大反洗钱刑法规范的合力，激活《刑事诉讼法》违法所得特别没收程序，从根本上给予洗钱犯罪前所未有的重击，更有效地追缴外流境外的腐败资产。

第五章

未定罪腐败资产追缴的刑事程序制度发展

程序是实体正义的形式保障，在追缴未定罪腐败资产时，程序更为重要。一是程序法是各国法律体系的共同语言。通过对各国法律体系进行比较可以发现，各国在实体法上的差异要远远大于程序法上的差异，程序法上的共性要远远大于实体法上的共性。如前所述，就开展未定罪腐败资产追缴而言，英美法系多数以判例法来规定未定罪腐败资产追缴的实体问题，特别是运用多部程序法或者主要规定程序要素的判例法来处理未定罪腐败资产追缴。大陆法系国家虽然有刑法来规定未定罪腐败资产追缴的实体问题，但是不同国家间彼此差异很大。我国刑法对未定罪腐败资产追缴基本未作规定，而是笼统地将其与一般刑事没收规定在一起。但是，英美法系、大陆法系与我国却都制定了具有未定罪腐败资产追缴性质的程序法，并且大多数国家都加入了具有未定罪腐败资产追缴程序法内容的《联合国反腐败公约》。二是程序法是开展未定罪腐败资产追缴的重要途径。通常而言，程序法以保障实体法的实施作为自身的重要目的，但我国在刑法尚未对未定罪腐败资产追缴作出规定之前，就率先制定并实施了具有未定罪腐败资产追缴性质的违法所得单独没收程序，由此而言，在未定罪腐败资产追缴领域中，程序法呈现出先行先试的重要态势。从立法倾向而言，这不能不说同时也体现了立法功利主义的发展趋势。这就提出两方面的任务：既要对违法所得单独没收程序的适用予以完善，又要考虑推进刑法与刑事诉讼法的同步。三是程序法能够为开展未定罪腐败资产的追缴打通众多关联领域。我国目前规定未定罪腐败资产追缴的法律依据主要是《刑事诉讼法》中的违法所得单独没收程序，而《刑事诉讼法》是国内法。但对我国而言，追缴未定罪腐败资产的需求却主要集中于境外追赃方面，国内法对未定罪腐败资产追缴所作的程序性规定，却不一定能够在境外开展未定罪腐败资产追缴时发生作用。因而，为实现未定罪腐败资产追缴在境内境外同步同效推进，就必须完善承认与执行外国有关未定罪追缴的裁判程序制度，当然按照对等原则，也要通过制定或修订我国国内法的有关规定，来完善涉及外国承认与执行我国未定罪追缴裁判的程序制度。由此，未定罪腐败资产追缴目前涉及的刑事程序制度的发展，主要包括两个方面：即违法所得单独没收程序与承认执行有关未定罪追缴的外国裁判。

第一节　未定罪腐败资产追缴与违法所得单独没收程序制度发展

为有效打击腐败犯罪等违法行为，对违法所得及时采取追缴措施，并与我国已加入的有关国际公约的要求相衔接，[1]2012年修改刑事诉讼法时，借鉴域外立法经验，增设了没收犯罪嫌疑人、被告人逃匿、死亡案件违法所得的特别程序。对于该没收特别程序的设立，社会各界予以高度评价，期待其能够对腐败资产追缴，尤其是未定罪腐败资产追缴起到有力推动作用。然而，从2013年1月修改后的《刑事诉讼法》生效实施到2018年这一段时间内，我国司法机关适用该程序的案件仅有45件；从2018年到2019年，我国司法机关适用该程序的案件也仅有17件。[2]单从适用数量来看，从我国立法中新增违法所得单独没收程序至今的6年时间内，全国范围内仅在62个案件上适用该程序，相较于同期全国惩办腐败案件数量而言，这显然不是很突出的数量。这一现象很大程度上与刑事诉讼立法模糊、实践中认识分歧较大有关，另外还与法律规定的适用

1. 该要求主要体现在《联合国反腐败公约》第54条第1款第（3）项规定："采取必要的措施，以便在因为犯罪人死亡、潜逃或者缺席而无法对其起诉的情形或者其他有关情形下，能够不经过刑事定罪而没收这类财产。"参见王兆国：《关于〈中华人民共和国刑事诉讼法修正案（草案）〉的说明——2012年3月8日在第十一届全国人民代表大会第五次会议上》，《人民检察》2012年第8期，第9页。
2. 参见《2018年最高人民检察院工作报告》《2019年最高人民检察院工作报告》。

罪名范围过窄、程序启动条件高、申请和审理周期长、司法解释规定的证明标准高、实践中难以做到等因素有关，[1]可能还与《刑事诉讼法》与《刑法》的协调衔接不清晰、与后颁布的《监察法》衔接尚待摸索等也有着较大关系。从理论上看，该特别程序具有难以比拟的重要地位，其是我国目前开展未定罪腐败资产追缴的首要根据，也是资产追缴（没收）领域与国际公约、世界先进法律体系对接的重要途径。但是在该特别程序的现实运行中，有上述如此多的问题需要进一步研究，需要深入思考推动该特别程序进一步发展的合理路径，以匹配其重要的理论地位。

一、未定罪腐败资产追缴与违法所得单独没收程序制度概况

（一）关于该程序的简称

《刑事诉讼法》第5编“特别程序”第4章就“犯罪嫌疑人、被告人逃匿、死亡案件违法所得的没收程序”作出了规定：对于贪污贿赂犯罪、恐怖活动犯罪等重大犯罪案件，犯罪嫌疑人、被告人逃匿，在通缉一年后不能到案，或者犯罪嫌疑人、被告人死亡，依照刑法规定应当追缴其违法所得及其他涉案财产的，检察机关可以向法院提出没收违法所得的申请，由法院审理后，裁定是否没收这些涉案财物。犯罪嫌疑人、被告人的近亲属和其他利害关系人有权申请参与诉讼，并享有法定权利。

法律文本对于该程序的命名过于冗长，为便于研究中的运用，同时也是为了突出其法律特点，有必要对其简称进行确

1. 乔宇：《刑事涉案财物处置程序》，中国法制出版社2018年版，第216页。

定。对于《刑事诉讼法》中规定的上述内容，有学者认为，应简称为“未定罪的没收（confiscation without conviction）”。[1]有学者认为，该程序专门针对涉案财物等与犯罪有关财物的没收制度，其独立于对行为人定罪量刑的刑事诉讼程序而存在，应被称为“独立财产没收制度”。[2]有学者认为，该程序主要针对犯罪嫌疑人、被告人逃匿、死亡而无法归案时，如何对违法所得和其他涉案财物进行没收的问题，解决的是在判决宣告前处理特定犯罪嫌疑人、被告人的违法所得和涉案财物的没收特定案件，将财产的没收程序称为“判决前的财产没收（confiscation without trial）”更为适宜。[3]有学者认为，该类程序以“犯罪收益”为没收对象并“独立”于定罪程序，可将其统称为“犯罪收益独立没收程序”。[4]除此之外，还有“未审没收程序”等表达。

本书认为，宜将我国《刑事诉讼法》规定的上述特别程序，称为“违法所得单独没收程序”。首先，“未定罪没收”的提法并不妥当，其容易和“行政没收”、审前程序中撤销案件、不起诉等不需要对犯罪嫌疑人提起公诉的案件中涉案财物的没收相混淆，因为后两者也是在没有对行为人定罪的前提下对

1. 何帆：《刑事没收研究——国际法与比较法的视角》，法律出版社2007年版，第208页。
2. 宋英辉、何挺：《区际追赃合作中的独立财产没收》，《人民检察》2011年第5期，第10页。
3. 陈卫东：《论新〈刑事诉讼法〉中的判决前财产没收程序》，《法学论坛》2012年第3期，第6页。
4. 刘文峰、张元鹏：《犯罪收益独立程序性质之双重判断标准》，《人民检察》2015年第9期，第63页。

有关财物进行的没收。并且，“未定罪没收”在内涵上包括了全部不经定罪的没收，在外延上包含了中外所有的不经定罪的没收程序，如前述所述的美国民事没收程序、英国民事追缴程序、德国的第三人没收与扩大没收程序等，而我国的程序规定显然与其他国家的相关程序规定还有着很大不同，将我国《刑事诉讼法》中规定的上述程序称之为“未定罪没收”，相当于用种概念替换了属概念，因而并不妥当。其次，“未审没收”或者“判决前的财产没收”的提法并不妥当，其与该没收程序的特点并不相符，在该特别程序下，仍然需要对涉案财物的性质进行审判，不能称作“未审”。而根据我国刑法和刑事诉讼法的规定，我国实际上存在判决前的财产没收，即对于违禁品和供犯罪所用的本人财物的没收。这两类物品一经发现，立即没收，只是要在判决中予以确认。再次，“犯罪收益独立没收程序”的提法并不妥当。我国《刑事诉讼法》对上述程序的规定中明确使用了“违法所得”的概念，并贯穿规定始终。我国《刑事诉讼法》从未使用过“犯罪收益”的概念，我国刑法对此也没有规定。并且，我国《刑事诉讼法》中规定的上述程序所体现出的重大进步，就是在不需要定罪的条件下也可对违法所得进行没收，如果将该特别程序称之为“犯罪收益独立没收程序”，反而模糊了该程序的特色，也混淆了该程序的适用条件。最后，“违法所得单独没收程序”的提法并不妥当。使用“违法所得单独没收程序”的提法，容易将该程序和刑法上的“特别没收”相混淆，而后者一般专指对涉案财物的没收，其既包括普通刑事诉讼程序中对涉案财物的没收，也包括特别程序中对涉案财物的没收。实际上如果称该程序为“违法所得单独没收程序”，可能会更为妥当。但即使称之为“违法所得单独没收程序”，仍没有突出该程序的真正特点，令人只知其特别，但不知特别在何处。因而综上所述，宜将其简称为“违法所得单独没收程序”。该提法具有四个优点：一是指出了其具有未定罪没收的特点，属于未定罪没收的程序法的种概念；二是指出了其属于审判程序中的一种，而不是未经审判的任意没收；三是指出了该程序具有不经定罪的没收条件；四是直接指出了该程序“单独没收”的重要特点，而不是以“特别”两字含混带过。

（二）违法所得单独没收程序的法律性质

关于我国违法所得单独没收程序的性质，法学界目前有多种观点，有学者认为该程序是刑事诉讼程序，有学者认为是民事诉讼程序，有学者认为是设置在刑事审判之前的附带民事诉讼，还有学者认为是刑事、民事交叉的混合程序。经梳理相关学说，具有代表性的主要有以下三种观点。

1. 民事诉讼程序说

持此观点的学者认为，违法所得单独没收程序不属于刑事诉讼程序，而属于民事诉讼程序。该观点认为区分两种诉讼性质的标准在于诉讼案由，即启动纠纷解决程序的诉讼内容。违法所得单独没收程序要解决的问题是涉案财物的权利归属，本质上属于对物诉讼，虽然该程序由犯罪行为引起，但在该程序中却可以不以认定行为人承担刑事责任为前提作出没收决定。该程序并不直接处理行为人的刑事责任，其标的与民事诉讼程序的标的具有同质性，类似于民事诉讼中的确权之诉。从比较法的角度看，在主要法治国家立法及相关国际公约中，违法所得单独没收程序也被称为“民事程序”。[1] 其他理由还有：一是判断某一程序的性质时，不看该程序规定在何种诉讼法中，而是要看其诉讼本质。二是法定的利害关系人可以对法院作出的没收裁定提出上诉，这明显不同于一般刑事诉讼中利害关系人的诉讼权利内容，已经近似于民事诉讼中当事人的权利内容。

2. 刑事诉讼程序说

持该观点的学者认为，违法所得单独没收程序属于刑事诉讼程序，同时又具有不同于一般刑事诉讼的特殊性，所以规定在刑事诉讼法的特别程序中。违法所得单独没收程序的本质是不经定罪即对与犯罪有关的财产进行处理。依《刑事诉讼法》开展诉讼，通常必须要以对行为人定罪为前提，而该程序的特殊性在于不经定罪而直接审理财产问题，其审理对象为与行为人的违法行为有关的财产，但行为人却尚未被认定有罪，从而具有较明显的特殊性。[2] 还有学者认为，违法所得单独没收程序虽然与普通刑事诉讼程序不完全一样，但在性质上仍然是一种刑事诉讼程序，与附带民事诉讼程序不同，并非民事诉讼程序。[3] 其理由主要有：一是该程序虽然不以证明犯罪嫌疑人、被告人有罪为主要目的，但仍无可避免地要涉及“缺席”的犯罪嫌疑人、被告人被指控的行为与犯罪之间存在何种联系。侦查机关、检察机关的诉讼角色并没有因为犯罪嫌疑人、被告人

---

1. 万毅：《独立没收程序的证据法难题及其破解》，《法学》2012 年第 4 期，第 82 页。
2. 陈卫东：《论新〈刑事诉讼法〉中的判决前财产没收程序》，《法学论坛》2012 年第 3 期，第 7 页。
3. 吴光升：《未定罪案件涉案财物没收程序之若干比较——以美国联邦民事没收程为比较视角》，《中国政法大学学报》2013 年第 2 期，第 91 页。

逃匿或死亡而发生改变，仍然处于控方的地位。检察机关在该特别程序中代表国家提出涉案财产应予没收，仍属于发挥公诉职能的行为，其公诉机关的身份并没有改变。检察机关行使的权力仍属于公诉权和监督权。[1]二是违法所得单独没收程序的诉讼目的和诉讼标的具有刑事法属性，符合刑事诉讼程序的基本特征。违法所得单独没收程序仍然属于证实犯罪过程的刑事诉讼程序，通过该程序审理的案件仍然属于公诉案件。[2]三是违法所得单独没收程序与普通刑事诉讼程序具有关联性。刑事诉讼程序可以分为普通程序和特别程序，违法所得单独没收程序始终与普通程序联系紧密。我国违法所得单独没收程序必须在刑事诉讼已经开展的前提下进行，不能脱离刑事诉讼程序单独进行。四是违法所得单独没收程序的制度设计带有浓厚的刑事程序的色彩。如没收裁定的效力等同于普通刑事诉讼程序中“追缴或没收”判决的效力，程序的适用范围仅为贪污贿赂犯罪、恐怖活动犯罪等重大犯罪案件，公安机关、检察机关均有权采取查封、扣押、冻结等措施，启动主体为检察机关，逃匿的犯罪嫌疑人、被告人如果到案的，应及时终止该特别程序，转用普通刑事诉讼程序等。[3]

3. 保安处分程序说

该观点认为，违法所得单独没收程序的本质为刑事诉讼程

1. 时延安、孟宪东、尹金洁:《检察机关在违法所得单独没收程序中的地位和职责》,《法学杂志》2012 年第 11 期，第 128 页。
2. 陈雷:《论我国违法所得特别没收程序》,《法治研究》2012 年第 5 期，第 35 页。
3. 施鹏鹏、尚晶:《违法所得特别没收程序的构造与完善》,《人民检察》2014 年第 7 期，第 19 页。

序，但该程序又不属于一般的刑事诉讼程序，而是带有保安处分性质的刑事诉讼程序，[1] 或者说是以适用追缴或没收等保安处分措施为目的的特别刑事诉讼程序。[2] 其理由主要有：一是违法所得单独没收程序以保障《刑法》第 64 条的实施为目的，而《刑法》第 64 条规定的特别没收，属于保安处分措施，因此违法所得单独没收程序属于以适用保安处分措施为目的的刑事特别程序。没收违法所得是一种具有预防功能的保安性措施，其建立在具有高度预防功能的正当性基础上。适用违法所得单独没收程序，令行为人丧失其所获违法利益，进而消除其再次通过犯罪或者其他相关违法手段获得利益的可能性，有利于遏制违法人员再次运用违法所得从事其他违法犯罪活动，也有利于发挥追缴或没收措施的一般预防效果，打消一般社会成员通过违法所得获得不正当利益的企图。[3] 二是我国现行法律中虽无对保安处分的明确规定，但刑法中已存在实质意义上的保安处分措施，其与刑罚共同构成了刑法的法律后果体系，由此形成了“隐性双轨制”的格局。[4] 保安处分的程序正当性位阶，低于普通刑事诉讼程序，但却高于民事诉讼程序，处于两者之间。定位为保安处分程序的违法所得单独没收程序，与民事诉讼程序相比较，在作出没收裁定时，将要在程序方面经受

1. 熊秋红：《从特别没收程序的性质看制度完善》，《法学》2013 年第 9 期，第 75 页。
2. 朱孝清：《违法所得没收程序的几个问题》，《人民检察》2014 年第 15 期，第 6 页。
3. 时延安、孟宪东、尹金洁：《检察机关在违法所得单独没收程序中的地位和职责》，《法学杂志》2012 年第 11 期，第 129 页。
4. 时延安：《隐性双轨制：刑法中保安处分的教义学阐释》，《法学研究》2013 年第 3 期，第 153 页。

更加严格的正当化检验，这样就更加有利于对犯罪嫌疑人、被告人与其他利害关系人的财产权、相关诉讼权利的保护。[1]

总体上看，上述观点都从不同角度对违法所得单独没收程序的性质进行了深入分析，非常具有启发意义。综合上述分析，本研究认为，违法所得单独没收程序应属于刑事诉讼程序，而不属于民事诉讼程序或者保安处分程序。主要有以下理由：一是《刑事诉讼法》是其法律性质的法律依据。违法所得单独没收程序规定于我国《刑事诉讼法》第五编第三章，而不规定在《民事诉讼法》或其他法律中，这是对其法律性质予以明确的无法回避的法律依据。二是从诉讼目的看，违法所得单独没收程序应当属于刑事诉讼程序。违法所得单独没收程序针对违法所得及其他涉案财产实施，对犯罪嫌疑人、被告人是否实施犯罪并非在所不问，其适用是因为出现了犯罪嫌疑人、被告人逃匿或死亡的特殊情况，出现了无法继续对犯罪嫌疑人、被告人进行刑事追诉的客观事实阻碍。该程序在适用过程中，如果在逃的犯罪嫌疑人、被告人自动投案或者被抓获，法院就应当立即终止该特别程序，而转用普通刑事诉讼程序进行审理，这表明该对物诉讼的独立性不是绝对的，而是相对的，受制于对人追诉的具体情况。关于某些法律规定的特定涉案财产的处理，某些国家早期立法或者理论可能认为其属于保安处分措施，但是现代多数国家的立法和理论已越来越多地倾向于将违法所得单独没收定位为单独地位的法律措施。退一步而言，即使将其认定为保安处分措施，多数国家仍然规定其要通过刑

1. 熊秋红：《从特别没收程序的性质看制度完善》，《法学》2013 年第 9 期，第 76 页。

事诉讼程序实施，而没有另行规定保安处分程序。三是从证明规则看，有学者以违法所得单独没收程序的证明标准与民事诉讼相同为由，认为其在性质上属于民事诉讼程序，该理由并不充分。刑事诉讼中对证明对象并非一律要求达到排除合理怀疑的证明标准，除定罪事实和不利于被告人的量刑事实之外，也允许对于部分特定的待证事实采用相对较低的证明标准，如有利于被告人的量刑事实、部分程序性事项等。故特定事项的证明标准与程序属于刑事诉讼还是民事诉讼，并无必然的本质联系。

（三）违法所得单独没收程序的特征

根据我国《刑事诉讼法》第5编第3章的规定，违法所得单独没收程序具有下列特征：

1. 对物之诉

违法所得单独没收程序是“对物不对人”的程序，其审理的对象是犯罪嫌疑人、被告人的违法所得和其他涉案财物，所处理的主要诉讼内容是：该违法所得和其他涉案财物是否与犯罪行为相关，对该违法所得和其他涉案财物是否依法应予没收；如果其他利害关系人对涉案财物的权提出主张，该主张是否有合法依据。该程序对犯罪嫌疑人、被告人的定罪量刑问题则不作结论性的判断。在违法所得单独没收程序中，检察机关提供的证据材料只能用于追缴违法所得或没收其他涉案财物，一般不得用于涉及该犯罪嫌疑人、被告人的刑事诉讼，更不能成为定罪根据。违法所得单独没收程序主要针对违法所得或其他涉案财物等“物”的追缴或没收展开诉讼，并非对犯罪嫌疑人、被告人等“人”的定罪量刑展开诉讼。《刑事诉讼法》设置违法所得单独没收程序的目的，是在犯罪嫌疑人、被告人死亡、逃匿情况下，经过法律程序对违法所得以及其他涉案财物进行认定和处置。因此，违法所得单独没收程序是一种专门针对违法所得或其他涉案财物的特殊刑事诉讼形态。

2. 诉讼相对独立

违法所得单独没收程序在整个刑事诉讼中居于相对独立的地位，其独立性表现在：违法所得单独没收程序与其他刑事诉讼程序互不隶属，具有完整的诉讼流程，对参与主体、运行条件、权利救济、承担义务等有着一整套的规定，可以实现自身独立程序的运行。其相对性表现在：违法所得单独没收程序可能向一般普通程序转化，一旦违法所得单独没收程序的适用条件不存在或者被改变，例如犯罪嫌疑人、被告人的逃匿状态消失，那么违法所得单独没收程序应当终止，根据情况转为普通程序或者其他特别程序。

3. 适用范围有限

根据《刑事诉讼法》的规定，违法所得单独没收程序只能适用于部分犯罪类型，并且该部分类型的犯罪嫌疑人、被告人的状态也要符合法定条件。只能适用于犯罪嫌疑人、被告人逃匿，在通缉一年后不能到案的贪污贿赂犯罪、恐怖活动犯罪等重大犯罪案件，或者犯罪嫌疑人、被告人死亡，依照刑法规定应当追缴其违法所得及其他涉案财产的案件。除上述两大类犯罪的重大犯罪案件以外的“等重大犯罪案件”应当理解为与贪污贿赂犯罪、恐怖活动犯罪的违法所得有着类似严重性质，并且案情重大，应当适用违法所得单独没收程序的犯罪类型。不能将其解释为一切犯罪类型，否则将与立法目的矛盾，也不符合诉讼经济原则。

4. 适用单独的证明规则

从《刑事诉讼法》的立法目的出发，结合违法所得单独没收程序的立法规定，通过对实质解释方法的理解和运用，应当认为违法所得单独没收程序可以谨慎适用刑事推定证明规则。在司法实践中，违法所得经常出现形态变化、与合法财产混同、因第三人交易而发生财产性质变化等情况。因而，在司法实践中经常难以判断哪些财产属于违法所得，哪些财产不属于违法所得。如前所述，英国、澳大利亚等英美法系国家的犯罪收益追缴法将刑事推定制度引入违法所得没收制度中，极大地提升了对违法所得的单独没收的效率。同时必须要警惕的是，在违法所得没收中引入推定制度，也可能侵害犯罪嫌疑人、被告人或其他利害关系人的权利或者第三人的利益，因而需要谨慎适用的刑事推定证明规则。

二、违法所得单独没收程序的适用

（一）违法所得单独没收程序的适用范围

对《刑事诉讼法》第298条引起的若干重要问题，比如：哪些案件属于“等重大犯罪案件”，如何理解“犯罪嫌疑人、被告人逃匿”，如何理解“在通缉一年后不能到案”，如何理解“犯罪嫌疑人、被告人死亡”，如何理解“依照刑法规定应当追缴其违法所得及其他涉案财产的”。总体上存在限制说、适度扩大说和不做限制说。本书赞成适度扩大说。“关于违法所得单独没收程序适用罪名范围……关键在于如何看待这一制度在刑事司法中的独特作用，以及如何确保这一程序作用的发挥和犯罪嫌疑人、被告人的权利保障之间的平衡……对违法所得单独没收程序适用罪名的范围作适度扩大解释，既没有超出刑事诉讼法的文义解释范围，也更有助于实现立法目的。”[1]

其一，关于违法所得单独没收程序的适用犯罪类型。从立法目的看，除贪污贿赂犯罪、恐怖活动犯罪外，应当还有其他犯罪可以适用违法所得单独没收程序，但范围又不能放得太宽，必须适中，否则也有违立法的本意。其他可以适用违法所得单独没收程序的犯罪案件应当与贪污贿赂犯罪、恐怖活动犯罪在性质、类型或者危害程度上相同或者相似。从目的解释看，刑事诉讼法设置违法所得单独没收程序的目的在于：即使因犯罪嫌疑人、被告人逃匿或死亡而无法启动普通刑事审判程序时，政府也能依法及时没收违法所得以及其他涉案财物。如果将程序的适用范围仅仅限定于贪污贿赂犯罪、恐怖活动犯罪这两类犯罪，显然不符合立法目的。就立法语言而言，更没有必要画蛇添足地在立法中规定“等”字。在司法实践中除了这两类犯罪，其他许多经济类型犯罪都可能产生巨额违法所得，比如非法吸收公众存款犯罪、集资诈骗犯罪、电信诈骗犯罪、毒品犯罪、开设赌场犯罪等，如果将该程序的适用范围仅限定于《刑事诉讼法》指明的两类犯罪，必将导致其他类似性质、类似危害的大量案件中的违法所得与其他涉案财物得不到追

1. 林维：《关于违法所得没收程序的适用范围》，《人民法院报》2017 年 1 月 8 日，第 2 版。

缴。上述列举的犯罪都以直接或间接的方式谋取违法所得，或者以违法所得作为实施危害行为的物质基础，其社会危害性相比较贪污贿赂犯罪和恐怖活动犯罪，有过之而无不及，对其适用违法所得单独没收程序并不违背罪刑法定原则与罪刑相适应原则。

对此，有关司法解释给予了肯定意见。《违法所得单独没收程序规定》第1条将违法所得单独没收程序适用的案件规定为四大类、二十九小类，其按照与贪污贿赂罪行、恐怖主义犯罪类似危害、类似犯罪目的的标准，对该程序适用的案件类型进行了适度扩大，充分反映了我国最高司法机关尊重立法目的、贯彻立法目的的司法路径。适度扩大后的适用案件类型基本上涵盖了现实中可能聚集大量违法所得，并且犯罪嫌疑人、被告人极有可能逃匿、死亡，举证较为困难的罪行，比如挪用公款、巨额财产来源不明、隐瞒境外存款、利用影响力受贿、走私、洗钱、金融诈骗、毒品犯罪、电信诈骗、网络诈骗等。同时《违法所得单独没收程序规定》还对单位犯罪案件适用该程序的情形作出了规定，规定单位犯罪后被撤销、注销，单位直接负责的主管人员和其他直接责任人员逃匿、死亡，因此无法适用刑事诉讼普通程序进行审理的案件，可以适用违法所得单独没收程序。对此，《最高人民法院关于适用〈中华人民共和国刑事诉讼法〉的解释》(以下简称《刑事诉讼法解释》)第610条作了类似规定。

其二，关于违法所得单独没收程序适用范围的“重大犯罪案件”。《违法所得单独没收程序规定》第2条规定：“在省、自治区、直辖市或者全国范围内具有较大影响，或者犯罪嫌疑人、被告人逃匿境外的，应当认定为刑事诉讼法（第298条）规定的‘重大’。"《刑事诉讼法解释》第610条对此作了类似规定。

根据上述规定，除了行为人实施了上述司法解释列明的犯罪类型，还需要案件同时符合“重大”犯罪案件的标准，才能启动违法所得单独没收程序。《违法所得单独没收程序规定》将“重大”案件限制为“在本省、自治区、直辖市或者全国范围内具有较大影响，或者犯罪嫌疑人、被告人逃匿境外”的案件，从案件影响程度和逃匿情形两个角度，明确了“重大”的认定标准。而且，该条并没有对“重大”作兜底性解释，避免了违法所得单独没收程序被滥用。之所以作此修改，是因为设定违法所得单独没收程序的目的在于通过追缴违法所得或没收涉案财物，不让刑事违法分子因实施罪行而受益，把握“重大犯罪”时，不应局限于可能判处10年以上有期徒刑或者无期徒刑以上刑罚的情形，而应当综合判断该案件的社会影响，决定是否启动违法所得单独没收程序。

（二）违法所得单独没收程序的适用条件

根据《刑事诉讼法》第298条的规定，我国对违法所得单独没收程序规定了较为严格的适用条件：犯罪嫌疑人、被告人死亡，或者逃匿通缉一年后不能到案。根据《违法所得单独没收程序规定》第3条第1款，逃匿是指犯罪嫌疑人、被告人为逃避侦查和刑事追究潜逃、隐匿，或者在刑事诉讼过程中脱逃。在司法实践中，逃匿可能表现为多种复杂情形，但无论何种逃匿都具有共同特征：出于逃避侦查、起诉和审判等刑事追究的目的，脱离办案机关的诉讼管理，或者在境外拒不回国接受处理。在境内的犯罪嫌疑人、被告人，出于逃避侦查、起诉和审判等刑事追究的目的，离开原居住地、工作地，或者虽未离开原居住地、工作地，但在原居住地、工作地隐匿的，也属于逃匿。有学者认为，虽然出于逃避侦查、起诉和审判等刑事追究的目的而潜逃境外，随后又因境外司法程序或者而因其他违法犯罪行为而受到羁押或被限制、剥夺人身自由的人员，不能到案的这一事实是境外执法或司法机关适用强制措施或刑罚造成的，但因其初始的逃匿行为仍可以对其适用违法所得单独没收程序。[1] 该观点似乎值得商榷。虽然上述人员初始的行为属于逃匿，并且具有适用违法所得单独没收程序的可能性，但是在上述人员因其逃匿行为被境外执法或者司法机关扣押、羁押，或者因在境外涉嫌其他违法犯罪行为而被境外执法或者司法机关处以限制、剥夺人身自由措施，并不意味其符合逃匿条件而应该适用违法所得单独没收程序。其一，上述人员在被境外执法或者司法机关处以限制、剥夺人身自由措施期间，完全可能因本人意愿而幡然悔悟，主动要求回国接受处理，但是由于境外执法或者司法机关实施强制措施造成的客观阻碍，而无法实现。在这种情况下，如果适用违法所得单独没收程序，既不符合该程序的设置目的，也无法实现对上述人员权利的保障。其二，上述情形也不表明对上述有关人员就一定不能适用违法所得单独没收程序。上述有关人员被境外执法或者司法机关长

1. 黄风：《关于特别没收程序最新司法解释的几点解读》，《人民法院报》2017年1月6日，第2版。

期限制、剥夺人身自由，导致该有关人员长期无法回国的，不能等待其结束限制、恢复人身自由后，才启动违法所得单独没收程序。对此，可以参照《刑事诉讼法》的规定，即对被境外执法或者司法机关限制、剥夺人身自由超过 2 年的上述有关人员，可以启动违法所得单独没收程序；没有超过 2 年的，根据上述有关人员在结束限制、剥夺人身自由后的表现予以处理。能够自愿回国接受处理的，按照普通刑事程序处理；仍拒不回国、保持逃匿状态的，依照违法所得单独没收程序处理。

考虑到在刑事诉讼过程中，犯罪嫌疑人、被告人在境内脱逃的性质与逃匿类似，《刑事诉讼法解释》也将在刑事诉讼过程中的脱逃认定为逃匿。上述司法解释第 3 条第 2 款还明确，犯罪嫌疑人、被告人因意外事故下落不明满二年，或者因意外事故下落不明，经有关机关证明该公民不可能生存的，依照逃匿情形处理。该条款为拟制逃匿条款。[1] 从民法的角度看来，死亡具有两种情形：一是事实上的客观死亡；二是因下落不明满一定时间、或有关机关证明不可能生还的，在法律上推定为死亡。对于《刑事诉讼法》而言，不能采取民法上的推定死亡，尤其是不能采取由有关机关证明的推定死亡，否则将容易造成该证明被滥用，而犯罪嫌疑人、被告人和有关利害关系人的合法权利被损害的结果。

除犯罪嫌疑人、被告人死亡外，并不是一切逃匿的情形都可以适用这一特别程序，还需考虑潜逃时间的长短问题。只有

1. 黄风：《关于特别没收程序最新司法解释的几点解读》，《人民法院报》2017 年 1 月 6 日，第 2 版。

犯罪嫌疑人、被告人逃匿被通缉一年后不能到案的情况，才满足适用该程序的逃匿时间条件。根据《违法所得单独没收程序规定》第5条，通缉是指公安机关发布通缉令或者公安部通过国际刑警组织发布红色国际通报。“通缉满1年未能到案”不仅仅要求未到案时间满1年，更重要的是要求“通缉”，隐含其中的是办案部门必须采取积极的抓捕措施，而不是消极等待时间届满。[1]有观点认为，违法所得单独没收程序规定“通缉1年未到案”的限制条件没有必要。其理由是：现代社会里的违法所得和其他涉案财物的价值往往具有很强的波动性，尤其是有价证券、房产等，将通缉时间规定得过长，非常容易导致违法所得与其他涉案财物的价值的损失。应当要求有关办案机关尽力查办案件，寻找和控制有关犯罪嫌疑人、被告人，而不是单纯从通缉时间上加以限制。[2]该种观点更为妥当，对于逃匿的犯罪嫌疑人而言，从通缉到其到案需要经过一定时间，为了保证涉案财物尽量通过普通刑事诉讼程序处置，有必要为违法所得单独没收程序的适用设定一些限制条件，如只有在普通刑事诉讼程序不能进行的情况下才能启动违法所得单独没收程序，因此应为侦查机关通缉犯罪嫌疑人预留一定时间。对于办案部门可能不采取积极的抓捕措施，而是消极等待时间届满的问题，可以通过要求侦查机关提供采取积极抓捕措施的证据予以规制。

---

1. 邵劭：《特别没收程序的理论和适用问题探析》，《法商研究》2014年第4期，第139页。
2. 吴光升：《未定罪案件涉案财物没收程序之若干比较——以美国联邦民事没收程为比较视角》，《中国政法大学学报》2013年第2期，第93页。

（三）利害关系人的权利保障

根据《刑事诉讼法》第 299 条第 2 款的规定，利害关系人主要是指犯罪嫌疑人、被告人的近亲属，包括夫妻、父母、子女、同胞兄弟姐妹等，也可能是对犯罪嫌疑人、被告人财产有部分所有权、继承权等物上权利的人。根据《刑事诉讼法解释》第 617 条的规定，犯罪嫌疑人、被告人的近亲属和其他利害关系人申请参加诉讼的，应当在公告期间内提出。犯罪嫌疑人、被告人的近亲属应当提供其与犯罪嫌疑人、被告人关系的证明材料。同时根据该解释第 616 条规定，除犯罪嫌疑人、被告人的近亲属以外对申请没收的财产主张权利的自然人和单位，应当认定为“其他利害关系人”，此类人员申请参加诉讼时应当提供其对违法所得及其他涉案财产主张权利的证据材料。《违法所得单独没收程序规定》第 7 条将其他利害关系人界定为对申请没收的财产主张权利的自然人和单位，扩张了利害关系人范围，即其除了包括对违法所得或其他涉案财物提出部分所有权的主张的当事人，还包括对违法所得或其他涉案财物提出担保物权、用益物权等主张的当事人。除犯罪嫌疑人、被告人死亡的情形以外，一般情况下，利害关系人的范围与被告人是否到案参与诉讼无关，除个别特殊情形外，违法所得单独没收程序中的利害关系人的范围与被告人到案时刑事涉案财物审判中的利害关系人范围基本一致。对违法所得或其他涉案财物主张权利的利害关系人主要包括违法所得或其他涉案财物的共有人、违法所得或其他涉案财物的受让人、犯罪嫌疑人或被告人的继承人、对违法所得或其他涉案财物享有其他权利的第三人、违法所得或其他涉案财物被他人用于犯罪的所有人等。在犯罪嫌疑人、被告人死亡的情况下，其继承人也会成为违法所得单独没收程序的利害关系人。继承人既可以是犯罪嫌疑人、被告人的近亲属，也可能是其他依据继承法的规定对财产享有继承权的人。

《刑事诉讼法》第 299 条保障了利害关系人参加违法所得单独没收程序的诉讼权利，明确了利害关系人的知情权、诉讼参与权等重要权利。如果利害关系人并不知晓检察机关已向法院申请没收的涉案财物，便无法对没收涉案财物提出异议。因此，利害关系人的知情权是利害关系人需被保障的首要权利。各国在规定未定罪追缴的程序制度时，首先规定应当将未定罪追缴程序启动的通知，立即告知所有利害关系人并确保其参与诉讼的权利，我国对此也不例外。根据《刑事诉讼法解释》第 615 条的规定，公告应当在全国公开发行的报纸、信息网络媒体、最高人民法院的官方网站发布，并在人民法院公告栏发布。发布公告的，应当采取拍照、录像等方式记录发布过程。人民法院已经掌握境内利害关系人联系方式的，应当直接送达含有公告内容的通知。人民法院已经掌握境外犯罪嫌疑人、被告人、利害关系人联系方式，经受送达人同意的，可以采用传真电子邮件等能够确认其收悉的方式告知公告内容，并记录在案。

利害关系人参与违法所得单独没收程序不限于审判阶段。在侦查阶段和检察机关审查是否提出没收申请阶段，利害关系人均可申请参与该程序，只是参与程序的具体方式不同。在检察机关审查是否提出没收申请的过程中，利害关系人也有权向检察机关提出异议或主张权利。根据《违法所得单独没收程序规定》第 13 条的规定，我国对利害关系人参加诉讼的权利给予了全方位的保障，公告期间仅是参考因素，而不是决定因素。在法院审理阶段，利害关系人可以依法申请参加诉讼，没有在公告期间内申请参加诉讼，而在期满后提出申请，只要具有合理理由并被法院认可的，也可以参加诉讼。根据《违法所得单独没收程序规定》第18条的规定，利害关系人因一般过失没有能够在一审期间参加诉讼，在二审期间提出参加的申请的，法院应当准许，并发回原审法院重审。该规定对违法所得单独没收程序中的利害关系人参加诉讼的权利保障程度是前所未有的，在普通诉讼程序中，法院已经尽到告知责任，有关人员因自己的过错原因而没有知晓的，应当对自己的过错承担相应的不利后果，不论该过错是故意还是过失。上述规定突破了以往的告知过错处理规则，只对利害关系人因故意或重大过失而导致的未能参加诉讼进行排除，对利害关系人因一般过失未能参加诉讼的情况予以补救。但需要注意的是，为防止该规定被有关利害关系人滥用，对发回原审法院的次数应当予以限制。

（四）违法所得单独没收程序中的证明规则

违法所得单独没收程序中的证明规则，与普通程序适用的证明规则有着较大不同。首先，就我国违法所得单独没收程序的证明责任而言，主要由检察机关对违法事实存在、申请没收的财物与涉嫌犯罪存在关联、法律规定没收相关财物的要件事实成立承担证明责任。检察机关的证明责任应围绕以下问题展开：犯罪嫌疑人、被告人实施了涉嫌犯罪行为；申请没收的财产属于该涉嫌犯罪行为的违法所得及其他涉案财物，即有关财物来源于涉嫌犯罪或者被用于涉嫌犯罪活动；请求没收之物属于与涉嫌犯罪有关的财物，涉嫌犯罪行为与违法所得之间具有实质联系。证明犯罪嫌疑人、被告人实施了犯罪，也是为了证明有关财物来源于该犯罪或者是为该犯罪服务的。如果证据不能达到相应的证明标准，检察机关将承担申请被驳回的不利后果。利害关系人对涉案财物主张财产权利的，应当提供充分证据证明其对违法所得以及其他涉案财物享有合法财产权利，并同时证明存在没收违法所得以及其他涉案财物的障碍的情形。

其次，违法所得单独没收程序采取适当推定证明标准。在司法实践中，经常出现对处理违法所得以及其他涉案财物举证困难的情形，经常出现公安、监察机关已经查清大部分的罪行事实，并已经扣押、冻结、查封远远高于与已查清罪行事实的违法所得及其他涉案财物，对该部分财物属于违法所得的性质有着高度的可信度的情形。但是在犯罪嫌疑人已经逃匿或者死亡的情况下，客观上已不可能查清有关的全部罪行事实以及该部分财物的违法来源，公诉机关也不可能充分证明该部分财物与已查清罪行事实的法律关系，也就难以提起对该部分财物的违法所得单独没收程序。为应对此种情形，《刑事诉讼法解释》第612条第2款作出规定，指出：申请没收的财产具有高度可能属于违法所得及其他涉案财产的，应当认定为前款规定的“申请没收的财产属于违法所得及其他涉案财产”。巨额财产来源不明犯罪案件中，没有利害关系人对违法所得及其他涉案财产虽然主张权利但提供的证据没有达到相应证明标准的，应当视为“申请没收的财产属于违法所得及其他涉案财产”。这实质上采取了适当推定证明标准，即将证明有关财产具有合法来源、不具有可追缴性的责任交由利害关系人承担。如果利害关系人不履行或者无法证明该财产属于合法所有，则推定其为违法所得，这意味着其可能面临被没收（追缴）的不利后果。对此，《违法所得单独没收程序规定》第17条也作出了类似规定，其指出：申请没收的财产具有属于违法所得及其他涉案财产的高度可能的，应当认定为本规定第16条规定的“申请没收的财产属于违法所得及其他涉案财产”。巨额财产来源不明犯罪案件中，没有利害关系人对违法所得及其他涉案财产主张权利，或者利害关系人对违法所得及其他涉案财产虽然主张权利但提供的相关证据没有达到相应证明标准的，应当视为本规定第16条规定的“申请没收的财产属于违法所得及其他涉案财产”的情形。

三、违法所得单独没收程序制度的完善建议

（一）关于违法所得单独没收程序的适用完善

首先，建议在违法所得单独没收程序适用范围中的“重大犯罪案件”的认定条件中，增加该案件涉及的违法所及其他涉案财物的数额要求。我国刑事诉讼法将违法所得单独没收程序的适用范围用“重大犯罪”这一限定词予以限制，可能主要基于司法成本的考虑——应将有限的司法资源投入重大犯罪涉案财物的追缴。从该制度设立的目的和诉讼经济的角度考虑，在判断是否属重大犯罪案件时，除了考虑犯罪嫌疑人、被告人逃匿境外以及案件的社会影响，建议增加犯罪所得数额、造成的财产损失数额等违法数额标准。这么做更加符合违法所得单独没收程序专门认定和处置违法所得的制度特色，而违法所得单独没收程序在本质上具有“对物诉讼”的强烈特点，其目的就

是解决对违法所得及其他涉案财物的追缴、没收问题，因此涉案财物的数额当然应成为将违法所得单独没收程序处理案件是否重大的内在标准。违法所得单独没收程序是专门处理财产的程序，判断案件是否重大时如果不考虑涉案财物本身的价值，反而仅考虑逃匿境外和社会影响问题，将引发对将违法所得单独没收程序背离自身属性的疑惑，反而不利于在基础层面来维护违法所得单独没收程序的高度正当性。

其次，建议完善违法所得单独没收程序的地域管辖与层级管辖的规定。一是建议违法所得单独没收程序由基层人民法院一审管辖。目前，违法所得单独没收案件一律由中级法院管辖，但为了推进违法所得单独没收程序的发展，建议应由基层法院组成合议庭审理违法所得单独没收案件。违法所得单独没收程序主要解决的是财产问题，立法将其交给中级法院管辖只是出于慎重和实践中缺少办案经验的考虑。随着没收实践的发展和没收理论的成熟，基层法院是完全可以胜任适用违法所得单独没收程序的。例如，我国目前运用违法所得单独没收程序较好的案件——李华波案，就是由当地基层人民检察院承办的，相对应的，相信基层人民法院也完全能够胜任对应管辖的审判工作。二是建议将违法所得单独没收程序的管辖法院由犯罪地、犯罪嫌疑人、被告人居住地所在法院为主，调整为以没收标的物所在地法院为主。目前，违法所得没收案件主要是由犯罪地以及犯罪嫌疑人、被告人居住地所在法院管辖，带有明显的“属人”属性，与违法所得单独没收程序的“对物”属性并不相符，未来刑事诉讼法在确定犯罪收益管辖制度设置应主要围绕违法所得资产，而不是犯罪嫌疑人、被告人进行设计。其遵循的原则为：没收标的物所在地优先原则，即由没收标的物所在地优先取得没收案件的管辖权，这有利于及时发现需要没收的财产，并对其采取扣押、查封、冻结等强制措施，及时保全需要没收的财产和相关证据。在上述原则不能或不宜适用的情况下，管辖权应由对拟没收资产采取了实际控制措施的法院取得。

最后，应进一步完善违法所得单独没收程序中对推定违法所得的证明规则。追缴违法所得或没收其他涉案财物的后发性、违法所得形态的多样性、违法所得与违法所得实际控制人关系的复杂性等独特特点，使世界多数国家立法或有关国际公约都对实施追缴或没收违法所得设置了特别的推定证明规则。其中比较具有代表性的，如前文所述的英国《2002 年犯罪收益追缴法》中规定与“犯罪生活方式”有关的所得推定为违法所得，《德国刑法典》将无偿或无法律根据地被转让，或被转让且其知晓或应当知晓，所得利益源自违法行为的所得，推定为违法所得。我国《刑事诉讼法》没有对此作出明确规定，但相关司法解释中作出了较为含糊的规定，或者在部分案件中作出了规定，其不能与我国设置违法所得单独没收程序的立法目的相匹配，也不能有力推动违法所得单独没收程序的司法实践。我国从 2012 年增设违法所得单独没收程序以来，启动该程序开展对违法所得及其他涉案财物的追缴未定罪的案件仅有六十余件，而其中真正将违法所得以及其他涉案财物追缴没收到位的案件，屈指可数。违法所得单独没收程序在司法实践中适用较少的局面，与《刑事诉讼法》修正时，社会各界对违法所得单独没收程序的期望形成了较明显的反差。出现这一情形的原因比较复杂，但是我国法律对违法所得单独没收程序证明规则的规定的欠缺，则是其中重要原因之一。“最高人民法院和最高人民检察院颁布了有关（违法所得单独没收程序的）司法解释……司法解释基本上套用的是关于没收财产刑的理念，在很大程度上背离了特别刑事没收程序的运作规律，从而使得这一先进的特别刑事没收程序在适用与推行上难上加难。”[1] 为了有效提升违法所得单独没收程序的实践效果，有必要先在有关司法解释中扩大对违法所得单独没收程序的推定证明规则的适用，推定方式可以参照《违法所得单独没收程序规定》第 17 条的有关内容，即“申请没收的财产具有高度可能属于违法所得及其他涉案财产的，应当认定为属于‘申请没收的财产属于违法所得及其他涉案财产’”，同时规定“如果没有利害关系人对违法所得及其他涉案财产主张权利，或者利害关系人对违法所得及其他涉案财产虽然主张权利但提供的相关证据没有达到相应证明标准的，应当视为‘申请没收的财产属于违法所得及其他涉案财产’”。在司法实践更为成熟时，适时修改《刑事诉讼法》，将有关证明规则纳入法律规定之中。

（二）关于《监察法》适用与违法所得单独没收程序的协调发展

2018 年 3 月，《中华人民共和国监察法》（以下简称《监察法》）表决通过。该法既是国家监察体制改革的法律体现，也是我国刑事诉讼体制的重大改革，其对违法所得单独没收程序的适用提出了新的要求。《监察法》第 48 条规定：“监察机关

1. 黄风：《刑事没收与资产追缴》，中国民主法制出版社 2019 年版，第 86 页。

在调查贪污贿赂、失职渎职等职务犯罪案件过程中，被调查人逃匿或者死亡，有必要继续调查的，经省级以上监察机关批准，应当继续调查并作出结论。被调查人逃匿，在通缉一年后不能到案，或者死亡的，由监察机关提请人民检察院依照法定程序，向人民法院提出没收违法所得的申请。”第52条规定：“国家监察委员会加强对反腐败国际追逃追赃和防逃工作的组织协调，督促有关单位做好相关工作……向赃款赃物所在国请求查询、冻结、扣押、没收、追缴、返还涉案资产……”上述规定赋予了监察机关在违法所得单独没收程序中的程序启动提请权、反腐败国际追逃追赃和防逃工作的组织协调与督促权，也包括对境外违法所得实施单独没收程序的相关权力。由于《监察法》对监察机关参与违法所得单独没收程序的规定较为笼统，也缺乏相应的程序要求，因而有必要对上述规定与违法所得单独没收程序的协调情况进行分析。

从上述《监察法》的规定可以看出，《监察法》并没有直接明确违法所得单独没收程序必须适用于“重大犯罪”且“依照刑法规定应当追缴违法所得及其他涉案财产”的案件，但从《监察法》“有必要继续调查的，经省级以上监察机关批准，应当继续调查并作出结论”的规定，可以推出监察机关适用违法所得单独没收程序的条件应当有三个方面：一是“有必要继续调查”。其中包括：因案件复杂，有必要继续调查；因案件重大，有必要继续调查；或者因案件查封、扣押、冻结依照刑法应当追缴的财产，有必要继续调查。二是“经省级以上监察机关批准”。该规定一方面明确了监察机关继续调查的批准权限，另一方面明确了比较重大、复杂的案件，由省级以上检察机关行使审批权限，确保程序启动更为慎重。三是“应当继续调查并作出结论”。该规定明确了对于继续调查案件必须形成最终结论，即不得在启动继续调查程序后，最终对案件事实的认定没有一个明确的结论。[1]

《监察法》实质上对《刑事诉讼法》中违法所得没收单独程序适用的罪行类型做出了调整。《监察法》规定，启动违法所得单独没收程序的罪行类型范围是贪污贿赂、失职渎职等职务犯罪。虽然目前有关机关尚未对《监察法》在此处规定的“等”字作出解释，但从《监察法》有关监察管辖范围和监察委员会的监察调查权的授权内容可以看出，对《监察法》在此处规定的“等”字也应当作扩大解释，使其与《监察法》对监察委员会的监察调查权范围的规定保持一致，即《监察法》在此处规定的“等”字的范围可以包括监察委员会参与刑事诉讼时管辖的 88 个罪行罪名。

从上述《监察法》的规定可以看出，监察机关启动违法所得单独没收程序，需要满足三个方面的条件：一是监察委员会已经完成监察调查立案，并已在调查过程中；二是被调查人逃匿或死亡，有必要继续调查，经省级以上监察机关批准，应当继续调查的；三是被调查人被通缉一年后不能到案，或者死亡的。“调查中”指的是违法所得单独没收程序不适用于被调查人在调查立案前已经逃匿或者死亡的情形，结合《刑事诉讼法》的规定，违法所得没收适用于“重大犯罪”且“依照刑法

1. 刘晓虎：《监察法颁布后监察机关调查案件违法所得没收程序的适用条件》，《人民法院报》2018 年 4 月 4 日，第 6 版。

规定应当追缴其违法所得及其他涉案财产”的情形。[1]理解“被调查人逃匿”时，可以参照《违法所得单独没收程序规定》第3条的有关规定。对“被调查人死亡”的理解，与对《违法所得单独没收程序规定》第3条第2款的规定理解类似，应当认为其是被调查人的事实死亡，而不能是法律上的死亡，即不能是民法意义上的宣告死亡。如果将其理解为法律上的宣告死亡，将不利于对被调查人的权利的保障。对于既不能查明被调查人事实死亡，也无法对其按照法律上的宣告死亡处理的，可以参照《违法所得单独没收程序规定》第3条第2款的规定来处理，即被调查人因意外事故下落不明满两年，或者因意外事故下落不明，经有关机关证明其不可能生存的，按照“逃匿”处理。

（三）关于违法所得单独没收程序与刑事缺席审判程序的协调

违法所得单独没收程序与刑事缺席审判程序都是我国《刑事诉讼法》规定的特别程序，两者在立法目的上有着较多的共同点：都将应对贪污贿赂犯罪的特殊情形作为立法缘由之一，都适用与普通程序规定不一样的特别要求与规则。两者在规范内容上也有着较多的共同点：在适用范围上都包括贪污贿赂犯罪、恐怖活动犯罪，都是在犯罪嫌疑人、被告人未到庭的情况下进行审理等。从犯罪嫌疑人、被告人都不到庭，但国家机关仍然组织刑事诉讼的特点而言，两者都属于广义的刑事缺席审判。正因为这两种程序具有相似性，办案机关在办理具体案件的过程中，当案件

1. 齐建萍:《职务犯罪违法所得没收和缺席审判程序辨析》,《人民法院报》2018年12月19日，第6版。

同时满足这两种程序的条件时（两种程序出现适用的竞合时），该如何取舍便是其在实践中所面临的一大难题。[1]

在理论上，关于违法所得单独没收程序与刑事缺席审判程序之间的关系，有学者认为，“建构完整意义上的刑事缺席审判制度……能有效弥补违法所得单独没收程序在处理贪污贿赂案件时‘未定罪即罚没’之缺陷”。[2]有学者认为，“违法所得单独没收程序的增设，根本目的在于弥补原刑事诉讼法下缺席审判程序之缺失，功能上属于缺席审判程序的一种替代性制度设计”。[3]也有学者认为，“缺席审判的实际适用是与违法所得单独没收程序形成一个打击腐败犯罪……的互补效应，从而实现打击已然犯罪和防患未然犯罪的最佳社会效果”。[4]还有学者认为：违法所得没收和缺席审判程序在追赃方面相互独立，不具有替代性。[5]综合看来，最后一种观点更具有合理性，更符合我国刑事诉讼法对两种特别程序的安排的功能定位。表面上，违法所得单独没收程序和刑事缺席审判程序似乎有着很多相似点，也似乎出现了某些适用规则方面的交叉或竞合，但是从立法定位、程序性质、程序功能上看，两者并不能真正互补

1. 李海滢、王延峰：《缺席审判抑或独立没收：以“追赃”为基点的程序选择》，《政治与法律》2019年第7期，第2页。
2. 谢澍：《刑事缺席审判之类型化分析与体系化建构——以〈刑事诉讼法〉再修改为语境》，《法学》2019年第12期，第105页。
3. 万毅：《刑事缺席审判制度立法技术三题：以中华人民共和国刑事诉讼法（修正草案）为中心》，《中国刑事法杂志》2018年第3期，第27页。
4. 裴显鼎、王秀梅：《全球视阈中的缺席审判研究》，《吉林大学社会科学学报》2019年第6期，第72页。
5. 齐建萍：《职务犯罪违法所得没收和缺席审判程序辨析》，《人民法院报》2018年12月19日，第6版。

或替代，好像两条看似很近但却永不相交的平行线，属于两种各自独立的刑事诉讼特别程序。可以通过对两种特别程序的分别适用来搭建特别的刑事诉讼结构，但却不能将两种程序混用。

首先，从立法定位看，违法所得单独没收程序是优先适用的程序，而刑事缺席审判程序只在不得已的情况下适用。两种特别程序均是近年来我国刑事诉讼法修改的重点内容，违法所得单独没收程序在2012年增设，刑事缺席审判程序在2018年增设。为何没有在一次修改中同时增设，而是分成两次增设呢？实际上，在理论界和社会舆论场中，远远早于违法所得单独没收程序设立就有建议增加刑事缺席审判程序的呼声。但是立法者却首先在立法中增加的特别程序是违法所得单独没收程序，时隔多年后再增加了刑事缺席审判程序，其重要原因就是刑事缺席审判程序存在更多争议，需经过反复斟酌后方可在立法中增加。由此推知，假如当司法实践中出现了某种情形，需要在违法所得单独没收程序与刑事缺席审判程序中选择适用时，也应当优先适用违法所得单独没收程序，而不是刑事缺席审判程序。只有当适用违法所得单独没收程序出现困难，或者适用效果预期不佳时，才能适用刑事缺席审判程序。刑事缺席审判是具有较大不确定性、需要谨慎选择的“最后手段”，它不能够影响或者取代其他法律措施，也不宜将刑事缺席审判与违法所得单独没收程序简单地“合二为一”。[1]

1. 黄风：《刑事缺席审判与特别没收程序关系辨析》，《法律适用》2018年第23期，第12页。

其次，从程序性质上，违法所得单独没收程序是对物之诉，刑事缺席审判程序却是对人之诉，两种程序难以融合。违法所得单独没收程序针对违法所得及其他涉案财物是否应没收而展开，解决的是物的责任问题，适用的是部分推定证明规则。刑事缺席审判程序针对犯罪嫌疑人、被告人是否有罪而展开，解决的是人的责任问题，适用的是法定证明规则。对于符合适用违法所得单独没收程序条件的犯罪嫌疑人、被告人，其是否被定罪并不重要——既不需要以认定其有罪作为程序启动的前提，也不需要以认定其有罪作为程序适用的结果，有的国家的立法甚至规定：违法所得单独没收程序适用的证据材料、有关陈述都不能作为认定其有罪的证据。对于适用刑事缺席审判程序条件的犯罪嫌疑人、被告人，对其违法所得及其他涉案财物进行处理时，没有必要同时适用违法所得单独没收程序，否则不仅徒增讼累，也引发双重评价的质疑。对于适用刑事缺席审判程序中可能涉及的违法所得及其他涉案财物，在刑事缺席审判程序完毕后，根据犯罪嫌疑人、被告人是否确定有罪，做出相应的后续处理即可。

最后，从程序模式看，违法所得单独没收程序属于未定罪思维模式，而刑事缺席审判程序属于定罪思维模式，两者之间存在难以融合的情况。有观点认为：在实践中，绝大部分案件都可以同时适用这两种程序。因此就需要明确这两种程序的适用顺序：是优先启动没收程序追赃，待证据进一步充实后再启动缺席审判程序追逃；还是优先启动缺席审判程序追逃追赃，在遇到该程序确实无法解决的问题时再启动没收程序追赃；又或者可以同时启动这两种程序，用缺席审判程序追逃，用没收程序追赃。[1] 该观点难以成立，如果对一个犯罪嫌疑人、被告人的案件，同时启用违法所得单独没收程序与刑事缺席审判程序，将会对犯罪嫌疑人、被告人造成很大的不公正，即会使其处于遭受双重评价的不利局面。从我国《刑事诉讼法》对两种程序的功能设计看，违法所得单独没收程序实际上已经超越了定罪思维，转向了未定罪追缴；刑事缺席审判程序却必须要牢牢把握定罪思维。违法所得单独没收程序的适用，其结局只有两个，即没收或者不没收，对犯罪嫌疑人、被告人是否定罪也在所不论。刑事缺席审判程序的适用，其结局也只有两个：定罪或者不定罪。因而，完全可以预见适用刑事缺席审判的案件是极少数的案件，毕竟它是特别程序中的特别程序，在尚未成为独立体系之前，仍在普通程序和追逃追赃《纪检监察机关办理反腐败追逃追赃等涉外案件规定》中生存，注定是小众的。[2]

第二节　未定罪腐败资产追缴与对外请求协助追缴违法所得

对腐败资产适用违法所得单独没收程序后，如果确定进行没收，对没收决定的执行将出现两种情况：一是腐败资产在境内的，直接依照我国《刑事诉讼法》和有关司法解释的规定，

1. 施鹏鹏：《缺席审判程序的进步与局限——以境外追逃追赃为视角》，《法学杂志》2019 年第 6 期，第 21 页。
2. 王晓东：《国际追逃追赃视野下的我国刑事缺席审判制度》，《法律适用》2018 年第 23 期，第 39 页。

将其交由有关机关执行即可；二是腐败资产在境外的，则不能依照我国的国内法执行，而需要根据双边刑事司法协助协定或国际公约的规定，以请求境外有关国家给予协助的方式来执行对违法所得的追缴。在刑事司法协助的一般法理上，对外请求协助追缴违法所得通常是以承认与执行外国刑事裁判的方式进行。但我国长期以来对承认与执行外国刑事裁判持非常谨慎的立场，尤其是在刑事诉讼领域至今也没有对此作出明确规定，这也在客观上造成了外国对我国提出有关请求也不按照承认与执行外国刑事裁判的途径进行，而是采取个案协助、外交途径等方式进行，缺乏统一的规范指引的局面，其结果是执行费时费力，甚至难以得到执行。为了从根本上解决这一问题，同时也综合考虑我国的国际立场，我国在2018年制定了《国际刑事司法协助法》，明确了开展国际刑事司法协助的众多基本原则，制定和完善了许多开展国际刑事司法协助的重要制度，解决了许多长期困扰我国的国际刑事司法协助问题。其中就有关违法所得追缴问题，《国际刑事司法协助法》专设第七章“没收、返还违法所得及其他涉案财物”，这为开展腐败资产的境外追缴提供了坚实的法律基础，也为实施《刑事诉讼法》中的违法所得单独没收程序提供了切实的保障。

一、未定罪腐败资产追缴与对外请求协助追缴违法所得概况

（一）对外请求协助追缴违法所得的一般原理

当今世界，腐败分子的跨境潜逃与腐败资产的境外流转已成为腐败违法犯罪现象的常态。一国对腐败资产的追缴或没收

裁判，在本国境内执行毫无问题，但是要对已经潜逃或流转到境外的腐败资产发生执行效力，对其进行查封、扣押、冻结以及返还，就必须要寻求腐败资产所在国家或者地区的刑事司法协助。对外请求协助追缴违法所得通常是以承认与执行外国追缴或没收裁判的方式进行的，承认与执行外国追缴或没收裁判是国家司法管辖权的域外延伸。经过长期的国际刑事司法协助的实践，承认与执行外国追缴或没收裁判已被公认为是最为高效也最为照顾围绕腐败资产追回与返还发生协助关系的有关国家司法主权的途径。由于司法裁判是一国司法主权的主要体现，因而各国对于承认与执行外国的追缴或没收裁判都秉持非常谨慎的立场。就未定罪腐败资产的追缴而言，承认与执行外国追缴或没收裁判的困难，除各国对司法主权的考虑以外，还涉及各国在腐败犯罪认定和腐败资产追缴上的制度冲突。为了减少各国在承认与执行外国追缴或没收裁判方面的冲突与矛盾，以《联合国反腐败公约》为代表的一批国际公约着力推动各国将承认与执行外国追缴或没收裁判作为开展国际刑事司法合作的主要方式。

从前述有关国家的未定罪追缴制度，以及后载的附录中可以看出，多数国家都将追缴或没收裁判的性质与成立条件规定在刑法或专门的犯罪收益追缴法中。各国对于追缴或没收裁判的性质与成立条件的规定有着很大不同，有的国家立法将追缴或没收确定为一种刑罚，有的国家立法将追缴或没收确定为一种保安处分措施，有的国家立法将追缴或没收确定为一种独立的刑事制裁措施。对应这三种不同的刑法立法模式，各国的追缴或没收裁判的流程与成立条件也有着很大不同，将追缴或没收作为刑罚的国家，需要在刑事诉讼中按照定罪量刑的普通刑事诉讼程序形成追缴或没收裁判；将追缴或没收作为保安处分措施的国家，有的需要在刑事诉讼中按照定罪量刑的普通刑事诉讼程序形成追缴或没收裁判，还有的需要在专门的保安处分程序中形成追缴或没收裁判；将追缴或没收作为独立刑事制裁措施的国家，需要在刑事诉讼中按照特别的刑事诉讼程序形成追缴或没收裁判。因而，在承认与执行外国追缴或没收裁判时，需要针对不同国家的追缴或没收裁判的实体要件和诉讼形式提出不同的要求，如果被请求国没有在立法中设置相应的追缴或没收形式，则请求国的追缴或没收则可能无法得到承认与执行。

关于承认与执行外国追缴或没收裁判的基本方式，根据各国立法规定的共同内容，包括判决和登记两种方式。对此，《联合国反腐败公约》在“没收适宜的国际合作”中也作了类似规定，要求被请求国将请求国法院发出的没收令提交主管当局，以便按其请求的范围执行。其一，以被请求国作出新的判决的方式承认与执行外国追缴或没收裁判，并在判决中载明按本国的度量标准对相关的财物进行没收。重新作出的判决并不是终审判决，对该判决不服可以上诉。以判决方式承认与执行外国追缴或没收裁判，其显著的优势在于被请求国以国内判决的形式将外国没收裁判的内容纳入其中，相当于是针对外国没收裁判的确认之诉，进而可以适用其本国的上诉程序，取得终局判决。虽然最终执行的是被请求国自己作出的本国判决，但判决内容却是以外国追缴或没收裁判为基础而作出的，从而间接地使外国没收裁判得到了承认与执行。该方式既在形式上维护了被请求国的司法主权，又实现了没收事宜方面的国际合作，是一种比较为大多数国家所能接受的方式。其二，被请求国通过登记方式，间接赋予请求国追缴或没收裁判在被请求国境内执行的法律效力，被请求国有关司法机关根据该登记内容予以执行。相较于判决方式，登记方式则更为便捷有效，因为该方式不要求被请求国重新作出判决并经历上诉程序，节省了时间，也不必面临更多的不被承认与执行的风险。但该方式也存在一些问题，采取该方式的被请求国必须建立一套登记体系，工作方式较为繁琐，而且成本过高，从而很可能导致其被请求国滥用，而被请求国疲于应付的现象，或者使请求国作出没收裁判的程序或内容在被请求国不被接受。因此，使用该方式的国家均对承认与执行外国追缴或没收裁判设置了一定的原则和条件，视请求国的具体情况同意或者拒绝某些请求。

（二）《国际刑事司法协助法》与对外请求协助追缴违法所得新格局

如前所述，我国长期以来对承认与执行外国裁判采取非常审慎的立场，这当然也包括承认与执行外国追缴或没收裁判在内。我国从未在任何法律中作出明确规定，对于确有需要的案件，通常采取个案协商或外交途径予以解决。但是，随着以下三个因素的影响日趋明显，我国逐步采取缓和的立场，开始有限度地采取承认与执行外国没收请求制度。一是腐败犯罪的跨境性、腐败资产的涉外性日益突出带来的客观要求。随着科技的发展和全球一体化趋势的加强，给人类社会带来便利的同时，也为腐败分子逃匿和隐匿财产至境外创造了条件。特别是腐败犯罪的跨境性、腐败资产的涉外性日益突出，腐败的人与物的流动性都在不断加强，这不仅提升了对腐败的打击难度，也给国家和人民的利益造成巨大损失，对社会稳定与经济发展构成了严重的威胁，严重损害了我国法治形象。腐败活动犯罪以及违法所得及其收益的境外转移，也是各国、各地区在有效惩治犯罪方面共同面临的重大难题，亟须加强这方面的合作及建立、完善境内外追缴违法所得合作机制。二是履行加入的国际公约或双边协定的要求。近几年来，我国对相关法律程序作出制度性安排，通过缔结或加入双边或多边条约、公约、协议，以及不断健全完善国内相关法律制度等方式，为追逃追赃工作奠定法律基础和构建制度保障。在公约和决议方面，2005年我国批准加入了《联合国反腐败公约》，我国加入的《联合国打击跨国有组织犯罪公约》对于没收以及没收的犯罪所得或财产的处置事宜的国际合作也作出了规定。截至2018年底，我国批准了55件有关刑事司法协助的双边条约。截至2018年9月，我国已与76个国家缔结司法协助条约、资产返还和分享协定、引渡条约、打击“三股势力”协定及移管被判刑人条约共159项（128项生效）。[1] 上述公约、决议与条约，要求各成员国积极采取措施，追缴犯罪资产，并规定了较为详细的国际追赃跨国合作法律机制，这为我国开展国际追赃奠定了法律基础。三是保障国内有关立法的顺利实施。在国内立法方面，为增强反腐败国际追赃的工作力度，以法治思维和法治方

1. 王爱立主编:《中华人民共和国国际刑事司法协助法释义》，法律出版社2019年版，第236页。

式推进相关工作，切实履行我国加入的一系列国际公约和有关双边协定的要求，2012年《刑事诉讼法》修改时增加了犯罪嫌疑人、被告人逃匿、死亡案件违法所得的没收程序，明确了违法所得单独没收程序的适用范围、申请、公告、审理和救济程序。这些规定不仅丰富了国际追赃工作的法律手段，还有效提高了国际追赃执行力和办案效率，为海外追赃提供了法律利器。2018年颁布的《监察法》专门设置反腐败国际合作专章，对国家监察委员会加强对反腐败国际追赃工作的组织协调等职责作出了明确规定。在追缴腐败违法所得的国内立法基本健全以后，制定对外请求协助追缴违法所得法律制度的任务提上日程。为此，2018年我国立法机关制定的《国际刑事司法协助法》，就对包括对外请求协助追缴违法所得法律制度在内的国际刑事司法制度作出了一揽子规定，建立起了符合我国国情、具有中国特色的对外请求协助追缴违法所得法律制度。

《国际刑事司法协助法》专设第七章“违法所得的没收、返还和分享”，其中与对外请求协助追缴违法所得有密切关系的，是第七章第一节中的第47、48、49条三条。上述三条不属于严格意义上的向外国提出承认与执行我国没收裁判的规定，但是其通过建立向外国提出违法所得没收与返还请求书的方式，实际上实现了对外请求协助追缴违法所得的基本功能。该种立法模式是在不违反我国法律基本原则，维护我国司法主权的基础上，实现对外请求协助追缴违法所得工作总体协调的有效途径。

二、未定罪腐败资产追缴与对外请求协助追缴违法所得的适用

（一）对外请求协助追缴违法所得的主体

《国际刑事司法协助法》第47条第1款规定："办案机关需要外国协助没收违法所得及其他涉案财物的，应当制作刑事司法协助请求书并附相关材料，经所属主管机关审核同意后，由对外联系机关及时向外国提出请求。"据此规定，在对外请求协助追缴违法所得的工作涉及三类主体：办案机关、主管机关与对外联系机关。

根据《国际刑事司法协助法》第6条第2款的规定，办案机关指的是办理刑事司法协助相关案件的机关，其依所隶属的主管机关而定，有时还要根据案件情况及有关国家法律的具体规定等予以确定，在调查、侦查、提起公诉、判决等各环节都有可能提出刑事司法协助的请求。具体情形包括：①被告人在国内，财产在境外并有具体信息，我国法院判决没收的。②依照《刑事诉讼法》第五编第三章有关缺席审判程序审理的案件，人民法院依法作出判决，并对违法所得及其他涉案财产作出处理的。以上两类案件既对被告人定罪量刑，也对违法所得及其他涉案财产作出处理。③适用《刑事诉讼法》第五编第四章犯罪嫌疑人、被告人逃匿、死亡案件违法所得的没收程序对境外财产判决没收的。这类案件只对违法所得及其他涉案财产的没收作出裁定。④监察、公安、检察等部门对外国已查封、扣押、冻结的财产请求依照财产所在地的法律予以没收并返还的。⑤对境外财产直接请求依所在地法没收并返还的。

根据《国际刑事司法协助法》第6条第1款的规定，我国

明确了开展国际刑事司法协助的五个主管机关，其根据该法规定的职责范围和流程，对于外国向我国提出的刑事司法协助请求进行审查。对于同意执行的，安排有关办案机关执行；对于拒绝执行的，将请求书及所附材料退回对外联系机关并说明理由；也可以要求补充材料或者对执行请求提出附加条件，在补充材料或者对方作出保证后再决定是否协助执行。其他与本部门有关的国际刑事司法协助的行政事务、组织工作，以及相关制度规范建设完善等工作。具体事项由哪个主管机关负责，依照国内有关法律和机制对其具体工作职责的规定。根据《国际刑事司法协助法》第5条的规定，我国司法部作为对外联系机关，依照该法规定，负责国际刑事司法协助中的各种程序流转与材料交接工作。

（二）对外请求协助追缴违法所得的形式

根据《国际刑事司法协助法》第47条的规定，我国对外请求协助追缴违法所得主要通过刑事司法协助请求书展开。该请求书由办案机关制作，并附有法定佐证材料，经该法规定的所属主管机关审核同意后，由对外联系机关及时向外国提出请求。一般来说，我国法院裁决没收违法所得及其他涉案财物的，应一并请求没收。其他国家已经依其国内法做出没收的，我国可提出返还的请求。这里规定的返还包含两个方面的意思：一是对被没收的违法所得及其他涉案财产的返还，这属于对第47条第1款规定的没收程序的自然延续；二是对被害人合法财产的返还，该返还既有程序法上的意义，也具有实体法上的意义。对外请求协助追缴违法所得的内容，包括协助追缴的违法所得与其他涉案财物。请求协助追缴违法所得与其他涉案财物的国内法依据，主要是《刑法》第64条和《刑事诉讼法》第245条、第300条。

在国际刑事司法协助实践中，没收、返还违法所得及其他涉案财物需要依据正式的程式和规范，这些程式和规范除了体现在宏观的程序设计上之外，也体现在对请求文本的具体形式要件的要求上，目的是避免因请求材料及其支持文件上的漏洞而产生的形式要件瑕疵，导致相关请求被拒绝或搁置。国际司法协助请求通常以请求书的形式提出。各国法律关于请求书一般都规定有严格且正规的要式条件，包括对涉及国际刑事司法协助的违法所得及其他涉案财物的具体内容，没收或追缴、返还相关财物的地点、途径，没收、返还理由及详细证明资料等。相关的国际公约以及双边的刑事司法协助条约等对此往往也都有规定，有的还会对法律文书的语言和文字作出要求，一般规定请求书要根据相关协定提出的请求及其辅助文件，附有被请求方文字的译文。对于国际刑事司法协助的双方，尤其是对于被请求国来说，协助事项相关的违法所得及其他涉案财物的事实及法律状况越明晰越有利于司法协助工作的顺利开展。因此，在请求他国予以协助时办案机关要把违法所得的相关情况尽可能调查清楚，方便被请求国开展协助行为，为双方国际司法合作创造便利条件，奠定长期顺畅合作的基础。由于司法管辖权的限制，我们对于在外的资产的具体情况难以查清的，也可以请求外国相关部门根据其职权采取措施辨认、追查相关财产。

该法第48条对我国向外国提出没收、返还违法所得及其他涉案财物的请求书及所附材料的内容作了具体规定，并在第13条就外国向我国提出同等要求的请求书格式作出了规定。第13条与第10条是具体规定与一般规定的关系，第13条是在第10条基础上对有关没收、返还方面的国际刑事司法协助应提供材料的进一步明确、细化。

（三）对外请求协助追缴违法所得与费用补偿、资产分享

在国际刑事司法协助中，尤其在对外请求协助追缴违法所得的实践中，经常遇到境外合作方要求我方给予费用补偿或资产分享待遇的情况。我国对该问题原先持不支持的立场，并在加入《联合国反腐败公约》的协商过程中作出了阐述。但在制定《国际刑事司法协助法》的过程中，我国经过反复研究，最终对该问题做出支持的规定。

根据《国际刑事司法协助法》第47条第3款的规定，我国可以在不违反我国法律的基本原则的情况下，同意外国在返还有关违法所得及其他涉案财物方面的特殊要求。所谓法律的基本原则主要是指我国宪法，以及刑法、刑事诉讼法规定的基本原则。该法第10条对此类特殊情况有明确规定。外国提出的返还请求，如果违反我国法律的基本原则，不能同意。所谓的外国在返还有关违法所得及其他涉案财物方面的特殊要求，是指外国对于被查封、扣押、冻结的违法所得及其他涉案财物在期限、程序、文书、证据材料等方面的特殊要求，有的国家对于返还方式、返还财产的用途等也有特殊要求，如只能返还被害人或用于指定用途等，对此可根据本款规定，在不违反我国法律基本原则的前提下，基于平等互惠的原则妥善处理。此

外，这方面的特殊要求也包括费用补偿或者费用扣除方面的要求，相关费用主要包括外国在处理或者返还没收的财产过程中，因开展侦查、起诉或者进行审判等程序所发生的合理费用；被协助方根据协助请求赴请求方办理资产返还相关事宜产生的差旅费、鉴定费；请求国向被请求国提出返还违法所得及其他涉案财物请求时，被请求国为此动用司法资源而增加的相应的经济成本和支出等。对此，应当根据《国际刑事司法协助法》第 8 条，予以合理费用补偿。确立费用补偿制度，符合互惠互利对等的国际司法协助原则，也更有利于调动被请求国开展追缴违法所得的积极性。同时，本着国际法上通行的协商一致原则，对于违法所得及其他涉案财物返还过程所涉及的返还路径、合理费用扣除比例、扣除方式以及其他相关事宜，还可以通过双边条约、双边协定等方式，在平等和互惠的基础上进行个案磋商，作出临时安排或者个案处理方案。

根据《国际刑事司法协助法》第 49 条第 2 款的规定，我国确立了资产分享制度，这是前所未有的重大突破。根据本款规定，违法所得及其他涉案财物分享通常应符合如下条件：①分享的主体是在没收、返还违法所得及其他涉案财物过程中向我国提供了刑事司法协助的国家。②分享依据是当事国提出的分享请求，以及相关的公约、条约、协定确立的分享义务。也即违法所得分享要以外国提出分享请求为前提条件，外国没有提出分享请求的，我国没有必要主动承担分享义务。③分享的违法所得范围要依违法所得的性质而定，不是所有违法所得都可以列入可分享的资产。一般来说，可分享的违法资产应为无明确所有人的财产，对于有被害人或者合法所有人的财产，通常不宜分享。

④分享的数额或者比例应当遵循对等原则，根据各国在执法过程中提供的帮助大小等，经双方协商确定。可以一案一确定，也可以通过双边协定对某类案件作出约定。⑤我方的实施主体是按照该法规定的三大类型机关，其通过与外国相关机构进行谈判协商，来确定资产分享的内容、数量或份额等事项。

该法创设的资产分享制度，就我国开展未定罪腐败资产追缴而言，具有重要的理念价值与实践指导价值。在理念上，其客观上改变了我国《刑法》第 64 条“没收的财物和罚金，一律上缴国库，不得挪用和自行处理”等规定带来的理论困境；客观上对资产追缴领域存在的“刑法家长主义”进行了扭转，开始逐步转向更为合理的协商主义。在实践上，其为违法所得单独没收程序的有效实施排除了后顾之忧，为建立更加务实、更加合理的未定罪腐败资产追缴制度打下了坚实基础，为我国在境外开展未定罪腐败资产追缴工作提供了动力。

代结语：
立法完善建议与后续研究方向

在世界范围内看，开展未定罪的资产追缴（不经定罪的资产追缴）都是一个较新的立法潮流与法律思维，总体上在这一方面我国的理论研究与立法进展都处于并不落后的位置。我国的相关理论研究起步并不晚，但还相对薄弱。我国的《刑事诉讼法》立法起步也不晚，但却失之于摸石过河的立法方式，显得较为保守。我国的刑法立法虽然相对落后，但有关的司法解释却已经对开展未定罪的资产追缴作出了肯定。因而，我国推进未定罪的资产追缴制度的发展，有着良好的基础。本书对在我国完善未定罪腐败资产追缴的制度的方向，进行了初步研究，形成了初步成果，但是前路漫漫、挑战颇多，仍有许多问题值得后续研究。

一、完善我国刑法相关规定的建议

从前述分析可以看出，目前我国《刑法》第 64 条的规定存在较多问题，综合看来主要有：对违法所得的界定不清晰，对供犯罪所用的本人财物界定不清晰，对各种犯罪有关的资产处置方式规定得较为随意，对资产处置范围规定得较为保守。同时，受我国刑法中没收财产刑的影响，以及《刑法》第 64

条将国家行使权力的追缴或没收，与国家对被害人的救济途径混为一谈，造成较多的混乱与问题。对此，应结合有关法系立法规定和刑法理论，建议适时出台有关司法解释，待时机成熟时修改刑法，建议依照如下的应对思路来完善我国的未定罪腐败资产追缴制度：

其一，建议废止我国的没收财产刑。没收财产刑的存在不仅对我国的刑罚体系造成较多的负面影响，而且干扰我国建立更为合理的未定罪腐败资产追缴制度，也影响我国在境外开展未定罪腐败资产追缴，应当予以废止。

其二，统一资产处置适用对象。建议将“犯罪分子违法所得的一切财物”，解释为或者修改为“违法所得及其直接收益、与实施罪行有关的间接收益”。建议将“违禁品和供犯罪所用的本人财物”，解释为或者修改为“违禁品、供实施罪行所用的本人财物以及第三人出于故意或重大过失供实施罪行所用的财物”。

其三，统一资产处置适用方式。建议将“犯罪分子违法所得的一切财物，应当予以追缴或者责令退赔”，解释为或者修改为“违法所得及其直接收益、与实施罪行有关的间接收益，应当予以追缴。违法所得及其直接收益、与实施罪行有关的间接收益灭失、因混同无法分割的，应当追缴其等值替代物或等值金额的现金”。建议将“违禁品和供犯罪所用的本人财物，应当予以没收”解释为或者修改为“违禁品、供实施罪行所用的本人财物以及第三人出于故意或重大过失供实施罪行所用的财物，应当予以没收；没收供实施罪行所用的财物，应当与其罪行相适应”。在刑法中删除“对被害人的合法财产，应当及时返还”与“没收的财物和罚金，一律上缴国库，不得挪用和自行处理”，将其规定在其他法律中。

其四，建议在《刑法》分则第八章增加特别规定，“对贪污贿赂违法所得的追缴，不受追诉时效限制”。

二、完善我国《刑事诉讼法》的相关建议

建议对腐败资产处理的诉讼流程与证明规则作出特别规定。建议在将来修订《刑事诉讼法》时增加涉及未定罪腐败资产追缴的特别规定，突出未定罪追缴的制度特色，淡化先定罪后追缴的传统思维。建议增加“贪污贿赂犯罪案件中，犯罪嫌疑人、被告人因法定原因未受到刑罚处罚，依照刑法规定应当追缴或没收有关财物或收益的，适用《刑事诉讼法》第五编第四章的规定”。建议增加“贪污贿赂犯罪案件中，犯罪嫌疑人、被告人对有关财物或收益不能提出正当性证明的，推定该财物或收益属于依照刑法规定应当追缴或没收的有关财物或收益”。建议增加“贪污贿赂犯罪案件中，依照刑法规定应当追缴或没收有关财物或收益的，利害关系人对其主张合法权利的，适用《刑事诉讼法》第五编第四章的规定”。

三、后续研究方向

从完善我国未定罪腐败资产追缴制度的初步研究中发现，在搭建未定罪腐败资产追缴制度的大厦时，还需要寻找到更为基础的核心概念来引领制度建设。原先寻找到的核心概念为

“未定罪”，其在初步研究中也确实发挥了重要的基础作用和引领功能，但如果继续追问为何“未定罪”能够成为未定罪腐败资产追缴制度的基石，虽然可以运用初步研究进行回应，但仍有继续深入的可能性。在传统的刑法研究中，应受刑罚是成立犯罪的重要特征。在近年来的刑法学研究中，可罚性概念成为影响犯罪构成体系的重要命题。受此启发，可以尝试以“可追缴性”作为开展刑事资产追缴制度的引导性概念，以可追缴性的概念尝试对不同法系刑法规定的各种资产处置方式进行统一为追缴，不用使用没收概念。

参考文献

一、著作

黄风:《刑事没收与资产追缴》,中国民主法制出版社2019年版。

黄风主编:《中国境外追逃追赃经验与反思》,中国政法大学出版社2016年版。

黄风:《资产追回问题比较研究》,北京师范大学出版社2010年版。

季正矩主编:《跨越腐败的陷阱》,中国经济出版社1999年版。

外交部条法司编译:《〈联合国反腐败公约〉及相关法律文件》,法律出版社2004年版。

胡鞍钢主编:《中国:挑战腐败》,浙江人民出版社2001年版。

费孝通:《乡土中国》,北京大学出版社2012年版。

[美]乔治·P. 弗莱彻:《刑法的基本概念》,王世洲等译,中国政法大学出版社2004年版。

徐久生译:《德国刑法典》,北京大学出版社2019年版。

[日]佐伯仁志、道垣内弘人:《刑法与民法的对话》,于改之、张小宁译,北京大学出版社2012年版。

高铭暄、赵秉志主编:《刑罚总论比较研究》,北京大学出版社 2008 年版。

张明楷：《刑法学》（第 5 版），法律出版社 2016 年版。

王俊梅：《美国民事没收制度研究》，中国政法大学出版社 2013 年版。

何帆：《刑事没收研究：国际法与比较法的视角》，法律出版社 2007 年版。

张磊、梁文钧、罗海珊译：《英国 2002 年犯罪收益追缴法》，中国政法大学出版社 2010 年版。

刘文峰：《犯罪收益独立没收程序研究》，中国政法大学出版社 2016 年版。

解彬：《境外追赃刑事法律问题研究》，中国政法大学出版社 2016 年版。

王君祥：《违法所得没收特别程序问题研究》，法律出版社 2015 年版。

［美］约翰·亨利·梅利曼：《大陆法系》（第二版），顾培东、禄正平译，法律出版社 2004 年版。

［美］乔治·弗莱彻：《反思刑法》，邓子滨译，华夏出版社 2008 年版。

林钰雄主编：《没收新制（一）》，元照出版公司 2016 年版。

林钰雄主编：《没收新制（二）》，元照出版公司 2016 年版。

林钰雄主编：《没收新制（三）》，元照出版公司 2019 年版。

林钰雄主编：《没收新制（四）》，元照出版公司 2019 年版。

［德］汉斯·海因里希·耶塞克、托马斯·魏根特：《德国刑法教科书》（下），徐久生译，中国法制出版社 2017 年版。

陈子平：《刑法总论》（第 4 版），元照出版有限公司 2017

年版。

林钰雄:《新刑法总则》,元照出版有限公司 2018 年版。

[美]约翰·罗尔斯:《正义论》,何怀宏、何包钢、廖申白译,中国社会科学出版社 2009 年版。

张明楷:《诈骗罪与金融诈骗罪研究》,清华大学出版社 2006 年版。

林山田:《刑法通论(下)(增订十版)》,北京大学出版社 2012 年版。

[英]威廉姆·威尔逊:《刑法理论的核心问题》,谢望原、罗灿、王波译,中国人民大学出版社 2015 年版。

[德]克劳斯·罗克辛:《德国刑法学总论(第 1 卷):犯罪原理的基础构造》,王世洲译,法律出版社 2005 年版。

徐爱国:《西方刑法思想史》,中国民主法制出版社 2016 年版。

梁根林主编:《当代刑法思潮论坛(第三卷):刑事政策与刑法变迁》,北京大学出版社 2016 年版。

[日]松宫孝明:《刑法总论讲义》,钱叶六译,中国人民大学出版社 2013 年版。

朱庆育:《民法总论》,北京大学出版社 2016 年版。

方鹏:《出罪事由的体系与理论》,中国人民公安大学出版社 2011 年版。

[日]大塚仁:《刑法概说(总论)》,冯军译,中国人民大学出版 2003 年版。

储槐植:《美国刑法》,北京大学出版社 2005 年版。

吴光升:《刑事涉案财物处理程序研究》,法律出版社

2018 年版。

张凌、于秀峰编译:《日本刑法及特别刑法总览》，人民法院出版社 2017 年版。

姚贝:《没收财产刑研究》，中国政法大学出版社 2011 年版。

乔宇:《刑事涉案财物处置程序》，中国法制出版社 2018 年版。

黄荣坚:《基础刑法学（上）》（第三版），中国人民大学出版社 2009 年版。

臧德胜:《法官如此裁判：刑事审判要点解析》，中国法制出版社 2019 年版。

陈雷:《惩治与预防国际腐败犯罪理论与实务》，中国检察出版社 2005 年版。

王新:《反洗钱：概念与规范诠释》，中国法制出版社 2012 年版。

杨宇冠、吴高庆主编:《〈联合国反腐败公约〉解读》，中国人民公安大学出版社 2004 年版。

王爱立主编:《中华人民共和国国际刑事司法协助法释义》，法律出版社 2019 年版。

李翔:《国际反腐败公约与国内法协调问题研究》，中国人民大学出版社 2010 年版。

赵秉志主编:《反腐败国际追逃追赃案件精选》，中国方正出版社 2019 年版。

二、期刊论文

肖汉宇、公婷:《腐败研究中的若干理论问题——基于

2009—2013 年 526 篇 SSCI 文献的综述》,《经济社会体制比较》2016 年第 2 期。

肖剑忠:《十八大以来我国的反腐战略》,《廉政文化研究》2018 年第 9 期。

黄风:《建立境外追逃追赃长效机制的几个法律问题》,《法学》2015 年第 3 期。

潘春玲、过勇:《党的十八大后直面挑战:减少腐败存量》,《河南社会科学》2017 年第 5 期。

黄风:《等值没收及可追缴资产评估规则探析》,《比较法研究》2015 年第 5 期。

肖焱:《对“减少腐败存量,遏制腐败增量”的理性思考》,《南京政治学院学报》2015 年第 3 期。

黄风:《论“没收个人全部财产”刑罚的废止:以追缴犯罪资产的国际合作为视角》,《法商研究》2014 年第 1 期。

郭兴全:《标本协治:协同论视角下中国反腐败新战略》,《甘肃社会科学》2015 年第 1 期。

黄风:《刑事缺席审判与特别没收程序关系辨析》,《法律适用》2018 年第 23 期。

任建明:《腐败增量与存量:概念界定、影响因素及政策建议》,《江苏行政学院学报》2019 年第 4 期。

黄风:《通过民事诉讼从国外追回资产问题研究》,《比较法研究》2008 年第 1 期。

钱小平:《监察追诉时效问题的再思考——兼与刘练军教授商榷》,《法学论坛》2019 年第 5 期。

庄绪龙:《“犯罪所得投资收益”追缴的影响因素与判断规

则》,《中国法学》2019 年第 5 期。

张跃进:《腐败是政府垄断租金的函数》,《中国软科学》2005 年第 6 期。

倪星、王立京:《中国腐败现状的测量与腐败后果的估算》,《江汉论坛》2003 年第 1 期。

刘耳:《清官为什么斗不过贪官》,《社会学家茶座》2007 年第 3 期。

齐学玲、姜传伟:《严惩腐败不妨实行永久追诉》,《人民检察》2008 年第 18 期。

邱良、王威:《对职务犯罪应实行“永久追诉”》,《人民检察》2006 年第 10 期。

贺雪峰:《论半熟人社会》,《政治学研究》2000 年第 3 期。

霍思伊:《中央追逃办五周年》,《中国新闻周刊》2019 年 6 月。

中央反腐败协调小组国际追逃追赃工作办公室:《推动追逃追赃工作高质量发展、巩固发展反腐败斗争压倒性胜利》,《中国纪检监察》2019 年第 13 期。

储槐植、闫雨:《刑事一体化践行》,《中国法学》2013 年第 2 期。

王禄生:《论刑事诉讼的象征性立法及其后果》,《清华法学》2018 年第 6 期。

成懿萍:《“违法所得”司法适用中的疑难问题》,《中国检察官》2019 年第 12 期。

赵晨光:《论我国腐败犯罪境外追赃机制存在的问题及其完善》,《法学杂志》2019 年第 3 期。

何显兵:《我国赦免制度的规范与完善——基于中国传统和域外经验的比较考察》,《社会科学》2019 年第 12 期。

刘宪权、陈罗兰:《我国 P2P 网贷平台法律规制中的刑民分界问题》,《法学杂志》2017 年第 6 期。

苏俊雄:《论共犯之责任共同原则对没收宣告之适用性问题》,《月旦法学杂志》2000 年 11 月。

叶秋华:《论美国法对英国法的移植》,《外国法制史研究》2001 年刊。

杨云骅、简士淳:《刑事独立没收与追征立法之必要》,《月旦法学杂志》2015 年第 6 期。

李荣耕:《犯罪所得资产的没收:以美国民事没收制度为借镜》,《辅仁法学》2015 年第 6 期。

王士帆:《二〇一七年德国犯罪所得没收新法——刑法基础规定综览》,《政大法学评论》2018 年第 6 期。

杨云骅:《新修正刑法之“独立宣告没收”(下)》,《月旦法学杂志》2016 年第 8 期。

时延安:《保安处分的刑事法律化》,《中国人民大学学报》2013 年第 2 期。

万志鹏:《比较法视野中的保安没收:兼论我国刑法中保安没收的缺陷及其改正》,《海南大学学报(人文社会科学版)》2011 年第 3 期。

林钰雄:《第三人利得没收》,《月旦法学教室》2019 年第 5 期。

王玉全:《犯罪成本之没收:以德国法的总额原则为借镜》,《月旦裁判时报》2016 年第 6 期。

孙煜华:《涉案财产没收程序如何才能经受宪法拷问》,《法学》2012 年第 6 期。

陈兴良:《入罪与出罪:罪刑法定司法化的双重考察》,

《法学》2002 年第 12 期。

张明楷:《司法上的犯罪化与非犯罪化》,《法学家》2008 年第 4 期。

张明楷:《论刑法中的没收》,《法学家》2012 年第 3 期。

董振宇:《中国保安措施要论》,吉林大学博士学位论文,2009 年。

竹莹莹:《违法所得问题研究》,《西南政法大学学报》2005 年第 1 期。

刘清生:《论刑事违法所得的认定与追缴》,《湖南社会科学》2009 年第 2 期。

张磊:《论我国经济犯罪收益追缴制度的构建》,《政治与法律》2009 年第 5 期。

[日]金光旭:《日本刑法中的不法收益之剥夺:以没收、追缴制度为中心》,钱叶六译,《中外法学》2009 年第 5 期。

刘宪权、吴允锋:《论我国洗钱罪的刑事立法完善》,《政治与法律》2005 年第 6 期。

宋英辉、何挺:《区际追赃合作中的独立财产没收》,《人民检察》2011 年第 5 期。

陈卫东:《论新〈刑事诉讼法〉中的判决前财产没收程序》,《法学论坛》2012 年第 3 期。

刘文峰、张元鹏:《犯罪收益独立没收程序性质之双重判断标准》,《人民检察》2015 年第 9 期。

万毅:《独立没收程序的证据法难题及其破解》,《法学》2012 年第 4 期。

吴光升:《未定罪案件涉案财物没收程序之若干比较——以美国联邦民事没收程为比较视角》,《中国政法大学学报》2013

年第2期。

陈雷:《论我国违法所得特别没收程序》,《法治研究》2012年第5期。

施鹏鹏、尚晶:《违法所得特别没收程序的构造与完善》,《人民检察》2014年第7期。

熊秋红:《从特别没收程序的性质看制度完善》,《法学》2013年第9期。

朱孝清:《违法所得没收程序的几个问题》,《人民检察》2014年第15期。

时延安:《隐性双轨制:刑法中保安处分的教义学阐释》,《法学研究》2013年第3期。

邵劭:《特别没收程序的理论和适用问题探析》,《法商研究》2014年第4期。

李海滢、王延峰:《缺席审判抑或独立没收:以“追赃”为基点的程序选择》,《政治与法律》2019年第7期。

三、报纸刊文

黄风:《关于特别没收程序最新司法解释的几点解读》,《人民法院报》2017年1月6日。

新华社记者:《党的十八大以来中央巡视工作综述》,《人民日报》2017年9月29日。

黄红平、吴世丽:《用最果断措施遏制腐败增量》,《检察日报》2015年8月11日。

温红彦:《坚决打赢反腐败这场正义之战——党的十八大以来反腐败斗争成就述评》,《人民日报》2017年9月18日。

《天津检察机关依法对周永康涉嫌受贿、滥用职权、故意泄露国家秘密案提起公诉》,《人民日报》2015 年 4 月 4 日。

新华社记者:《腐败分子跑到哪里都要一追到底》,《中国纪检监察报》2014 年 10 月 11 日。

聂新鑫:《推动反腐败国际追逃追赃更加顺畅高效》,《中国纪检监察报》2019 年 10 月 22 日。

刘晓虎、赵靓:《"违法所得"概念的界定和司法认定》,《人民法院报》2018 年 7 月 4 日。

林维:《关于违法所得没收程序的适用范围》,《人民法院报》2017 年 1 月 8 日。

四、网络资料

1993 年至 2019 年《最高人民检察院工作报告》,网址:https://www.spp.gov.cn/spp/gzbg/index.shtml。

中央纪委历年工作报告或向党的代表大会的报告,网址:http://www.ccdi.gov.cn/xxgk/hyzl/index.html。

最高人民法院公报记载最高人民法院历年工作报告,网址:http://gongbao.court.gov.cn/ArticleList.html?serial_no=wx。

国家统计局:《波澜壮阔四十载 民族复兴展新篇——改革开放 40 年经济社会发展成就系列报告之一》,网址:http://www.stats.gov.cn/ztjc/ztfx/ggkf40n/201808/t20180827_1619235.html。

王兆国:《关于〈中华人民共和国刑事诉讼法修正案(草案)〉的说明》,网址:http://www.gov.cn/2012lh/content_2086875.htm。

沈春耀:《关于〈中华人民共和国刑事诉讼法(修正草

案）〉的说明》，网址：http：//www.npc.gov.cn/npc/c12435/201810/6cda6a2ab98a41268452a87a89e0a0c6.shtml。

樊文：《德国刑法上的追缴与没收：规范的基础、结构及其适用》，中国法学网：http：//www.iolaw.org.cn/showArticle.aspx?id=1544。

德国联邦法律网站：http：//dipbt.bundestag.de/extrakt/ba/WP18/761/76162.html。

图书在版编目(CIP)数据

未定罪腐败资产追缴理念与制度研究/卫磊著. —
上海:上海人民出版社,2021
ISBN 978-7-208-17282-1

Ⅰ. ①未… Ⅱ. ①卫… Ⅲ. ①贪污贿赂罪-研究-中
国 Ⅳ. ①D924.392.4

中国版本图书馆 CIP 数据核字(2021)第 161252 号

责任编辑 夏红梅 周文臻
封面设计 一本好书

未定罪腐败资产追缴理念与制度研究
卫 磊 著

出 版 上海人民出版社
(200001 上海福建中路 193 号)
发 行 上海人民出版社发行中心
印 刷 上海商务联西印刷有限公司
开 本 890×1240 1/32
印 张 10.75
插 页 2
字 数 228,000
版 次 2021 年 8 月第 1 版
印 次 2021 年 8 月第 1 次印刷
ISBN 978-7-208-17282-1/D·3815
定 价 55.00 元